Présentation

À divers titres, la sociologie, l'économie, le droit, la gestion, la science politique, la psychologie et l'histoire se sont saisis des « problèmes sociaux contemporains » – avec leurs propres méthodes – sans apporter une délimitation commune, ni témoigner d'ambitions aisées à concilier. La complexité de la vie sociale encourage pourtant l'interdisciplinarité afin de rendre compréhensible une réalité problématique en elle-même, de repérer les causes de nombreux phénomènes, d'établir des corrélations entre paramètres, d'évaluer les solutions apportées aux difficultés rencontrées. Ces considérations suffisent à justifier quelques questions préliminaires : comment définir les problèmes sociaux ? quel champ d'investigation privilégier ? quelle méthode d'analyse retenir ? quels objectifs se fixer ?

La sociologie classique privilégie la dimension objective ou subjective des faits sociaux. Émile Durkheim (1858-1917) les assimile à des choses, des événements et phénomènes significatifs prenant la forme de manières d'agir, de penser ou de sentir extérieures à l'être humain, et qui s'imposent à lui. Dès lors qu'ils existent en dehors de toute conscience individuelle, il est nécessaire de les observer et expliquer à l'aide de catégories et d'instruments scientifiques qui révèlent les transformations du milieu social. Max Weber (1864-1920) n'envisage toutefois les actions humaines qu'en association avec des valeurs, des croyances et des représentations propres à des êtres de conscience. Un certain consensus se dégage néanmoins aujourd'hui pour associer l'observation empirique de données physiques, physiologiques ou comportementales, et l'analyse des significations, motifs et valeurs véhiculés par les acteurs sociaux.

Dans ce contexte, l'irruption d'un problème social dans l'espace public naît d'une série de faits qui finissent par permettre sa construction et sa formalisation. Pour qu'il existe en tant que tel, le problème doit être reconnu, légitimé et apparaître susceptible d'être résolu par une intervention collective.

Un problème social résulte d'un décalage important entre les valeurs morales, les normes, les comportements partagés au sein d'une société et les conditions de vie des individus, voire de tel ou tel groupe. Il apparaît néfaste, indésirable ou immoral, constitutif d'une menace, d'une altération, voire d'une rupture du bien être social. Dans une société pluraliste, il n'est pourtant pas facile de s'entendre sur des comportements consensuels de référence : la coexistence de valeurs concurrentes ou de conflits entre des idéaux traditionnels et des idéaux modernes n'est pas rare. Il est donc indispensable que le problème devenu public bénéficie d'une légitimation. On assiste à des états successifs de prise de conscience : des luttes d'influence, des compétitions et des rapports de force entre des réseaux de pouvoir ne cessent de se développer pour gagner l'attention publique sur le phénomène considéré et, surtout, faire reconnaître qu'il est désormais impossible de remplir d'une manière acceptable une série de standards sociaux en usage. La perception des situations par les individus ne doit pas être minimisée, chacun peut porter un jugement, favorable ou défavorable, le justifier. Mais les institutions publiques (gouvernement, administrations...), les organismes privés (partis, syndicats, associations...), les chercheurs et les experts sont les plus à même de contribuer à la mobilisation en dressant un diagnostic qui confirme l'urgence à agir. Le problème se construit d'autant plus qu'il devient un enjeu de revendication et d'action collectives, que les médias sensibilisent l'opinion publique. Une conscience publique se constitue, qui permet à la question d'exister pleinement même si de nombreuses personnes n'y ont pas été confrontées personnellement. Tout problème social reste néanmoins une notion relative car il peut connaître une réinterprétation par les institutions et leurs agents, mais aussi par les individus. Son appréhension varie avec le temps, le lieu et le contexte dans lequel il s'inscrit. En tout cas, il doit sembler raisonnablement susceptible d'être corrigé par une intervention organisée et concertée destinée à restaurer le bon fonctionnement des relations humaines. Cette aspiration à réduire la difficulté ou à l'atténuer sensiblement est essentielle, sinon la situation relève davantage des processus d'adaptation des sociétés que du véritable problème à résoudre.

Une série de thèmes d'actualité particulièrement représentative de la mutation des valeurs, des croyances, des institutions et des modes de vie a été retenue : les modèles sociaux, la protection sociale, l'intégration des immigrés, le handicap, l'incivilité, la gratuité dans les services publics, les sectes religieuses, les musées nationaux, l'audiovisuel et la diversité culturelle, le sport et la politique, le tourisme international, l'action humanitaire. Ils participent d'une conception large du champ social – ou sociétal – afin de mettre l'accent sur les déterminants internationaux, nationaux ou locaux, les interventions des institutions publiques ou privées, les attitudes, croyances et habitudes d'esprit des individus. Certains privilégient les structures sociales, d'autres les comportements individuels ; la plupart sont directement liés à l'actualité, souvent la plus proche. Dans tous les cas, il s'agit de relier les thèmes entre eux afin de les intégrer pleinement aux mutations de la société. Dès lors que le droit prend une importance de plus en plus grande dans la recherche par les gouvernants de solutions aux problèmes sociaux, il est insisté sur la portée des textes internationaux, européens ou nationaux de ces dernières années, leurs capacités ou difficultés à apporter des solutions. Une attention particulière est aussi accordée aux revendications sociales, aux débats sur la solidarité et la citoyenneté afin de prendre la mesure des capacités de la société à promouvoir le progressisme social et à éviter la pérennisation de fractures sociales.

Chaque problème social est systématiquement inscrit dans une double perspective : historique afin de comprendre les conditions de son émergence, comparative de manière à envisager les pratiques propres à différents pays. Il est défini et caractérisé à partir d'instruments d'observation et d'analyse qui révèlent la manière dont il a été reconnu sur la scène politique, mais aussi par les réponses publiques ou privées que l'on a tenté de lui apporter. Il ne faut jamais minimiser une réalité : les solutions retenues peuvent avoir des effets imprévus. C'est l'occasion de distinguer les interventions publiques ou privées pertinentes de celles qui finissent surtout par créer de nombreuses difficultés, au point d'apparaître parfois pire que le mal dénoncé. Cette contextualisation politique, sociale et culturelle permet d'aborder la réforme de la société dans la plupart de ses aspects, de développer la compréhension des usages sociaux, d'insister sur la construction des représentations, de s'interroger sur l'idée de complexité dans l'examen et le traitement des problèmes.

Au-delà de la présentation méthodologique, analytique et documentée des questions, l'auteur s'interroge sur la transformation des sociétés contemporaines. Il multiplie les interrogations et les interprétations sur les divers leviers des politiques sociales, livre des appréciations sur leurs capacités à répondre à l'impératif de solidarité entre tous les individus, seule justification possible de l'idéal démocratique du XXIe siècle. Il s'agit d'encourager un regard lucide, critique et constructif de la réalité sociale, tout en laissant le lecteur largement libre de se prononcer sur les réformes qui s'imposent, et la manière de les mener.

Chapitre 1

Les modèles sociaux

Toutes les sociétés occidentales ont développé un « État social », qu'il soit appelé État-providence (France), *Welfare State* (Grande-Bretagne) ou *Wohlfaarstaat* (Allemagne). Il a donné lieu à des interprétations diverses, parfois contradictoires, qu'il s'agisse de défendre la théorie néoclassique du capital humain ou la théorie marxiste de la reproduction de la force de travail, le principe d'équilibre entre les objectifs économiques et sociaux ou la quête du progrès démocratique. L'intervention publique est toujours apparue régulatrice de la société, qu'elle ait pour but de protéger des excès du marché économique et financier ou de favoriser l'essor de l'économie capitaliste, d'assurer l'intégration et la solidarité sociales ou l'essor des droits fondamentaux des individus.

La notion allemande de *Wohlfaarstaat* – proche de celle de *Sozialstaat* – s'applique dès la fin du XIXe siècle à un État bureaucratique, social et paternaliste. Elle s'appuie sur les obligations qui incombent aux pouvoirs publics et la nécessité de mettre fin au conflit entre le capital et le travail par un système d'assurances sociales obligatoires. La notion britannique de *Welfare State* désigne une série de propositions des années 1940 visant à assurer à toute personne la garantie d'une protection sociale minimale. La notion française d'État-providence – ébauchée à l'approche du XXe siècle, puis développée après 1945 – repose sur une solidarité nouvelle orchestrée par les pouvoirs publics afin de remédier à la fracture sociale créée par la société industrielle. Dans ces trois hypothèses, l'État social cherche à prévenir la misère, protéger des aléas de la vie, garantir des droits, assurer un niveau de revenu, améliorer l'environnement et les compétences de chacun. Il fournit des services afin d'atténuer les conséquences de la maladie, de l'invalidité, des accidents du travail, de la vieillesse, du chômage ou de l'exclusion sociale.

Dans les États européens, la protection sociale a longtemps reposé sur les individus, la solidarité familiale ou corporative, voire la charité des ordres religieux. L'intervention publique ne s'est développée que sous l'influence d'idéaux types sociaux élaborés et mis en œuvre successivement en Allemagne et en Grande-Bretagne, qu'il s'agisse de défendre une conception de l'assurance sociale, ou de poursuivre un objectif d'universalisation de la protection sociale. On distingue classiquement le modèle d'Otto von Bismarck des années 1880 et le modèle de William Henry Beveridge des années 1940 (I). Confrontés progressivement à leurs limites, les États ont pourtant essayé par la suite de les combiner afin d'en multiplier les effets favorables. À l'aube du XXIe siècle, il est devenu courant de distinguer entre les choix libéraux, sociaux-démocrates ou corporatistes (II).

I. Les conceptions classiques de l'État social

L'idée d'État social est absente de la pensée libérale du XIXe siècle. Bien que le paupérisme lié à la révolution industrielle ne cesse de multiplier les indigents et les assistés, d'entretenir un taux élevé de chômage (près de 10 % en Europe), la demande de solidarité des révolutionnaires de 1789, puis des socialistes et marxistes de la seconde moitié du XIXe siècle a peu d'effets sur les législateurs. Il faut attendre l'approche du XXe siècle pour que soient élaborés des projets d'envergure. Ils reposent sur la formalisation d'un idéal-type au sens de Max Weber (1864-1920) : une construction théorique qui amplifie les traits fondamentaux d'un phénomène en écartant tout ce qui peut apparaître secondaire (*Économie et société*, posthume, 1922). Cet idéal-type permet d'élaborer les bases d'une politique gouvernementale, d'en faciliter la lisibilité et l'adaptation aux réalités par des mécanismes de réduction et de systématisation. Les moments propices à des réformes sociales d'envergure susceptibles d'apparaître comme la mise en œuvre d'un « modèle » ne sont pas fréquents, mais Otto von Bismarck (1815-1898) en Allemagne, puis William Henry Beveridge (1879-1963) en Grande-Bretagne ont pu en bénéficier.

A. Le modèle de Bismarck

Après la victoire de la Prusse sur la France en 1871, le chancelier Bismarck veut profiter de l'unité allemande pour installer un *Sozialstaat* capable d'enrayer la progression du mouvement syndical ouvrier et du Parti social-démocrate issu du congrès de Gotha (1875). Entre 1883 et 1889, il définit, et parvient à imposer, un modèle de protection sociale ambitieux pour l'époque, qui sera largement repris par les grandes nations européennes.

1. Les principes fondamentaux

Bismarck, nationaliste convaincu, s'inspire d'une partie du programme des socialistes relative à un État « assureur naturel ». En concédant à la classe ouvrière des réformes sociales justifiées par l'urbanisation et l'extension du prolétariat industriel, il cherche à protéger son pays du risque – de plus en plus redouté – d'une révolution. Il s'agit de mettre en œuvre un mécanisme d'assurance sociale des travailleurs devant garantir un revenu de compensation en cas d'aléa social (maladie, accident, invalidité, vieillesse ou décès). Le système repose sur quatre grands principes : l'obligation légale d'affiliation des salariés à des régimes de protection sociale, la gestion par des organismes autonomes où sont représentés les partenaires sociaux (assurés et employeurs), le droit aux prestations lié au versement préalable de cotisations proportionnées aux salaires, la répartition du financement entre les assurés, les employeurs et l'État. L'autogestion des caisses d'assurance doit permettre à l'État d'en faire des corps intermédiaires, dont il sera le garant. En encourageant des communautés de métier, on espère aussi créer un lieu d'expression et de résolution des conflits sociaux, voire d'apprentissage de la démocratie.

Le système bismarckien, qui relie l'assurance au travail, présente néanmoins des risques pour la cohésion sociale. Il laisse inévitablement des individus sans protection ou les renvoie à des mécanismes extérieurs au système mis en place. Il crée des inégalités de prestations selon les groupes professionnels. Toute crise de l'emploi ou de la démographie est aussi susceptible d'altérer l'équilibre entre cotisations et prestations. Cette *Sozialpolitik* rompt néanmoins avec le libéralisme du XIXe siècle : les pouvoirs publics sont chargés d'une mission d'harmonisation et de surveillance qui les met au centre d'une régulation externe du système de protection qu'ils doivent préserver des tentations corporatistes propres aux acteurs sociaux.

2. La mise en œuvre

Le chancelier Bismarck fait adopter par le Reichstag – en moins de sept ans – l'essentiel des mesures impliquées par son modèle social. L'assurance-maladie pour les ouvriers percevant de bas salaires devient obligatoire en 1883, puis le régime est étendu aux autres catégories de salariés dès 1885-1886. Les cotisations sont à la charge des employés (pour deux tiers) et des employeurs (pour un tiers) qui gèrent ensemble les caisses professionnelles. L'assurance contre les accidents du travail – dont la cotisation relève du seul employeur – apparaît en 1884 ; elle garantit les deux tiers du revenu en cas d'incapacité de travail. Les assurances vieillesse et invalidité sont adoptées en 1889, leurs cotisations sont réparties à égalité entre les assurés et les employeurs. Le dispositif sera complété ultérieurement par l'assurance-décès en 1911 et l'assurance-chômage en 1929. Un code des assurances sociales est même adopté (1911) quelques mois avant que la Constitution de Weimar du 11 août 1919 n'affirme le droit à la protection sociale.

Le modèle bismarckien inspira la Grande-Bretagne confrontée à l'échec de son dispositif d'assistance élaboré au XVIIe siècle en faveur des invalides, des enfants, des personnes âgées et des handicapés (*Poor Laws*). Dans les *Workhouses* pour indigents valides, les conditions de vie ne devaient pas être plus favorables qu'à l'extérieur (*less eligibility*), voire moins comme l'avait stigmatisé Charles Dickens dans *Oliver Twist* (1845). Afin de répondre à la demande de la classe ouvrière et aux nouvelles théories sur les droits sociaux, mais aussi de rivaliser avec l'Allemagne, les gouvernements adoptent en quelques années de nombreuses dispositions – défendues notamment par les libéraux Herbert Henry Asquith et David Lloyd George – sur l'assurance-chômage et le salaire minimum (1906), l'assurance-vieillesse et le régime national de pension (*Old Age Pension Act*, 1908), l'assurance-maladie (*National Insurance Act*, 1911), l'assurance-chômage obligatoire (*Sickness Benefit Act*, 1912). Les Britanniques rejettent la contribution proportionnelle aux revenus, préférant une cotisation uniforme des travailleurs. Dans l'optique libérale, loin de chercher à assurer le maintien d'un niveau de vie, il convient surtout d'assurer les besoins vitaux.

Le modèle bismarckien a également influencé l'Autriche, la Belgique, l'Italie, le Luxembourg, les Pays-Bas, la Norvège, la Roumanie, la Suède et la Suisse ; il reste aussi aujourd'hui la règle sur la planète pour presque tous les régimes de retraite complémentaire. La France, qui s'est préoccupée tardivement des questions de protection sociale, bien après l'Allemagne et la Grande-Bretagne, lui a beaucoup emprunté. Après une politique d'assistance publique nationale lancée dans les années 1880, il fallut toutefois attendre les années 1928-1930 dans l'Hexagone pour qu'apparaisse le premier dispositif obligatoire concernant les risques maladie, invalidité et vieillesse, avant que l'on se dirige vers une certaine généralisation des assurances sociales à partir de 1945.

B. Le modèle de Beveridge

Sous l'influence des théories keynésiennes et des réalisations néo-zélandaises et suédoises, William Henry Beveridge propose un nouveau modèle de protection sociale en 1942, rapidement adopté en Grande-Bretagne. Il l'emporte aussi progressivement sur les conceptions bismarckiennes dans plusieurs pays européens.

1. Les principes fondamentaux

Le rapport de W. H. Beveridge – *Social Insurance and Allied Services* –, rédigé en décembre 1942 à la demande du Premier ministre Winston Churchill, et prolongé par un second rapport – *Fill Employment in a Free Society* (1944) –, se démarque de l'assurance sociale pour s'intégrer dans une logique de *Welfare State.* Sans refuser l'assistance, on met l'État au centre d'une protection sociale minimale destinée à couvrir les besoins de subsistance de tous les individus. Dans l'esprit de Beveridge, la réussite du système est liée à la capacité des pouvoirs publics à conduire une politique de plein-emploi et à assurer un service national gratuit de santé. Le modèle repose sur trois grands principes : l'universalité, l'unité et l'uniformité. L'universalité assure la couverture de chaque individu pour tous les risques indépendamment de la profession. L'unité implique qu'un organisme étatique centralisé assure la gestion des diverses branches de prestations. L'uniformité impose un degré d'aide identique pour tous ; chaque bénéficiaire a vocation à percevoir des aides indépendamment de son revenu, en fonction de ses besoins, qu'il s'agisse d'indemnités maladie, d'allocations chômage ou retraite. La responsabilité individuelle ne doit cependant pas disparaître de la protection sociale, la coopération des citoyens est indispensable : les propositions de Beveridge n'écartent pas l'épargne personnelle, ni l'assurance volontaire pour des risques particuliers ; l'aide chômage ne doit pas être plus attrayante que les revenus qui peuvent être tirés d'un emploi. Loin de proposer une véritable politique d'intégration, Beveridge imagine surtout une gestion du paupérisme créé par la société industrielle. Il est préoccupé d'assurer un mode de vie décent et la sécurité des citoyens. Ce libéralisme relativise les préoccupations de redistribution sociale ou de revenu de l'individu et de sa famille.

2. La mise en œuvre

Les propositions de W. H. Beveridge sont rapidement appliquées par le gouvernement travailliste de Clement Atlee (1945-1951). Dès 1945, une loi sur la famille (*Family Allowance Act*) est adoptée. En 1946, le *National Insurance Act* unifie tous les régimes d'assurance – qui sont désormais gérés par l'État –, le *National Health Service* est créé sous une forme gratuite et ouverte à tous, les allocations familiales sont instituées. Dès 1948, les *Poor Laws* sont remplacées par un dispositif unifié d'assistance (*National Assistance Act*). Le *Welfare State* est officialisé la même année par le vote des premiers impôts permettant de le financer. L'État dispense désormais les soins médicaux à tous les individus, les hôpitaux sont nationalisés et les médecins fonctionnarisés. Les retraites sont financées par des contributions sociales.

La mise en œuvre des principes de Beveridge par les Britanniques mérite d'être comparée aux politiques conduites en Union soviétique et dans les pays scandinaves. Alors que la Russie tsariste s'inspirait du modèle bismarckien, la Révolution de 1917 impose un nouveau système social. La gratuité des soins apparaît dès 1925, puis il est reconnu aux citoyens « le droit d'être assurés [...] par une Sécurité sociale désormais aux frais de l'État » (Constitution du 5 décembre 1936). Ces choix peuvent sembler annoncer quelques conceptions de Beveridge, mais un système bureaucratisé, guère efficace et fortement politisé, s'installa rapidement en URSS et dans les démocraties populaires, bien peu préoccupé des objectifs sociaux fixés. Les personnels, sensiblement démotivés, devinrent des « officiers de santé ». La législation britannique a cependant influencé favorablement les pays scandinaves (Danemark, Finlande, Norvège, Suède), notamment en matière de gratuité, de financement par l'impôt, de gestion des caisses par l'État ou de contrôle parlementaire.

Si les modèles bismarckien ou beveridgien restent aujourd'hui des références pour de nombreux États, on essaie surtout de combiner certains de leurs principes jugés favorables afin d'améliorer la protection sociale nationale.

II. Les conceptions contemporaines de l'État social

Inspiré par les travaux de Richard Morris Titmuss (*Essays on the Welfare State*, 1958) – chef de file de l'école anglaise d'administration sociale –, le sociologue suédois Gösta Esping-Andersen a proposé une présentation des modèles contemporains de protection sociale qui fait autorité (*Les Trois Mondes de l'État-providence*, 1990). Il s'appuie, d'une part, sur le concept de dé-marchandisation (*decommodification*) – emprunté à Karl Polanyi (*La Grande Transformation*, 1944) – qui désigne le degré de libération ou d'indépendance des individus vis-à-vis des forces du marché du travail. Dès lors que la fonction principale de l'État social est de garantir des droits, les pays peuvent être distingués selon la manière dont ils les détachent des lois du marché et qu'ils facilitent l'accès des individus à des revenus de remplacement en cas de difficultés. G. Esping-Andersen prend en compte, d'autre part, les formes de stratification sociale et les relations entre l'État, le marché et les individus, particulièrement l'influence des stéréotypes familiaux ou des rapports entre les sexes. À partir de ces critères, il est possible de distinguer aujourd'hui trois types idéaux de protection sociale : libéral anglo-saxon, social-démocrate scandinave ou corporatiste de l'Europe continentale.

A. Le choix libéral

Lorsque la protection sociale repose sur un faible degré de dé-marchandisation, les mécanismes de marché commandent l'essentiel des règles d'allocation des ressources.

1. L'idéal-type

La conception libérale repose sur un simple « filet de protection sociale » destiné à restreindre les effets de la pauvreté. Les dépenses publiques concernées sont généralement inférieures à 15 % du produit intérieur brut et les transferts sociaux restent modestes. La protection publique est résiduelle, essentiellement financée par l'impôt ; les cotisations sociales sont très peu élevées. Les *minima* sociaux dépendent de conditions strictes de ressources. L'État n'intervient qu'en dernier ressort, préoccupé de favoriser un retour rapide sur le marché et de ne jamais dissuader personne de travailler.

Il n'est pas facile dans ce cadre de déterminer le seuil à partir duquel on accède à la protection destinée aux plus défavorisés. On s'en remet souvent à des « universalités progressives », qui destinent les prestations à tous, mais les valorisent sensiblement pour les plus pauvres. En tout cas, l'encouragement à souscrire des assurances complémentaires privées – ouvertes à la concurrence – est la contrepartie du système. Les citoyens aux revenus les plus élevés y recourent largement. Il s'ensuit un clivage entre les plus démunis, soumis aux aides publiques minimales, et les plus privilégiés, destinataires des produits assurantiels performants. Cette protection sociale « à deux vitesses » crée généralement des tensions au sein des classes moyennes, qui craignent de perdre les moyens d'accès aux assurances privées et de se trouver réduites à l'assistance publique de base qu'elles jugent insuffisante.

2. Les pays anglo-saxons

Les États-Unis et la Grande-Bretagne recourent aujourd'hui – avec de grandes disparités – à une protection sociale largement influencée par un idéal-type libéral.

Les États-Unis ont longtemps considéré que le plein-emploi suffisait comme protection, qu'il favorisait un revenu permettant la couverture individuelle des risques. La crise de 1929 a pourtant montré les limites d'une telle conception. Dès le *Social Security Act* (1935), les classes moyennes ont été encouragées à s'assurer, surtout en matière de chômage et de vieillesse. L'*Aid to Families with Dependent Children* est apparue dès les années 1950, puis les assurances maladies des programmes *Medicare* (pour les personnes âgées ou invalides) et *Medicaid* (pour les pauvres) dans les années 1960. Les entreprises américaines ont dû payer une taxe sur les licenciements et participer au régime d'indemnisation des accidents du travail. Mais, malgré une assistance financée à la fois par l'État fédéral, les États fédérés et les municipalités à destination des plus défavorisés, la protection restait insuffisante : près de 45 millions d'Américains ne bénéficiant d'aucun système spécifique. En mars 2010, le président Barack Obama a obtenu le vote par le Congrès d'une réforme ambitieuse de la santé devant permettre en quelques années à plus de 95 % des individus d'être couverts par les employeurs, les pouvoirs publics ou des polices d'assurance ouvertes à la concurrence. Le Congrès reste néanmoins hostile à toute mesure soupçonnée d'encourager l'oisiveté ; il soutient une politique de *Workfare*, qui réduit l'attractivité des programmes sociaux en imposant des contraintes d'activation des aides de plus en plus lourdes pour ceux qui en font la demande.

En Grande-Bretagne, la protection publique a sensiblement évolué depuis Beveridge. Seul le *National Health Service* est encore vraiment universel – en ce qu'il accorde le même accès quasiment gratuit à tous – car il reste assimilé à un droit de la citoyenneté ; il n'est pourtant pas à l'abri de critiques sur son efficacité et sa capacité à gérer la demande sociale sans attente exagérée des usagers pour accéder à de nombreuses prestations. De son côté, le *National Insurance* attribue des prestations forfaitaires en espèces plutôt faibles en matière d'indemnités maladie et d'allocations chômage ou retraite. Au reste, dès les années 1970, un lien a été établi entre la pension et les revenus dans le calcul des droits à la retraite. Face à ces évolutions – encouragées par la politique gouvernementale de Margaret Thatcher (1979-1990) –, le recours aux assurances complémentaires financées par les entreprises, voire directement par les individus, s'est multiplié, autant pour la santé que pour les retraites.

B. Le choix social-démocrate

Si la protection sociale est caractérisée par un niveau élevé de dé-marchandisation, les préoccupations d'égalité, de cohésion et d'homogénéité des groupes sociaux sont prioritaires. Cette réalité est particulièrement présente dans les pays scandinaves européens.

1. L'idéal-type

La protection sociale est fondée sur le droit de la citoyenneté. Afin d'assurer la couverture universelle des besoins, les dépenses publiques financent plus de 80 % du coût de la santé. De larges transferts sont organisés à cette occasion entre les groupes sociaux. L'accès aux services est généralement gratuit. Les prestations dépendent des besoins, alors que les contributions sont liées aux moyens financiers. Les indemnités maladie ou les allocations maternité sont versées à tous, sans qu'il y ait nécessairement lieu d'avoir exercé une activité salariée ou libérale. La plupart des régimes d'assurances sociales sont gérés par l'État, qui assume la direction de l'appareil de production de soins.

Pour un équilibre effectif du système, le gouvernement doit être en mesure de promouvoir une politique de plein-emploi, ou du moins financer une politique active en la matière – notamment d'embauche publique – afin de restreindre au maximum le chômage. La redistribution des revenus doit être poussée, particulièrement dans le cadre de l'imposition fiscale directe. La volonté de régulation politique l'emporte sur la confiance envers le marché.

2. Les pays scandinaves

Le Danemark, la Finlande, la Norvège et la Suède appliquent l'idéal-type social-démocrate. Une administration publique – déjà ancienne – a favorisé l'essor de services sociaux gratuits et la réduction de l'assistance par des programmes ciblés soumis à des conditions de ressources. Les services procurent des prestations forfaitaires d'un montant relativement élevé, versées automatiquement lorsqu'un besoin apparaît. La médecine est souvent nationalisée et le financement du système fortement fiscalisé. L'État central joue un rôle essentiel dans les procédures de contrôle. Lorsque l'assurance-chômage n'est pas intégrée au système public de protection, des régimes obligatoires à base professionnelle y suppléent. Les retraites sont généralement financées par l'impôt dans le cadre d'une redistribution des ressources.

Le système social-démocrate, malgré son efficacité dans la gestion de crise, est confronté aujourd'hui à une série de difficultés, surtout de financement. Il ne garantit plus un revenu de remplacement proche du revenu d'exercice pour les classes moyennes, qui sont tentées de recourir à une protection complémentaire privée. La Suède, qui a longtemps été le pays européen le plus performant socialement, a dû opérer depuis une quinzaine d'années des coupes dans son budget social : les indemnités de chômage, les pensions de retraite et les programmes spécifiques d'aide ont été réduits, les cotisations sociales sensiblement augmentées ; évolution qui altère d'autant l'objectif de justice et de solidarité. Le Danemark a dû développer des mécanismes spécifiques de lutte contre la pauvreté et l'exclusion, tout en multipliant les contraintes pour accéder à diverses allocations, notamment en matière de chômage.

C. Le choix corporatiste

Les États européens continentaux restent proches des grands principes corporatistes de Bismarck et continuent de privilégier les assurances sociales financées par des cotisations.

1. L'idéal-type

La priorité n'est pas accordée à la lutte contre l'inégalité, mais à la préservation du statut professionnel et catégoriel en cas de réalisation de risques sociaux. La protection de l'assuré (et de ses ayants droit) est liée à sa situation antérieure sur le marché du travail. L'universalité de la couverture sociale n'est pas assurée ; elle dépend de la capacité de la société à un moment donné d'assurer ou non le plein-emploi. Aussi est-il mis en place un filet de sécurité – constitué de prestations sous conditions de ressources – qui est financé par des recettes fiscales (*minima* sociaux).

Le système se caractérise par des cotisations élevées, qui représentent souvent bien plus de 30 % des recettes fiscales totales de l'État. Elles sont liées au revenu, mais connaissent des mécanismes de plafonnement. Dès lors que les prestations obtenues par le salarié sont proportionnées à son statut et à ses cotisations antérieures, le système conduit à des écarts sensibles de protection maladie, vieillesse ou chômage. Les organismes de gestion de la protection sociale – largement autonomes des pouvoirs publics – sont généralement dirigés par les représentants des employeurs et des salariés.

2. Les pays européens continentaux

L'idéal-type corporatiste aboutit à des politiques sociales assez disparates selon la part des cotisations sociales par rapport à l'impôt dans le financement de la protection sociale, ou l'ampleur du filet minimal d'aide qui ne prend jamais une forme standardisée comme dans le système social-démocrate.

En Allemagne, l'État social a sensiblement évolué depuis Bismarck. L'obligation d'affiliation n'est devenue obligatoire qu'en dessous d'un certain plafond de revenu, même si celui-ci a été régulièrement relevé pour multiplier les bénéficiaires du système. Les médecins participent à la régulation publique de la santé par leur présence dans les unions professionnelles de caisses. Dès lors que la médecine ambulatoire est intégralement privée, la médecine de ville est rémunérée par l'intermédiaire de ces unions selon des règles propres à une nomenclature des actes. Les hôpitaux publics ou privés non lucratifs (plus de 85 % de l'offre totale) emploient un personnel médical salarié.

En France, la protection sociale s'inspire aussi du système corporatiste. Elle est principalement financée par des cotisations prélevées sur des revenus d'activité au profit des caisses de Sécurité sociale.

La protection des travailleurs et de leurs familles est constituée de prestations contributives liées à la rémunération ; seules les allocations familiales étaient traditionnellement indépendantes du revenu, avant d'être modulées en fonction des ressources depuis juillet 2015. Le système est plus fortement centralisé qu'en Allemagne et les caisses ont moins de possibilités de surveillance sur les médecins. Une politique de *minima* sociaux, l'augmentation des frais de santé et l'institution de la Couverture maladie universelle (1999) ont néanmoins conduit à recourir de plus en plus largement à la Contribution sociale généralisée – apparue en 1990 – pour réduire le déficit de certains régimes de protection.

Les pays de l'Europe du Sud (Espagne, Grèce, Italie, Portugal) ne sont pas très éloignés des choix corporatistes dans la mesure où ils s'appuient sur des assurances sociales pour accorder des prestations. Ils n'en connaissent pas moins de réelles singularités. Les régimes d'assurance, nombreux et diversifiés, accordent des protections inégales. Les retraites représentent la part la plus importante des dépenses sociales, au détriment de la politique familiale et de l'indemnisation du chômage. Les services nationaux de santé à vocation universelle – assez proches du modèle beveridgien – se développent. Un revenu minimum est de plus en plus fréquemment garanti.

Les conceptions de l'État social au sein de l'Union européenne convergent aujourd'hui autour d'une volonté affichée de maîtriser les dépenses. On privilégie des politiques de réduction des coûts de santé et des indemnités de chômage, d'allongement de la durée de travail, de recours à des assurances complémentaires privées et à des fonds de pension pour les retraites. Parallèlement, pour réduire l'effet – parfois drastique – de ces contraintes, les *minima* sociaux et la lutte contre la pauvreté ou l'exclusion prennent de plus en plus d'importance. Une nouvelle gouvernance est définie dans le cadre d'un management public qui essaie de rivaliser avec la protection sociale privée. La tutelle traditionnelle des pouvoirs publics cède parfois le pas à des mécanismes souples de régulation. Ces rapprochements européens ont permis de mentionner des préoccupations sociales dans la Charte des droits sociaux des travailleurs (1989), le protocole social annexé au traité de Maastricht (1992), le traité d'Amsterdam (1997) et la Charte des droits fondamentaux (2000) à laquelle le traité de Lisbonne (2007) a donné toute sa portée juridique. Les membres de l'Union européenne n'ont pourtant toujours pas réussi à s'entendre sur un véritable projet social ambitieux pour le XXIe siècle.

Bibliographie thématique

Berteloot B., *La Crise du modèle social occidental et la solution libérale*, JAS Éditions, 2006.

Beveridge W. H., *Le rapport Beveridge*, Perrin, 2012.

Boccon-Gibot T., Crétois P., *État social, propriété publique et biens communs*, Éd. Le Bord de l'Eau, 2015.

Esping-Andersen G., *The Three Worlds of Welfare Capitalism*, Princeton University Press, 1990 ; *Les Trois Mondes de l'État-providence. Essai sur le capitalisme moderne*, PUF, 2007.

Fontanel M., Grivel N., Saintoyant V., Jacob O., *Le Modèle social français*, Éd. Odile Jacob, 2007.

Foulon M.-L., *Le Rebond du modèle scandinave*, Lignes de Repères Éditions, 2006.

Gazier B., *Vers un nouveau modèle social*, Flammarion, 2009.

Leibfried S., Pierson P. (sous la dir. de), *Politiques sociales européennes, entre intégration et fragmentation*, L'Harmattan, 1998.

Martens S., Revauger J.-P., *Vers un modèle social européen ?*, Presses universitaires de Bordeaux, 2012.

Merrien F.-X., *L'État-providence*, PUF, 1997, rééd. 2013.

Ministère des Affaires sociales, du Travail et de la Solidarité, *Les Systèmes européens de protection sociale : Une mise en perspective*, DAEES, série MIRE, n° 6, janvier 2004.

Polanyi K., *The Great Transformation*, Boston Beacon Press, 1944 ; *La Grande Transformation, aux origines politiques et économiques de notre temps*, Gallimard, 2009.

Ramaux C., *L'État social*, Fayard, 2012.

Renault A., *Modèle social : la chimère française*, Textuel, 2006.

Rosanvallon P., *La Crise de l'État-providence*, Seuil, 1981 ; rééd. 2015.

Rosanvallon P., *La Nouvelle question sociale : repenser l'État-providence*, Seuil, 2015.

Sauviat C., Lizé L., *La Crise du modèle social américain*, Presses universitaires de Rennes, 2010.

Titmuss R. M., *Essays on the Welfare State*, Allen & Unwin, London, 1958.

Chapitre 2

La protection sociale

Jusqu'en 1789, l'assistance aux plus démunis reste modeste en France. Quelques institutions publiques de secours, notamment hospitalières (Quinze-Vingts, Invalides), ne font pas oublier que l'aide relève avant tout de la solidarité familiale entre les générations, de la charité encouragée par l'Église catholique ou du soutien des corporations. La monarchie absolue est surtout préoccupée de réprimer le vagabondage, d'enfermer les mendiants, de contrôler la circulation des individus, et plus généralement de développer l'obligation de travailler. Il faut attendre la Constitution du 24 juin 1793 pour que la Convention – sous l'influence des *Poor Laws* britanniques du XVIIe siècle, de la philosophie des Lumières et de la Déclaration des droits de l'homme et du citoyen du 26 août 1789 – reconnaisse les secours publics comme « une dette sacrée » et affirme que la société « doit la subsistance aux citoyens malheureux, soit en leur procurant du travail, soit en assurant les moyens d'exister à ceux qui sont hors d'état de travailler » (art. 21). Ce principe n'a pourtant guère de conséquences pratiques car la loi Le Chapelier des 14-17 juin 1791 interdisant les corporations a entravé les possibilités d'assistance privée, et la commune ou le département n'ont pas été mis dans l'obligation d'intervenir.

Au XIXe siècle, la perspective libérale défendue par Alexis de Tocqueville (1805-1859) dans son *Mémoire sur le paupérisme* (1835) exclut de s'appuyer sur une charité légale, dont on craint qu'elle favorise « une classe oisive paresseuse ». On continue à encourager la bienfaisance privée fondée sur l'aumône. Jusqu'à la IIIe République, les pouvoirs publics se limitent à prendre quelques mesures sociales en faveur des enfants abandonnés, des vieillards, des infirmes et des aliénés. L'essentiel du secours social relève de la prévoyance personnelle. Mais, dès les années 1880, Léon Bourgeois (1851-1925) prône un solidarisme – influencé par Émile Durkheim (1858-1917) – qui s'oppose au libéralisme. Dans un cadre républicain, il souhaite la réalisation d'une synthèse entre l'individualisme et le collectivisme. L'idéal de justice suppose que les privilégiés s'acquittent d'une dette sociale proportionnellement à leurs facultés et que l'assistance publique réponde à une exigence de solidarité afin de contribuer à l'égalité des chances.

Au début du XXe siècle, l'organisation des relations professionnelles et le recours à des assurances sociales liées au travail sont déjà encouragés en France sous l'influence de théories sociales allemandes (Otto von Bismarck), sans connaître toutefois un grand développement. Il faut attendre la fin de la Seconde Guerre mondiale et l'essor de l'État-providence pour que soit institutionnalisée la Sécurité sociale (1945). On assiste désormais à la généralisation progressive de la protection, jusqu'à la couverture maladie universelle (1999). En réalité, le système français de protection sociale mis en œuvre parallèlement à l'affermissement des principes républicains (I) a été sensiblement modifié ces dernières années, sans mettre fin aux débats sur ses perspectives d'avenir (II).

I. Aux origines de la protection sociale

Au XIXe siècle, les mesures sporadiques d'assistance finissent par laisser place à des politiques d'assurance sociale. Il faut néanmoins attendre la fin de la Seconde Guerre mondiale pour que soient formalisés les grands principes de la Sécurité sociale.

A. De l'assistance à l'assurance

Dès le milieu du XIXe siècle, l'industrialisation de la France conduit à s'interroger sur la condition ouvrière et le meilleur moyen d'assurer le progrès du pays. À partir de la IIIe République, une législation sociale se développe.

1. L'émergence de la question sociale

La montée des préoccupations sociales en Europe est liée au développement des usines. Elle apparaît plus tardivement en France qu'en Allemagne ou en Grande-Bretagne. Dès 1840, la campagne française n'est plus un refuge permettant aux exclus de l'expansion des villes d'y retrouver du travail. Les enquêtes statistiques et démographiques sur les ouvriers – notamment le rapport du docteur Louis René Villermé (1840) – constatent le coût social de l'industrialisation, la profonde détresse ouvrière. En révélant certains dangers de l'individualisme issu de la Révolution française – qui défend la liberté contractuelle, la responsabilité individuelle et l'hostilité à toute idée de corporation –, elles encouragent à lutter contre les accidents du travail, la pénibilité des tâches et le manque d'hygiène afin de ne pas priver prématurément la nation de ses ressources humaines.

Dès le 22 mars 1841, la loi Montalembert relative au travail des enfants employés dans les manufactures, usines ou ateliers interdit l'emploi des moins de 8 ans, limite l'activité effective par jour à huit heures pour les 8-12 ans et à douze heures pour les 12-16 ans. Quelques années plus tard, le gouvernement de la IIe République instaure le droit au travail à l'initiative de Louis Blanc (décret du 26 février 1848), et crée les Ateliers nationaux (100 000 emplois dès la fin avril). On commence à parler de « droits créances » des individus envers la société.

2. *La législation sociale de la IIIe République*

Dès les années 1870, les campagnes connaissent une crise touchant aussi bien l'agriculture que l'industrie en zone rurale. Sur tout le territoire français, les ouvriers deviennent un enjeu électoral majeur depuis qu'ils peuvent s'organiser en syndicats (loi Waldeck-Rousseau du 21 mars 1884). La charte d'Amiens (1906) adoptée par la Confédération générale du travail (CGT) – créée en 1895 – ne peut plus être ignorée. Une forte croissance économique et une démographie stagnante encouragent l'arrivée en France de travailleurs non qualifiés, mais favorisent aussi la demande d'avancées sociales.

Les républicains essaient d'abord de développer l'assistance publique pour réduire l'influence de la charité religieuse, et surtout du clergé. Les soins à domicile ou à l'hôpital sont mis à la charge des communes, des départements ou de l'État dans le cadre de l'assistance médicale gratuite (1893). Une législation sur les accidents du travail est adoptée (1898). Une aide spécifique s'adresse aux personnes privées de ressources, qu'elles soient âgées de plus de soixante-dix ans, atteintes d'une infirmité ou d'une maladie incurable (1905). Sous l'influence du modèle social bismarckien, une politique d'assurance individuelle s'ébauche : l'État subventionne les premiers programmes d'assurance-volontaire (1905), institue des retraites ouvrières et paysannes relevant d'une gestion mutualiste (1910). Parallèlement, les institutions se multiplient : l'Inspection du travail est créée dès 1874, le ministère du Travail et de la Prévoyance sociale en 1906, puis le ministère de la Santé en 1930.

Au début des années 1920, moins de 10 % des Français bénéficient pourtant d'une protection sociale (ouvriers de l'État, marins, mineurs…), contre 40 % en Allemagne ou en Grande-Bretagne. Les lois du 5 avril 1928 et du 30 avril 1930 constituent un pas vers l'extension du mécanisme de l'assurance, tout en maintenant l'autonomie des régimes agricoles et des mutuelles gérées par les syndicats, qui ont désormais la charge des deux tiers des assurances maladie ou vieillesse (Charte de la médecine libérale de 1927). Le législateur fixe trois grands principes pour l'assistance sociale : la gestion sous la forme de caisses de droit privé, le libre choix de la caisse par le travailleur, le partage à égalité des cotisations entre employeurs et salariés. Ce mécanisme, qui concerne surtout des salariés modestes, se révèle rapidement complexe, difficile à contrôler et insusceptible de répartir équitablement les risques importants. Les allocations familiales – dont l'existence dépend de l'initiative patronale – sont toutefois soumises à une compensation interbranches, dès 1932, afin de ne pas sanctionner les employés chargés de famille.

Les pouvoirs publics encouragent les systèmes d'assurance pour ne pas transférer la responsabilité globale du changement social vers l'État ou risquer de remettre en cause l'ordre traditionnel. Ils privilégient une approche des problèmes en termes de risques dont il convient de compenser les coûts. Cette attitude ne favorise pas la progression de la couverture des populations. Après les élections législatives des 26 avril-3 mai 1936, le Front populaire met la question sociale parmi les priorités du gouvernement Léon Blum soutenu par une coalition de partis de gauche (notamment socialistes, radicaux-socialistes et communistes – bien que ces derniers ne participent pas à l'équipe gouvernementale). Plusieurs textes importants sont adoptés dès le mois de juin ; ils concernent les congés payés (deux semaines), la semaine de 40 heures (au lieu de 48 heures précédemment), les conventions collectives et l'allocation-chômage. L'ensemble ne constitue pourtant pas un modèle de protection sociale, mais une série d'initiatives significatives, mais ponctuelles. On en restera là, alors que la Seconde Guerre mondiale approche.

B. Du plan Laroque à la Sécurité sociale

Le Conseil national de la Résistance (CNR) obtient le soutien des gaullistes, socialistes et communistes à un « plan complet de sécurité sociale, visant à assurer à tous les citoyens des moyens d'existence dans tous les cas où ils sont incapables de se les procurer par le travail » (15 mars 1944). Dans un discours-programme prononcé le 23 mars 1945, Pierre Laroque – nommé directeur général des assurances sociales dès le 5 octobre 1944 – essaie de concilier certaines propositions de Bismarck et de Beveridge. Après beaucoup de discussions, le principe d'une « sécurité sociale » fondée sur le travail finit par l'emporter auprès des gouvernants, mais sa mise en œuvre se révèle vite délicate (ordonnances d'octobre 1945). La volonté de solidarité finit cependant par se retrouver dans le préambule de la Constitution du 27 octobre 1946 qui garantit à tous la protection de la santé : « tout être humain qui, en raison de son âge, de son état physique ou mental, de la situation économique, se trouve dans l'incapacité de travailler a le droit d'obtenir de la collectivité des moyens convenables d'existence » (al. 11).

1. L'institution de la Sécurité sociale

Le plan Laroque (1945) propose un mécanisme d'assurance qui repose sur la proportionnalité au revenu des cotisations et des prestations (avec un plafonnement), mais aussi l'instauration d'un filet de sécurité permettant de fournir des prestations minimales indépendantes des ressources. Le principe d'universalité doit s'appliquer aux cotisations perçues par voie d'autorité auprès des employeurs et des salariés (assurances sociales, accidents du travail) ou des seuls employeurs (allocations familiales). Le principe d'unité suppose une caisse unique pour gérer l'ensemble des risques sociaux – dont la gestion est confiée aux salariés et employeurs – ; une seule cotisation assure la mutualisation des aléas encourus par la population. Le principe d'uniformité n'est pas retenu : les cotisations et les prestations sont liées aux rémunérations antérieures afin d'individualiser les prestations fournies et les adapter aux besoins de chacun. La question du financement est relativisée car il est spéculé sur un redressement rapide du pays et l'installation durable du plein-emploi.

Les propositions Laroque ne seront que partiellement reprises dans les ordonnances des 4 et 19 octobre 1945 consacrées aux droits sociaux des travailleurs. La loi du 22 mai 1946 prévoit néanmoins la généralisation du système aux autres catégories sociales – sous réserve de l'accord des intéressés –, ainsi que l'assurance obligatoire des résidants. Dès la loi du 22 août 1946, les allocations familiales sont étendues à presque toute la population, puis la loi du 30 octobre 1946 intègre la réparation des accidents du travail au système ; seul le chômage n'est toujours pas concerné. On semble alors se diriger vers un régime unique de protection appuyé sur une démocratie sociale dans la gestion des organismes. Il ne sera pourtant pas possible dans les années qui suivront d'obtenir la généralisation imaginée en faveur de tous les intéressés : les agriculteurs, les commerçants et les cadres s'opposent à un système universel ; les syndicats ouvriers continuent de soutenir la mutualité – autorisée en 1898, et largement développée en faveur des travailleurs au cours des années 1930 – dans une perspective anarcho-syndicaliste qui refuse une « collaboration de classes » ; des entreprises publiques, comme la SNCF ou EDF, développent rapidement des systèmes dérogatoires. De surcroît, le pouvoir exécutif reste méfiant envers les syndicats et l'influence que pourrait leur donner la gestion d'un régime de caisse unique. En réalité, la logique des régimes autonomes s'enracine progressivement : les allocations familiales constituent une branche séparée de la Sécurité sociale, les régimes particuliers (mineurs, cheminots) sont conservés, les régimes spéciaux pour les exploitants agricoles (21 décembre 1961) et les autres catégories de travailleurs indépendants (12 juillet 1966) sont encouragés ; une assurance chômage gérée conjointement par les confédérations syndicales et le patronat est même créée en marge de la Sécurité sociale (31 décembre 1958).

Dès lors, le « régime général » prend en charge quatre types de risques par une série de caisses : la branche « maladie-maternité-invalidité-décès » et la branche « accidents du travail-maladies professionnelles » relèvent de la Caisse nationale d'assurance-maladie des travailleurs salariés (CNAMTS), la branche « vieillesse-veuvage » est assurée par la Caisse nationale d'assurance vieillesse des travailleurs salariés (CNAVTS), la branche « famille » dépend de la Caisse nationale d'allocations familiales (CNAF). Le recouvrement des cotisations est de la compétence de l'Agence centrale des organismes de Sécurité sociale (ACOSS).

2. L'élargissement de la Sécurité sociale

En mai 1974, le président Valery Giscard d'Estaing fait part de son désir d'étendre le régime de la Sécurité sociale aux populations non encore couvertes, qui relèvent parfois de la seule aide sociale. Dès 1978, l'assurance-maladie individuelle prend le relais de l'assurance-volontaire (apparue en 1967) et les prestations sociales sont modifiées. Le minimum vieillesse est progressivement rapproché du régime général. On se dirige vers la compensation entre le régime général des salariés et les régimes autonomes. Le premier contribue progressivement à financer l'aide aux gens dans le besoin qui ne sont pas rattachés à un salarié, à verser des prestations aux étudiants, aux chômeurs, aux invalides et aux handicapés, à résoudre les conséquences du recul démographique des cotisants de certains régimes (salariés agricoles). Il bénéficie toutefois de quelques allégements de charges : le minimum vieillesse, qui lui a été transféré sans compensation en 1958, est repris par l'État à partir de 1979 ; l'allocation d'adulte handicapé (AAH), transférée en 1971 de l'aide sociale à la Caisse nationale d'allocations familiales, passe à la charge de l'État dès 1983.

La politique de lutte contre la pauvreté a longtemps reposé sur le minimum vieillesse apparu en 1956 (devenu l'allocation de solidarité aux personnes âgées en 2006), avant que de nouvelles formes d'intervention se multiplient : le revenu minimum d'insertion (1988) et l'allocation de parent isolé (1976) – qui seront remplacés par le revenu de solidarité active (RSA) à partir de 2007-2009 –, l'allocation de solidarité spécifique (1984), l'allocation personnalisée d'autonomie (APA) (2002) et l'allocation d'équivalent retraite (entre 2002 et 2011). Il faudrait prendre en compte également les diverses allocations logement, notamment les aides personnalisées. Toutes ces prestations, contrairement aux allocations chômage, ne sont pas contributives, mais soumises à des conditions de ressources. Elles visent à fournir un revenu minimal.

La protection sociale française est financée par des cotisations importantes assises sur les revenus d'activité. Les prestations sont liées aux rémunérations pour les pensions de retraite et les indemnités journalières en cas de maladie ou de chômage, seules les allocations familiales restent indépendantes du revenu (jusqu'en juillet 2015). On atteint un niveau élevé de protection de la population, qui n'empêche pourtant pas les assurances complémentaires de se développer car progressivement les assurés constatent un certain recul des prestations offertes par la Sécurité sociale et les régimes autonomes. Les complémentaires se sont d'abord imposées après 1945 en faveur des cadres qui bénéficiaient alors d'un régime démographique favorable en raison du nombre limité de retraités et de l'accroissement des actifs. Elles ont été étendues ensuite à d'autres catégories de salariés par des accords de branche et d'entreprise, notamment à la métallurgie (1953) ou à Renault (1955). Un régime complémentaire est devenu obligatoire pour les salariés du régime général dès 1972 avec un accord de compensation entre le régime des cadres (AGIRC) et le régime des autres salariés (ARRCO). Dans le secteur public, les personnels qui ne relèvent pas d'un régime spécial de retraite (vacataires, auxiliaires...) sont pris en charge par l'IRCANTEC. Depuis 1967, les fonctionnaires peuvent adhérer, s'ils le souhaitent, à un régime individuel de retraite complémentaire fonctionnant selon le principe de capitalisation, géré par la Caisse nationale de prévoyance de la fonction publique (PRÉFON). En 2005, un régime public de retraite additionnelle a même été rendu obligatoire afin de permettre aux agents d'acquérir des droits améliorant leur retraite de base.

La protection sociale française allie des emprunts aux modèles de Bismarck et de Beveridge. Elle privilégie des mécanismes d'assurance sociale sans renoncer à des systèmes d'assistance spécifiques. Confrontés aux hésitations des gouvernants, elle apparaît source de nombreuses inquiétudes pour les Français depuis le début du XXIe siècle

II. La protection sociale à la croisée des chemins

Une série de lois a sensiblement réformé les règles traditionnelles de la protection sociale française depuis la fin des années 1990. Des interrogations sur les conditions du financement et de la gouvernance de la Sécurité sociale se sont également développées.

A. La multiplication des réformes

Face aux difficultés de la Sécurité sociale, au déséquilibre financier ou démographique des régimes autonomes, une réforme de la politique de santé publique, de l'assurance-maladie et des retraites s'est imposée. La spécificité du risque dépendance a également été mise en évidence.

1. Santé publique et assurance-maladie

L'espérance de vie à la naissance en France atteint 85,1 ans pour les femmes et 79 ans pour les hommes (chiffres INSEE 2015). Mais dans une société qui a connu des progrès spectaculaires de la santé au cours du XXe siècle – notamment par la diminution de la mortalité du nouveau-né –, il est bien plus significatif de s'interroger sur l'espoir de survie à l'âge de la retraite et d'opérer des différenciations entre les sexes et les catégories sociales. À 60 ans, le pronostic de survie de la population est de 19 ans (hommes) à 23,5 ans (femmes). Mais, s'il est de 22,5 ans (hommes) à 26 ans (femmes) pour les cadres, il n'est que de 17 ans (hommes) à 23 ans (femmes) pour les ouvriers (INSERM). Ces écarts tiennent largement à la nature du travail, son environnement et sa pénibilité d'une part, aux différences de modes de vie (consommation de tabac, alimentation, comportement sur la route, suivi médicalisé…) d'autre part. Ces inégalités sociales se sont creusées depuis les années 1980 en raison de fortes disparités dans l'accès aux soins selon la situation des individus. Le premier impératif de la société est pourtant de garantir le droit fondamental à la santé pour tous, particulièrement aux dix millions de personnes les plus précaires en France. Pour tenter de remédier à cette situation qui pose des problèmes de solidarité et d'équité, une série de législations ont été adoptées depuis près de vingt ans.

La loi du 27 juillet 1999 relative à la lutte contre les exclusions a créé la Couverture maladie universelle (CMU) qui s'impose à tous les professionnels de santé. Près de 10 % de la population française en bénéficie aujourd'hui. Le régime comporte deux volets : une assurance de base (CMU-C) donne un droit immédiat et permanent à l'assurance-maladie et à l'assurance-maternité pour toutes les personnes ne bénéficiant pas de tels droits ; une aide à la complémentaire santé (ACS) est proposée sous condition de ressources, avec dispense d'avance des frais de santé (mécanisme du tiers payant).

La loi du 9 août 2004 relative à la politique de santé publique affirme pour la première fois la responsabilité de l'État en matière de prévention et de protection, et cherche à réduire les inégalités sociales pour les populations vivant dans la précarité. Il s'agit de faire reculer la mortalité et la morbidité, ainsi que les disparités régionales. On encourage la lutte contre le cancer, les comportements à risques et les pratiques addictives. Une attention particulière est apportée à l'environnement, à la qualité de vie des personnes atteintes de maladies chroniques et à la prise en charge de maladies rares.

La loi du 13 août 2004 relative à l'assurance-maladie s'inscrit dans une logique de réduction des dépenses de santé – qui sont liées au coût des médicaments et aux habitudes des patients, mais aussi aux tarifs des examens médicaux ou des prix de journée des hôpitaux. Il s'agit de réduire le financement public, notamment par l'instauration d'une franchise restant à la charge des assurés sur tous les actes (un euro par consultation) – sauf pour les bénéficiaires de la CMU –, la réduction ou la suppression du remboursement de certains médicaments, le forfait hospitalier à la charge du patient (18 euros par jour depuis 2010). La loi prévoit également un dossier médical personnel pris en charge par un médecin traitant désigné – après son accord – par le patient afin d'assurer un suivi médical individualisé, cohérent et coordonné, au risque sinon d'un remboursement diminué du coût des consultations médicales. En pratique, ces dispositions se heurtent parfois aux spécificités d'une population qui vit dans la rue, sans domicile fixe, ou se déplace de ville en ville, voire à une tendance montante de la population urbaine à délaisser les médecins de famille.

La loi du 21 juillet 2009 portant réforme de l'hôpital et relative aux patients, à la santé et aux territoires (HPSI) s'est fixée pour objectif de rénover la gouvernance hospitalière, développer l'accessibilité aux soins sur le terrain et transformer l'organisation territoriale du système de santé avec la création des agences régionales de santé (ARS). Ce texte a été réformé par la loi du 10 août 2011 qui déclare désormais prioritaires les objectifs de rentabilité, essaie de concilier la qualité des prestations et une logique de recomposition de l'offre hospitalière permettant une réduction des lits et des personnels, renforce les pouvoirs des directeurs d'hôpitaux, sans toutefois rééquilibrer vraiment les responsabilités entre l'administration et les médecins.

La loi du 26 janvier 2015 sur la modernisation de notre système de santé apporte des précisions sur la définition du service public hospitalier, le parcours éducatif de santé et précise le mécanisme du « tiers payant ». Elle comporte de nombreuses mesures sectorielles, particulièrement sur le « paquet neutre » de tabac, la qualité nutritionnelle des aliments industriels, les « salles de shoot », l'action de groupe des patients victimes, le dossier médical partagé ou le droit à l'oubli pour les anciens malades du cancer. Après une déclaration de non-conformité partielle par le Conseil constitutionnel (décision du 21 janvier 2016), elle a été promulguée sans des dispositions contestées sur la généralisation du tiers payant, qui ne s'appliquera qu'à la prise en charge par la sécurité sociale, mais pas par les mutuelles ou les assurances complémentaires.

2. Retraite et dépendance

La France défend la retraite par répartition, qui veut que les cotisations des employeurs et des travailleurs à une période donnée permettent de payer au même moment les retraites des pensionnés – les retraites sont payées par les actifs. Ce mécanisme s'oppose au régime de la capitalisation qui implique de se constituer une retraite par l'achat auprès d'un établissement financier de droits futurs, surtout par l'épargne. Dans ce contexte, les gouvernants français tentent depuis les années 2000 d'assumer la pérennité du choix de la répartition, de le rendre viable à long terme. Les projections de l'INSEE laissent à penser que les plus de 60 ans représenteront dans vingt ans près du tiers de la population française ; ils sont déjà plus nombreux que les moins de 20 ans. Cette réalité, conjuguée au principe de l'âge légal de départ à la retraite – fixé à 60 ans en 1981, relevé ultérieurement à 62 ans – a convaincu la plupart des dirigeants et des observateurs de la nécessité de réformer en profondeur le système des retraites et de prendre la mesure du risque dépendance. Les textes parlementaires se sont multipliés.

Dès la loi Fillon du 21 août 2003, l'âge légal de départ à la retraite à taux plein a été fixé à 60 ans, après 40 ans de services (y compris désormais pour les fonctionnaires, qui cotisaient auparavant 37,5 ans), avec quelques dérogations pour les assurés handicapés ou les personnes ayant commencé à travailler très jeune (avant 17 ans). Le nombre de trimestres pris en compte dans le calcul de la retraite (150 avant la réforme) est passé à 160 dès le 1er janvier 2008. Les salariés n'ayant pas le nombre de trimestres requis subissent une décote dans l'évaluation de leur pension (qui disparaît seulement à 65 ans). Ceux qui acceptent de travailler au-delà de 60 ans, ou de la durée de cotisation requise, bénéficient d'une surcote (dans la limite de 4 trimestres). Les mères assurées peuvent se voir attribuer à certaines conditions de 1 à 7 trimestres supplémentaires, les périodes d'études – sous réserve du versement de cotisations – qui n'ont pas donné lieu à affiliation à un régime d'assurance-vieillesse peuvent être comptabilisées dans la limite de 12 trimestres d'assurance. Même si le versement d'une pension de retraite est subordonné en principe à la cessation de l'activité professionnelle, il est possible de cumuler une retraite et un revenu professionnel de faible montant. Un minimum de retraite est également garanti. Des incitations fiscales à constituer un complément de retraite sont prévues : un plan d'épargne retraite populaire (PERP) peut recueillir des versements bloqués jusqu'à la retraite – déductibles du revenu imposable – qui seront reversés sous la forme d'une rente ; un plan d'épargne collectif pour la retraite (PERCO) est susceptible d'être abondé par l'employeur et le salarié. Ces dispositions ont été complétées par une réforme des régimes spéciaux (décrets de janvier 2008) afin d'aligner progressivement la durée de cotisation des agents de la SNCF, de la RATP et des industries gazières et électriques sur celle du secteur privé et de la fonction publique.

Quelques années après la loi Fillon, le Conseil d'orientation des retraites (COR) s'est inquiété de l'impact de la crise financière de 2008 sur les régimes de retraite (rapport du 14 avril 2010). Il a souligné l'augmentation du chômage qui réduit les cotisations, mais aussi le départ à la retraite de la génération du *baby-boom* (née après la Seconde Guerre mondiale). Peu après, le gouvernement a lancé une concertation avec les partenaires sociaux. À la suite de discussions fournies, de protestations et de manifestations de rue largement suivies, il n'a pas réussi à rallier les syndicats, ni à obtenir un soutien important de l'opinion publique à la réforme proposée. Elle a pourtant été adoptée par la loi du 9 novembre 2010, dite loi Woerth, qui a modifié sensiblement les dispositions de 2003, notamment par le relèvement progressif de l'âge d'ouverture des droits à la retraite (de 60 à 62 ans d'ici 2018), et de l'âge à partir duquel le mécanisme de décote ne s'appliquera pas (porté de 65 à 67 ans entre 2016 et 2023) ; la durée de cotisation devant atteindre 41 ans et trois mois en 2013 – en conformité avec la loi Fillon de 2003 qui prévoyait déjà sa réévaluation en fonction de l'espérance de vie. Des mesures spécifiques s'appliquent à la fonction publique, particulièrement l'alignement progressif du taux de cotisation avec celui du secteur privé (passage du prélèvement sur les traitements de 7,85 % à 10,55 % en dix ans). Au cours des négociations, le gouvernement a néanmoins accepté quelques mesures dérogatoires, particulièrement en faveur des « carrières longues » (départ à certaines conditions entre 56 et 59 ans) et des personnes atteintes d'une incapacité au moins égale à 20 %. Il s'est aussi engagé à développer l'aide à l'embauche pour les seniors de plus de 55 ans. De nouvelles ressources doivent provenir de diverses mesures fiscales, particulièrement un prélèvement supplémentaire sur l'impôt sur le revenu pour la tranche supérieure d'imposition et une augmentation des taxes sur les plus-values des valeurs mobilières. Le financement des déficits cumulés par le système doit être assuré par le Fonds de réserve pour les retraites (FRR), établissement public administratif créé en 2001.

Le Parlement a adopté une nouvelle réforme des retraites par la loi du 20 janvier 2014 qui vise à « garantir l'avenir et la justice du système de retraite ». Après de larges discussions, elle comporte de nombreuses dispositions, plus ou moins sectorielles. Elle maintient l'ouverture des droits à la retraite à l'âge de 62 ans, mais prévoit une évolution de la durée de cotisation pour obtenir une pension de retraite à taux plein selon l'année de naissance (de 167 à 172 trimestres seront nécessaires, au lieu de 160). Des départs à la retraite sont toujours possibles avant l'âge légal (58-59 ans pour ceux dont l'activité professionnelle a commencé à 14-15 ans, 60 ans pour les travailleurs dès l'âge de 16 ans). Il est également institué un compte personnel de prévention et de pénibilité pouvant être utilisé pour de la formation professionnelle, des activités à temps partiel sans réduction de rémunération ou un départ anticipé à la retraite. Les conditions propres à une retraite ou à un cumul entre un emploi et une pension de retraite ont fait l'objet d'une série de décrets en décembre 2014.

Le président Nicolas Sarkozy a lancé le débat sur la dépendance dès le 16 novembre 2010, l'inscrivant dans le cadre d'un « cinquième risque social ». En effet, si l'espérance de vie a considérablement progressé, il ne faut pas minimiser les conséquences du vieillissement de la population : les plus de 75 ans devraient doubler d'ici 2060 (INSEE), pour atteindre plus de 15 % de la population ; les centenaires pourraient passer de 15 000 à 200 000. Malheureusement, même si les individus semblent destinés à rester en bonne santé plus longtemps que jamais, le nombre de personnes atteintes de lourds handicaps augmentera. La maladie d'Alzheimer – qui est une affection neuro-dégénérative entraînant une détérioration progressive et définitive des cellules nerveuses conduisant à la perte de toute autonomie – touche déjà près d'un million d'individus en France ; le nombre de nouveaux cas est estime à 250 000 par an. D'une manière générale, le coût du risque dépendance devrait atteindre près de 40 milliards d'euros d'ici 2050, contre 25 milliards aujourd'hui.

La loi du 28 décembre 2015 relative à l'adaptation de la société au vieillissement, sans instituer un risque dépendance spécifique, comporte une série de dispositions importantes pour améliorer le quotidien des personnes âgées, prévenir la perte d'autonomie, soutenir les proches aidants, renforcer la transparence des prix pratiqués par les établissements d'hébergement pour personnes âgées dépendantes (EHPAD). Elle réaffirme aussi les droits et libertés des personnes âgées.

Les gouvernants sont désormais conscients que l'allocation personnalisée d'autonomie (APA), créée en 2001, qui est réservée aux plus de 60 ans, n'est pas à la hauteur de l'enjeu, ni les mesures fiscales pour les plus aisés ou les aides sociales à l'hébergement pour les plus démunis. La création d'une branche de protection sociale dédiée au risque de dépendance semble inévitable. Les réticences à s'emparer du dossier pour parvenir à un cadre législatif cohérent sont pourtant encore nombreuses. Cette nouvelle branche de protection pourrait prendre la forme d'une compensation personnalisée pour l'autonomie, véritable droit universel indépendant de l'âge de l'individu et des causes de sa dépendance. Le gouvernement laisse pour le moment ouvertes les modalités du financement, notamment de combinaison de la solidarité nationale (par des allocations) avec des contrats d'assurance de prévoyance collective ou individuelle (par des cotisations). Il sera peut être nécessaire de créer une caisse nationale chargée de la gestion de ce nouveau risque.

B. L'avenir de la Sécurité sociale

Depuis vingt ans, les débats se focalisent régulièrement sur le déficit de la Sécurité sociale. La pérennité du système dépend largement de la capacité des gouvernants à améliorer la gouvernance de cette institution afin d'apporter au plus vite des réponses pertinentes.

1. Les besoins de financement

Depuis la révision constitutionnelle du 4 août 1995, l'article 47-1 de la Constitution permet au Parlement d'adopter la loi de financement de la Sécurité sociale (LFSS). Le vote est préalable à la mise en œuvre. S'il n'intervient pas dans les cinquante jours, la loi peut être mise en application par ordonnance. Lors des débats, les parlementaires sont à même d'apprécier les choix gouvernementaux, de faire part de leur soutien ou réserve. La LFSS se limite cependant à fixer les conditions générales de l'équilibre financier dans un cadre global et estimatif ; la fixation d'un objectif de dépenses permet de déterminer l'évolution des diverses variables, notamment hospitalières. L'objectif national de hausse des dépenses d'assurance-maladie a été fixé par le Parlement à 1,76 % pour l'année 2016. Si les caisses de Sécurité sociale – qui sont des organismes autonomes – conservent une certaine initiative sur leurs dépenses, elles sont appelées à respecter l'équilibre défini. Dès le 20 mai 2010, le président Nicolas Sarkozy a proposé d'inscrire dans la Constitution l'obligation pour chaque nouveau gouvernement de s'engager « pour cinq ans sur une trajectoire de déficit public ». Une telle règle impliquait la réforme du pilotage des finances publiques dans le cadre d'un plan drastique de surveillance et probablement d'infléchissement des dépenses de sécurité sociale. Cette réforme constitutionnelle, qui aurait nécessité le soutien des deux assemblées parlementaires, notamment du Sénat, n'a cependant jamais été lancée.

En s'éloignant de la logique bismarckienne, la France a rendu les cotisations proportionnelles au revenu jusqu'à un plafond légèrement supérieur au salaire moyen, puis les a déplafonnées pour la maladie, mais pas pour la retraite. Des exonérations de cotisations sur les bas salaires ont été introduites. Il n'en demeure pas moins que si l'essentiel du financement de la protection sociale a longtemps été assuré par les cotisants – les cotisations représentaient les quatre cinquièmes du financement de la protection sociale en 1980 –, il n'en est plus ainsi aujourd'hui : des systèmes de transfert de charges (notamment vers les mutuelles et les assurances complémentaires) ont réduit cette participation à moins des deux tiers. Un tel choix n'est pas sans conséquences sur la politique sociale des mutuelles et des assureurs privés qui commencent à proposer des garanties moins complètes afin de ne pas alourdir le poids des cotisations. Les assureurs, contrairement aux mutuelles, sélectionnent leurs clients, et recourent à des mécanismes de décote et de surcote, de calcul par points. La loi du 14 juin 2013 a néanmoins prévu la généralisation de la complémentaire santé pour les salariés au 1er janvier 2016.

On a assisté à une diminution relative des cotisations patronales sous l'influence des politiques de lutte contre le chômage reposant sur des allégements ou des exonérations de charges sur les salaires, et l'encouragement à la réduction du temps de travail. Il a donc fallu trouver de nouveaux moyens de financement. La contribution sociale généralisée (CSG) a été instituée dès la loi de finances du 29 décembre 1990. Il ne s'agit pas exactement d'un impôt – même si la contribution est votée par le Parlement – car elle est affectée exclusivement à la protection sociale et échappe au principe de non affectation des recettes aux dépenses. Elle s'applique aujourd'hui à la plupart des revenus, y compris les prestations sociales et les revenus de la propriété des personnes résidants en France (avec des taux différenciés). Elle est proportionnelle, non progressive et en partie déductible du revenu imposable. On peut y voir une variable d'ajustement lorsque les pouvoirs publics cherchent de nouvelles ressources financières.

2. Les enjeux de gouvernance

Le fonctionnement de la Sécurité sociale reste largement soumis à la volonté de l'État qui en fixe les grands principes et se réserve de nombreuses prérogatives. Les pouvoirs publics peuvent recourir à des mesures nouvelles en matière de financement, décider de relever tel ou tel taux de cotisation. Depuis la loi du 14 août 2004, les caisses de la Sécurité sociale ont également l'obligation de prendre des mesures de baisse des dépenses dès qu'un comité d'alerte a constaté la dérive des dépenses. Dans ce contexte, les enjeux de gouvernance se sont multipliés. Il faut insister sur la représentativité des caisses et l'émergence de nouvelles institutions qui témoignent d'une volonté de régulation et échappent plus ou moins au gouvernement, particulièrement la Haute Autorité de santé (créée en 2004) et l'Agence nationale de sécurité du médicament (apparue en 2011).

On peut s'interroger sur la représentativité des caisses dans une perspective de justice sociale. Elles sont gérées par les seuls représentants des actifs, alors qu'il n'y a pas nécessairement une identité d'intérêts entre des salariés stables et couverts par les assurances sociales et une population précarisée fortement tributaire de la solidarité nationale. Les confédérations syndicales ne peuvent aujourd'hui revendiquer guère plus de 10 % des salariés syndiqués (et seulement 5 % dans le secteur privé) ; les organismes reconnus comme les plus représentatifs sont les seuls à participer à la gestion (loi du 20 août 2008). Les mécanismes de répartition des prérogatives entre les représentants des salariés et des employeurs, et les mérites respectifs de la désignation des membres des conseils par les organisations professionnelles (depuis 1996) ou directement par un processus électif sont régulièrement l'objet de débats.

La Haute Autorité de santé (HAS) a été créée par la loi du 13 août 2004. Cette autorité publique indépendante – dotée de la personnalité morale – est une institution publique à but d'expertise scientifique. Elle est chargée d'évaluer l'utilité médicale des actes, des prestations et des produits de santé pris en charge par l'assurance-maladie, mais aussi de promouvoir les bonnes pratiques et l'usage adéquat des soins auprès des professionnels de santé et du grand public. Elle fait aussi des recommandations et émet des avis à l'intention des pouvoirs publics quant aux décisions de remboursement des produits et au fonctionnement des services médicaux. La définition des protocoles de soins et des références des professionnels de santé et l'évaluation des processus de diagnostic et de thérapie relèvent de ses prérogatives. La HAS est aussi chargée de la certification des établissements de santé. Dans tous ces domaines, elle doit s'efforcer de contribuer à des choix collectifs éclairés et responsables des partenaires sociaux, loin du lobbying industriel ou du corporatisme.

L'Agence du médicament (créée en 1993), qui a changé plusieurs de fois d'appellation, a vu ses prérogatives augmenter. Depuis la loi du 29 décembre 2011, elle est devenue l'Agence nationale de sécurité du médicament et des produits de santé (ANSM). Sous la forme juridique d'un établissement public, elle est chargée d'évaluer les risques sanitaires, mais également de contribuer à la régulation des recherches biomédicales. Il faut bien reconnaître que le contrôle des produits de santé et la responsabilisation des acteurs du système de soins (médecins, personnels paramédicaux) ou de l'industrie pharmaceutique n'en reste pas moins toujours largement minimisé, alors qu'il s'agit de leviers essentiels de toute politique de réforme en matière de dépenses maladie.

Toute volonté de réforme de la protection sociale n'a jamais cessé de se heurter en France à la complexité de règles héritées du passé, à la difficulté de considérer sans *a priori* des acquis sociaux – souvent enviés dans le monde –, mais aussi quelques autres particularités bien nationales moins justifiées. Les gouvernements sont confrontés à un large secteur libéral particulièrement actif et influent sur lequel les organismes payeurs ont peu de possibilités d'intervenir avec efficacité, qui jouit traditionnellement d'une certaine liberté tarifaire et relève sur le plan déontologique de l'Ordre des médecins. On a renoncé à nationaliser la médecine à l'anglaise ou à opérer un contrôle direct des médecins par les caisses à l'allemande. Il y a également une tendance à régler beaucoup de difficultés, voire à réformer dans l'urgence, à la suite de désaccords ou de conflits ouverts qui finissent par susciter manifestations et grèves, quelquefois de grande ampleur. Le compromis reste toujours difficile, souvent tardif, jamais dénué d'arrière-pensées. Cette réalité française a pérennisé le rôle central de l'État, qui apparaît fréquemment le seul susceptible de convaincre les hiérarchies aux prises de négocier et le plus à même d'assurer la défense de l'intérêt général et l'égalité de traitement de tous les citoyens. Autant dire que disposer d'un modèle social protecteur ne suffit pas à assurer sa performance si une culture du dialogue social ne favorise pas son adaptation permanente à l'évolution de la société.

Bibliographie thématique

Barbier J.-C., Théret B., *Le Système français de protection sociale*, La Découverte, 2009.

Bec C., La Sécurité sociale : une institution de la démocratie, Gallimard, 2014.

Cahiers français, « La Protection sociale : quels débats ? quelles réformes ? », n° 358, La Documentation française, 2010.

Cahiers français, « Quelle Protection sociale pour l'avenir, n° 381, La Documentation française », 2014.

Castel R., *L'Insécurité sociale*, Seuil, 2003.

Conseil d'orientation des retraites, *Retraites : perspectives actualisées à moyen et long terme en vue du rendez-vous de 2010*, rapport du 14 avril 2010, La Documentation française, 2011.

Coursier P., *La Protection complémentaire en question*, LexisNexis, 2015.

Damon J., Ferras B., *La Sécurité sociale*, PUF, 2015.

Gazier B., *Refonder le système français de protection sociale*, Presses de Sc. Po, 2014.

Guillemard A.-M. (sous la dir. de), *Où va la protection sociale ?*, PUF, 2008.

Haut Conseil pour la santé publique, rapport sur *Les objectifs de santé publique : réévaluation des objectifs de la loi du 9 août 2004 et propositions*, avril 2010.

Laroque P., *Les Grands Problèmes sociaux contemporains*, 3 vol., Les Cours de droit, 1964.

Majnoni d'Intignano B., *La Protection sociale*, Le Livre de Poche, 1993 ; rééd. 1997.

Montalembert M., *La Protection sociale*, La Documentation française, 6e éd., 2013.

Palier B., *Gouverner la sécurité sociale. Les réformes du système français de protection sociale depuis 1945*, PUF, 2003 ; rééd. 2005.

Parienty A., *Protection sociale : le défi*, Gallimard, 2006.

Problèmes politiques et sociaux, « *La gouvernance de la Sécurité sociale* », n° 913, La Documentation française, juin 2005.

Sénat, rapport d'information fait au nom de la Mission commune d'information dépendance, rapp. Alain Vasselle, « La prise en charge de la dépendance et la création du cinquième risque », *doc. Sénat*, n° 263, janv. 2011.

Chapitre 3

L'intégration des immigrés

Le territoire destiné à devenir la France bénéficie d'apports démographiques et culturels extérieurs dès l'époque néolithique, mais après les invasions celtes, romaines, barbares, normandes et sarrasines, il accueille peu d'étrangers pendant un millénaire (IXe-XVIIIe siècles). C'est seulement à partir de la Révolution française de 1789 que s'impose l'image d'une terre d'immigration et d'asile. Sous l'influence de la révolution industrielle, d'une modeste natalité et d'une faible mobilité de la main-d'œuvre agricole vers l'industrie, une immigration frontalière (allemande, belge, espagnole, italienne et suisse), fortement ouvrière, se développe ; le recensement de 1881 dénombre un million d'étrangers. Les pertes humaines de la Première Guerre mondiale créent une pénurie de main-d'œuvre, qui encourage l'entrée d'Arméniens, de Polonais, de Russes et de minorités d'Europe de l'Est ; 2,7 millions d'étrangers résident désormais en France en 1931. Après le creux très marqué de la Seconde Guerre mondiale, les arrivées de l'empire colonial et du Maghreb permettent de recenser 1,7 million d'étrangers en 1946, 2,1 millions en 1962 et 3,4 millions en 1975, Dès lors, l'immigration se diversifie et provient de pays de plus en plus éloignés de l'Hexagone, notamment d'Afrique subsaharienne, d'Asie du Sud-Est et de Turquie ; l'Institut national de la statistique et des études économiques (INSEE) dénombre 4,2 millions d'étrangers en 2014 – dont 600 000 nés sur le sol français sans avoir la nationalité française.

La notion d'immigré s'est progressivement imposée dans la société française, sans faire référence à une réalité facile à circonscrire. Selon l'INSEE (chiffres publiés en 2015), il convient de qualifier d'immigrés des personnes nées à l'étranger et de nationalité étrangère (les immigrés étrangers) – 3,6 millions en 2014 –, et des personnes nées à l'étranger mais ayant acquis la nationalité française (les immigrés français) – 2,3 millions. La population immigrée est ainsi évaluée à 5,9 millions de personnes sur 65,8 millions d'habitants (8,9 %). Il n'empêche que les débats sur l'immigration prennent souvent en compte les immigrés de la « seconde génération » (nés en France). On a longtemps refusé toutes statistiques ethniques, mais sous l'influence européenne certaines sont possibles dans un cadre très contraignant pour les travaux de recherche. En 2012, une étude de l'INSEE consacrée aux *Immigrés et descendants d'immigrés* a ainsi considéré que les seconds (alors 6,7 millions) étaient désormais plus nombreux que les premiers (5,3 millions).

Les notions d'assimilation, d'insertion et d'intégration méritent d'être distinguées. L'assimilation, expression très prisée à l'époque coloniale, insiste sur l'unité de la communauté nationale et réclame une adhésion poussée aux mentalités et comportements de la société d'accueil. L'insertion, préoccupation plus récente, indique la volonté de préserver l'identité d'origine et le mode de vie de la personne concernée, de ne pas la contraindre à se fondre dans le corps social car elle apparaît susceptible de retourner dans son pays d'origine. Enfin, l'intégration suppose que l'individu partage les normes et les valeurs de la société d'accueil, et participe activement à la vie nationale, qu'elle soit sociale, économique ou culturelle – voire politique –, tout en préservant ses spécificités culturelles, religieuses, morales ou sociales. Elle témoigne d'une volonté de ne pas réduire toutes les différences (assimilation), ni de se limiter à une aide socio-économique sans guère se préoccuper de la nature des relations des immigrés avec la société d'accueil (insertion).

Dans une perspective de cohésion sociale, on a pu valoriser la spécialisation du travail et le développement d'échanges avantageux pour tous (Adam Smith), la solidarité issue d'une conscience collective et de l'intériorisation de normes sociales par les individus (Émile Durkheim) ou la domination de l'État appuyée sur le monopole de la contrainte physique légitime (Max Weber). Mais, aujourd'hui, le défi que constitue l'intégration des populations oppose surtout un libéralisme qui insiste sur l'égal accès des individus aux droits et obligations dans une perspective universaliste (John Rawls) à un communautarisme attaché à la défense de droits surtout attachés à l'appartenance ethnique, religieuse ou sexuelle des membres d'une société. À ce jour, la France n'a jamais soutenu une logique de juxtaposition de communautés cloisonnées, mais toujours un système d'interactions permanentes entre tous les individus, entre la personne qui souhaite s'intégrer et la société qui désire l'encourager à le faire. Il n'empêche que la législation a été modifiée près d'une quarantaine de fois depuis 1945, tout particulièrement ces vingt dernières années. Le modèle français d'intégration qui s'était progressivement construit sous l'influence de l'État-nation républicain (I), s'est trouvé confronté à des critiques fournies qui nécessitent d'évaluer ses résultats et d'envisager ses perspectives d'avenir (II).

I. La construction du modèle français d'intégration

Sous l'influence d'une conception spécifique de l'État-nation et du « pacte républicain » du début de la IIIe République, la France a élaboré un modèle d'intégration pour conforter son unité sans remettre en cause l'ouverture sur le monde.

A. La logique de l'État-nation

Toute conception de la nation a des conséquences sur le droit de la nationalité ou de la citoyenneté, autrement dit sur les conditions d'intégration, voire de naturalisation des populations immigrées.

1. État « ethnique » et État « civique »

Le mouvement européen « des nationalités » du début du XIXe siècle a suscité des approches « ethniques » ou « civiques » de la nation, qui opposèrent aussitôt la France et l'Allemagne.

Dans ses *Discours à la nation allemande* (1807), Johann Gottlieb Fichte (1762-1814) définit la nation à partir d'un esprit qui lui serait propre (*Volksgeist*). Suivant une perspective déterministe, il défend l'idée d'une collectivité politique souveraine constituée par un peuple partageant une origine ethnographique, une histoire, une culture et une langue communes, c'est-à-dire une identité essentielle. En insistant sur l'origine raciale, il se fonde pourtant sur un mythe éloigné des connaissances de la science et de la biologie contemporaines – qui sera par la suite à l'origine de plusieurs génocides, dont celui du peuple juif au nom de la pureté de la « race aryenne ». La référence à l'unité linguistique est également en contradiction avec la pérennité de nombreux États qui maintiennent leur cohésion sociale – avec plus ou moins de facilité – malgré un pluralisme linguistique (Canada, Suisse, Belgique) ou religieux (Inde). Au contraire, Ernest Renan (1823-1892) a vulgarisé en France une appréhension civique de la nation, sans mettre en exergue des considérations identitaires ethniques ou raciales (*Qu'est-ce qu'une nation ?*, 1882). La volonté de vivre ensemble s'incarne dans un sentiment d'appartenance ; la nation devient « une âme, un principe spirituel ». Selon un projet romantique et volontariste, les souvenirs, les parentés spirituelles et une projection dans l'avenir contribuent à développer le lien social. La culture n'est pas conçue comme un simple héritage comme chez Fichte, mais devient le résultat d'un apprentissage national.

La conception française de l'État-nation a pris sa forme juridique et sociale dès les débuts de la République autour de l'idée de « communauté des citoyens » (Dominique Schnapper). Une identification s'est opérée entre la nationalité et la citoyenneté : la qualité de citoyen suppose l'appartenance à la nation et l'adhésion aux valeurs républicaines. La Constitution du 4 octobre 1958 refuse ainsi toute distinction fondée sur l'origine, la race ou la religion (art. 1), alors que l'Allemagne, les États-Unis, le Royaume-Uni ou les pays scandinaves reconnaissent juridiquement les minorités immigrées sur une base nationale ou ethnique, et leur accordent des droits spécifiques afin qu'elles puissent défendre leur identité. La conception française de l'intégration s'est pourtant trouvée limitée par le refus d'accorder le droit de vote et l'éligibilité aux étrangers dans les élections locales (sauf pour les citoyens de l'Union européenne après le traité de Maastricht du 7 février 1992), qui aurait été une contrepartie au refus de reconnaître un droit des minorités.

2. Droit du sol et droit du sang

La « nation ethnique » revendique généralement le droit du sang (*jus sanguinis*) alors que la « nation civique » défend le droit du sol (*jus soli*). Mais le droit de la nationalité des États est souvent bien plus complexe. Ainsi, l'Allemagne qui a longtemps mis en avant l'appartenance au *Volk* par un lien de filiation pour attribuer la nationalité, a commencé à modifier sa législation dès le début des années 1990 en développant des hypothèses de *jus soli*. Le code de la nationalité, en vigueur depuis le 1er janvier 2000, permet aux enfants nés de parents étrangers – dont l'un d'entre eux peut justifier de huit ans de résidence en Allemagne et d'un droit de séjour permanent, ou bien possède depuis au moins trois ans une carte de séjour à durée indéterminée – d'accéder à la nationalité à leur majorité.

En France, l'acquisition de la nationalité est un élément important de la politique d'intégration qui mêle des règles relevant du *jus sanguinis* ou *du jus soli*. Les immigrés étrangers peuvent obtenir la nationalité française selon des principes généraux – assez complexes – définis par le Code civil (art. 17 et s.) : est français l'enfant légitime ou naturel dont l'un des parents au moins est français, ou celui né en France quand l'un de ses parents au moins y est lui-même né. La nationalité peut aussi s'obtenir par mariage avec un conjoint français (après 4 ou 5 ans), naturalisation (après 5 ans de résidence, ou 2 ans si le demandeur a accompli avec succès deux années dans un établissement d'enseignement supérieur français ou rendu des services importants à la France), réintégration ou déclaration dans un cadre relativement strict. Depuis 1998, tout enfant né en France de parents étrangers acquiert aussi la nationalité française sur simple déclaration, à sa majorité, s'il réside en France et justifie d'une présence sur le sol national de 5 années depuis l'âge de 11 ans. Il peut même l'obtenir par anticipation à partir de 16 ans par déclaration devant le tribunal d'instance, ou même 13 ans sur demande des parents avec son consentement après 8 ans de résidence.

B. Les principes de l'État républicain

La Déclaration des droits de l'homme et du citoyen du 26 août 1789 a reconnu que « les hommes naissent et demeurent libres et égaux en droits » (art. 1), puis la Constitution du 4 novembre 1848 a imposé la devise républicaine « Liberté, Égalité, Fraternité ». Il a cependant fallu attendre les débuts de la IIIe République pour que s'imposent les principes fondamentaux contemporains dont rend compte la Constitution du 4 octobre 1958 lorsqu'elle précise que « la France est une République indivisible, laïque, démocratique et sociale » (art. 1). Ils constituent le socle du processus d'intégration des populations immigrées dans la société.

1. La laïcité

À partir de la Révolution, le catholicisme perd une partie de l'influence qu'il détenait sur le pouvoir politique sous l'Ancien Régime. La Déclaration du 26 août 1789 proclame cependant la liberté d'expression religieuse (art. 10), puis la Constitution du 3 septembre 1791 affirme la liberté du culte (tit. I). Finalement, le Concordat du 16 juillet 1801 règle les rapports entre l'État et les Églises dans une perspective de pluralisme des cultes. Il n'y a plus de religion d'État, même si le catholicisme est présenté comme la religion de la majorité des Français. Le pouvoir politique salarie pourtant les évêques (qu'il nomme également), les curés, les pasteurs ou les rabbins. L'exercice du protestantisme, du judaïsme et des autres cultes est garanti. L'indifférence religieuse est acceptée. Le mariage civil (déjà prévu par la loi du 20 septembre 1792) est institué par le Code civil de 1804. Sous la IIIe République, les lois Jules Ferry accentuent la distinction entre la sphère politique et la sphère religieuse par l'instruction publique obligatoire. Mais c'est la loi de séparation des Églises et de l'État du 9 décembre 1905 – adoptée après un combat anticlérical mené par les républicains – qui crée les conditions de l'achèvement de la sécularisation de la société en définissant le cadre d'une laïcité à la française. Si la République assure la liberté de conscience et garantit le libre exercice des cultes, elle « ne reconnaît, ne salarie ni ne subventionne aucun culte » (art. 2). Les biens ecclésiastiques sont transférés à des associations de fidèles.

Le pacte républicain laïque formalisé en 1905 a connu des contestations, mais n'a jamais été profondément remis en cause depuis plus d'un siècle. L'adoption de la loi Debré du 31 décembre 1959 sur les rapports entre l'État et l'enseignement privé, et le projet de loi Savary du 12 juillet 1984 favorable à un « service public unifié et laïc de l'éducation » – finalement abandonné – ont pourtant suscité beaucoup d'émotions et de contestations. Aujourd'hui, la laïcité est à nouveau au centre de débats en raison d'une série de revendications religieuses, notamment sur le port du voile islamique dans les collèges et lycées. Pour tenter de clarifier la position de la République, le législateur a adopté la loi du 15 mars 2004 interdisant le port de signes religieux « ostensibles » à l'école qui conduirait à se faire reconnaître immédiatement par son appartenance religieuse. Elle peut s'appliquer au voile islamique, à la kippa juive, à la croix chrétienne d'une certaine dimension, mais pas à des signes beaucoup plus discrets. Depuis la loi du 11 octobre 2010, il est aussi interdit de dissimuler son visage dans l'espace public, notamment par un « voile intégral ». À l'initiative du président Nicolas Sarkozy, un débat sur la laïcité et « l'intégration de la religion musulmane dans une République laïque » (avril 2011) s'est tenu dans le cadre de l'Union pour un mouvement populaire (UMP) après beaucoup de polémiques sur son principe même, les responsables des six principales religions en France s'y étant opposés. La classe politique semble désormais partagée entre une volonté d'assouplissement de la législation de 1905 afin de l'adapter à la société contemporaine, et la défense du *statu quo* pour ne pas paraître encourager des revendications communautaires.

2. L'enseignement public

Les lois Jules Ferry ont institué la gratuité des écoles publiques (loi du 16 juin 1881) et rendu l'enseignement primaire obligatoire et laïque pour les enfants de 6 à 13 ans résidant sur le sol français (loi du 28 mars 1882), la religion ne pouvant être enseignée qu'à l'extérieur de l'école. Pour les républicains, l'École ne devait pas seulement transmettre des savoirs indispensables (lecture, écriture et calcul), mais inculquer aussi des vertus civiques. Les « hussards noirs de la République » – instituteurs revêtus de la blouse noire traditionnelle – ont fait le succès d'un enseignement public préoccupé d'égalité entre les élèves, soucieux d'apparaître citoyen, moderne et progressiste, mais aussi centralisateur et fédérateur. Ils poursuivaient un idéal de tolérance et de savoir éclairé. L'école devait contribuer à l'intégration de tous les élèves, d'origine immigrée ou non, permettre l'accès à la culture par la transmission et l'apprentissage, répondre à un objectif d'universalisation de la société.

3. L'indivisibilité de la République

Afin de concilier l'individualisme et l'universalisme, l'espace privé doit permettre l'épanouissement de toutes les libertés, des pratiques culturelles, religieuses ou sociales distinctives tant qu'elles n'enfreignent pas les lois de la République. C'est la conception d'un État neutre et tolérant qui ne s'identifie à aucun groupe, aucune catégorie sociale, aucune idéologie ou croyance. Dans ce cadre, les gouvernants et les institutions ont été régulièrement conduits à réaffirmer l'unité de la République. Le Conseil constitutionnel a rejeté un texte de loi qui mentionnait un « peuple corse, composante du peuple français » (décision du 9 mai 1991) : en estimant qu'il était en contradiction avec le principe d'indivisibilité de la République, il a refusé de retenir la spécificité géographique et culturelle comme justification d'un statut identitaire particulier.

À la fin des années 1990, un débat est apparu à propos de la Charte européenne des langues régionales ou minoritaires – ouverte à la signature des États sous l'égide du Conseil de l'Europe depuis le 5 novembre 1992, et entrée en vigueur le 1er mars 1998 – visant à réhabiliter les langues et les dialectes. Si la IIIe République avait défendu le soutien exclusif à la langue française à l'École afin d'essayer d'éradiquer les langues régionales et les patois, il était difficile de n'envisager désormais le régionalisme seulement comme une menace pour l'unité du pays, alors qu'il pouvait participer à la promotion des individus. Le Premier ministre Lionel Jospin se prononça, le 7 octobre 1998, en faveur de la ratification de la Charte, mais le Conseil d'État avait estimé dans un avis du 8 février 1997 que cela supposait une révision de l'article 2 de la Constitution précisant que « la langue de la République est le français ». Le président de la République Jacques Chirac refusa finalement d'engager une telle procédure pour rendre possible la ratification. C'était à nouveau valoriser un citoyen abstrait susceptible de revendiquer une culture particulière, mais uniquement dans l'espace privé. La révision constitutionnelle du 23 juillet 2008 n'a pas modifié cet article 2, mais ajouté un article 75-1 précisant que « les langues régionales appartiennent au patrimoine de l'humanité ». Un projet de loi visant à modifier la Constitution du 4 octobre 1958 afin de pouvoir ratifier la Charte a fait l'objet d'un avis défavorable du Conseil d'État (30 juillet 2015), avant d'être écarté au Sénat par une motion de procédure (27 octobre 2015).

Si le modèle français d'intégration, structuré autour des principes de l'État-nation et du pacte républicain ne permet pas aux immigrés dans le cadre constitutionnel actuel de bénéficier de traitements distinctifs – qui pourraient les faire apparaître comme des membres de communautés rivales de la communauté nationale –, il n'en révèle pas moins de plus en plus ses difficultés à remplir la mission qui lui est confiée, mais également à se réformer.

II. Les difficultés du modèle français d'immigration

Le Haut Conseil à l'intégration (HCI) – créé le 19 décembre 1989 – considérait que l'intégration consiste « à susciter la participation active à la société tout entière de l'ensemble des femmes et des hommes appelés à vivre durablement sur notre sol en acceptant sans arrière-pensée que subsistent des spécificités notamment culturelles, mais en mettant l'accent sur les ressemblances et les convergences dans l'égalité des droits et des devoirs afin d'assurer la cohésion de notre statut social » (Rapport annuel 1991). En 2012, le Premier ministre Jean-Marc Ayrault a cependant décidé de mettre fin à ses activités. Il a été confié au conseiller d'État Thierry Tuot un rapport afin de dessiner de nouvelles perspectives afin de se diriger vers une « refondation de la politique d'intégration » (*La Grande nation : pour une Société inclusive*, février 2013). Cinq groupes de travail ont été constitués, dont les travaux ont fait l'objet de polémiques, sans obtenir des suites normatives à leurs propositions. Autant dire qu'il n'est pas facile de concilier l'héritage national et républicain avec certaines préoccupations multiculturelles.

A. Les immigrés dans la société contemporaine

Les résultats concrets du modèle français d'intégration suscitent aujourd'hui des interrogations multiples, et parfois contradictoires, qu'il s'agisse d'apprécier les conditions d'existence des diverses populations immigrées, la lutte contre les discriminations ou les flux migratoires.

1. Les conditions d'existence des immigrés

À la lecture des rapports annuels du Haut Conseil à l'intégration (1991-2012), il apparaît qu'une bonne partie de la population immigrée est confrontée à la précarité sociale, professionnelle et civique, aux violences les plus diverses et à l'éloignement des services publics. Des ghettos se développent dans des banlieues en difficulté qui connaissent parfois un taux de chômage supérieur à 30 %, où les difficultés sont de plus en plus marquées. Un nombre significatif de jeunes connaît le repli sur soi ou le quartier, la fuite dans l'alcool ou la drogue. Les activités illicites et la petite délinquance ne cessent pas de se développer. Dans les zones d'éducation prioritaire – créées dès 1981 –, l'échec scolaire reste bien plus important que la moyenne nationale.

De nombreux obstacles à l'intégration sont régulièrement mis en avant par les observateurs, avec une pertinence parfois discutable. L'attention portée à l'écart culturel entre les immigrés et la société d'accueil doit être relativisée : considérer que la diversité culturelle serait plus grande que par le passé, notamment en raison d'une immigration maghrébine, serait oublier que dans la première moitié du XXe siècle, la xénophobie toucha les Espagnols, les Italiens et les Polonais, généralement catholiques, et jugés *a priori* plus près des traditions culturelles françaises. Au reste, l'immigration issue actuellement du Maghreb ou de l'Afrique sub-saharienne concerne des catégories sociales plus instruites qu'auparavant, sans oublier que les immigrés de la « seconde génération », qui ont été élevés dans la société française, éduqués et instruits par ses institutions, ont perdu une partie de la culture d'origine de leurs parents. Les 15-25 ans sont pourtant constamment renvoyés à leurs origines ethniques et à une religion qu'ils ne pratiquent pas nécessairement. Objet de multiples formes de rejet, ils cultivent pour le plus grand nombre un profond désir de reconnaissance par une société nationale dont ils possèdent où se préparent à posséder la nationalité, et à laquelle ils aspirent à s'intégrer. Une partie de cette jeunesse n'évite pourtant pas des comportements plus ou moins violents qui témoignent fréquemment du refus de se résigner au sort qui lui est fait. Les débordements frappent néanmoins principalement les milieux populaires, et se révèlent autodestructeurs du lien social de quartiers déjà déshérités. Cette contestation, qui ne parvient pas facilement à trouver des cadres politiques, syndicaux ou sociaux où elle pourrait pleinement s'exprimer, se replie sur des communautés de quartiers souvent majoritairement ethniques.

Le modèle français d'intégration a néanmoins des résultats favorables à son actif, régulièrement rappelés et quantifiés par des études sociologiques en profondeur. De plus en plus d'immigrés parviennent à accéder à la classe moyenne, mais bien plus rarement aux couches sociales les plus aisées. Une série de facteurs d'intégration peut être identifiée. L'accès à un habitat de qualité dans un contexte de mixité sociale des quartiers et des immeubles favorise la sociabilité de voisinage et la diversifie. La maîtrise de la langue et une vie familiale harmonieuse améliorent les relations avec les enseignants, les travailleurs sociaux, les voisins de toutes origines, alors que le célibat des adultes conduit souvent vers des foyers de travailleurs migrants où les contacts sont moins diversifiés (résidences Sonacotra, devenues résidences Adoma en 2007). Si la constitution *de facto* de quartiers ethniques maintient des habitudes religieuses, linguistiques, vestimentaires et alimentaires – et renforce la culture des pays d'origine –, elle peut aussi compliquer l'intégration dans une société nationale de plus en plus portée à la méfiance ou à l'inquiétude, à des réflexes xénophobes, voire racistes. Les conditions de travail – lorsqu'elles permettent de véritables contacts hors de la famille, du groupe amical ou des compatriotes – accélèrent aussi l'intégration. La réussite socioprofessionnelle contribue à modifier l'image de l'immigré dans l'opinion publique. Les unions mixtes, dites exogamiques, jouent un rôle important dans l'évolution des mentalités en témoignant du recul des frontières interethniques. La rencontre avec un compagnon ou une compagne d'origine française entraîne fréquemment l'émancipation vis-à-vis du groupe originel.

2. La lutte contre les discriminations

La Constitution du 4 octobre 1958 intègre explicitement la Déclaration des droits de l'homme et du citoyen du 26 août 1789 et le préambule de la Constitution du 27 octobre 1946 proclamant que « tout être humain sans distinction de race, de religion ni de croyance, possède des droits inaliénables et sacrés » (al. 1). Pour en assurer l'effectivité, un arsenal législatif visant à sanctionner les discriminations s'est développé depuis les années 1970. Il réprime les propos à caractère raciste et la discrimination raciale (loi du 1er juillet 1972), interdit la mention des origines raciales, des opinions politiques, philosophiques ou religieuses dans tout fichier manuel ou informatisé (loi du 6 janvier 1978), ne permet pas de licencier un salarié du fait de son origine, son appartenance à une ethnie, une nation ou une race (loi du 4 août 1982), sanctionne l'apologie des crimes de guerre ou des crimes contre l'humanité (loi du 13 juillet 1990).

La Haute Autorité de lutte contre les discriminations et pour l'égalité (HALDE) – autorité administrative indépendante – avait été instituée par la loi du 30 décembre 2004 pour agir en cas de discriminations de toutes sortes fondées sur l'origine ethnique, la religion, les convictions, le sexe, l'orientation sexuelle, l'âge, le handicap ou la santé. Elle a finalement disparu, en mai 2011, par transfert de ses fonctions au Défenseur des droits prévu par la loi constitutionnelle du 23 juillet 2008 (art. 71-1 de la Constitution), qui a fait l'objet d'une loi organique et d'une loi ordinaire du 29 mars 2011. Il a repris à son compte ses diverses missions. Il peut recevoir les réclamations individuelles et apporter un soutien aux victimes, disposer de pouvoirs d'investigation et orienter les demandes qui lui sont communiquées. Il peut être consulté sur les projets de loi ou de décret concernant la discrimination, faire des recommandations aux pouvoirs publics, conduire des missions d'observation, d'études et de sensibilisation. Des résolutions pour promouvoir l'égalité peuvent aussi être adoptées.

Le Conseil français du culte musulman (CFCM) a été créé en juin 2003, sous la forme associative de la loi du 1er juillet 1901. Il doit contribuer à organiser cette religion dans l'Hexagone, encourager « un islam de France ». Il est parvenu, non sans difficultés, à réunir la plupart des tendances musulmanes, notamment la Mosquée de Paris, l'Union des organisations islamiques de France (UOIF) et la Fédération nationale des musulmans de France (FNMF). Cet organe représentatif s'efforce de dépasser les clivages au sein d'une communauté hétérogène et de favoriser le contact entre les religions et l'État. Il participe à la réflexion des pouvoirs publics centraux ou territoriaux sur la construction des mosquées, la formation des imams, l'abattage rituel d'animaux, l'ouverture d'aumôneries dans les hôpitaux, les prisons et les écoles, Il a été créé des conseils régionaux du culte musulman qui sont devenus les interlocuteurs des administrations et des élus locaux. Le CFCM est aujourd'hui confronté au défi de participer à la création des conditions d'une intégration harmonieuse de l'islam dans l'espace public républicain laïque, tout en répondant aux attentes théologiques des fidèles.

La loi du 31 mars 2006 pour l'égalité des chances, apparue comme une réponse gouvernementale aux violences urbaines dans certains quartiers de banlieues à l'automne 2005, comporte de nombreuses dispositions qui concernent directement ou indirectement l'intégration : l'apprentissage en alternance dès l'âge de 14 ans, les classes préparatoires dans les ZEP, l'institution du « CV anonyme », le *testing* contre la discrimination, le service civil volontaire, la création d'une Agence nationale pour la cohésion sociale (disparue en 2015), l'institution d'un contrat de responsabilité parentale susceptible de permettre la suspension temporaire des allocations familiales des familles qui ne le respecteraient pas, l'affirmation de la lutte accrue contre les incivilités.

3. La régulation des flux migratoires

Cette question prête facilement à la polémique en raison de la difficulté d'apprécier la réalité quantitative des flux migratoires dans le monde, de distinguer entre migrants et réfugiés : seuls les seconds bénéficient d'un statut officiel permettant de leur accorder un droit d'asile, mais ils peuvent apparaître également comme des migrants. Début 2016, on évalue le nombre des migrants dans le monde à 250 millions (chiffres Banque mondiale). Le Haut-commissariat pour les réfugiés de l'ONU et l'Organisation internationale pour les migrants font référence à un flux migratoire vers l'Europe de plus d'un million d'individus en 2015. Tout laisse penser que les flux migratoires vont encore considérablement progresser ; on envisage 3 millions de migrants en Europe d'ici 2017 (chiffres Union européenne). En septembre 2015, la France a confirmé sa participation au Plan de répartition des migrants élaboré par la Commission européenne. De tels chiffres, qui n'ont jamais été atteints depuis la Seconde Guerre mondiale, s'expliquent seulement en partie par la multiplication des zones de conflits sur la planète ; les États du Nord apparaissent plus attractifs que jamais pour une partie notable des populations du Sud. Selon les chiffres du ministère de l'Intérieur, 205 000 titres de séjour en France ont été délivrés en 2013, et devraient atteindre 215 000 pour 2015 ; mais le taux net de migration – écart entre les arrivées et les départs – qui était de 112 000 en 2006, n'est plus que de 60 000 en 2015 (chiffres INSEE). Ces dernières statistiques ne rendent pas compte des rentrées irrégulières sur le sol national et du nombre de plus en plus élevé de migrants ou de réfugiés qui y sont présents sans que cela soit la destination finale qu'ils envisagent. Dans ce contexte, la question des flux migratoire est réactivée en France lors de chaque échéance électorale depuis plus de trente ans. À la suite des élections présidentielle et parlementaires de mai-juin 2002, les pouvoirs publics ont fait évoluer sensiblement la législation nationale qui a été ensuite régulièrement modifiée, non sans susciter régulièrement de larges contestations.

La loi du 26 novembre 2003 relative à la maîtrise de l'immigration, au séjour des étrangers en France et à la nationalité vise à réduire l'immigration clandestine. La notion d'étranger en situation irrégulière est pourtant complexe car elle peut s'appliquer à une entrée clandestine, ou à une entrée légale pour étudier ou travailler qui devient irrégulière par la suite. Elle pose des problèmes de maîtrise des frontières au regard des engagements internationaux de la France dans le cadre de l'espace Schengen – entrée en vigueur le 26 mars 1995 –, mais aussi de respect des principes européens relatifs au droit des individus à vivre en famille et à s'y regrouper. En tout cas, le législateur a apporté une série de contraintes nouvelles à la procédure de naturalisation : il faut justifier de son intégration à la communauté française lors d'un entretien individuel – qui évalue la bonne connaissance de la langue française et des droits et devoirs liés à la citoyenneté – et faire la preuve de bonnes mœurs. L'obtention de la nationalité française par le conjoint étranger d'un Français est soumise à diverses restrictions, notamment relatives à la présence effective sur le sol national à compter du mariage.

La loi du 24 juillet 2006 sur l'immigration et l'intégration vise à lutter contre les détournements de procédures et à promouvoir une « immigration choisie » permettant une « intégration réussie ». Elle renforce les dispositions sur le regroupement familial et les mariages mixtes, lie la délivrance de la carte de séjour à l'existence d'un contrat de travail et à l'obtention préalable d'un visa de long séjour, confirme le recours à l'entretien individuel. La législation impose désormais la signature d'un contrat d'accueil et d'intégration impliquant une formation linguistique et civique. La régularisation systématique après dix ans de présence sur le sol national est supprimée. Un des aspects les plus discutés de cette nouvelle loi a été la référence à une « immigration choisie », qui suppose une sélection de la main-d'œuvre à partir de la constitution de listes de secteurs où la France souhaite particulièrement faire appel à des étrangers ; les candidats retenus reçoivent une carte de séjour « compétences et talents » délivrée pour trois ans renouvelable. On se rapproche du modèle anglo-saxon de mobilité sélective, notamment des États-Unis ou du Canada. Toutefois, alors que la main-d'œuvre spécialisée de la Chine, de l'Inde ou du Sud-Est asiatique qui rejoint les États-Unis ne représente pas plus de 3 à 5 % des talents nationaux, l'Europe attire jusqu'au tiers des ingénieurs et des chercheurs de l'Afrique centrale, du Maghreb, de l'Océan Indien ou des Caraïbes (OCDE). Au reste, l'initiative française a été présentée par la Commission de l'Union africaine comme une décision unilatérale défavorable au développement du Tiers-monde, qui risque de se trouver privé plus que jamais de ses ressources humaines les plus compétentes.

Un Pacte sur l'immigration et l'asile a été adopté à l'unanimité lors du Conseil européen des 15 et 16 octobre 2008. Il a abouti à trois directives européennes : la directive dite « retour » du 16 décembre 2008 sur les normes et procédures applicables au renvoi des étrangers en séjour irrégulier, la directive dite « carte bleue européenne » du 25 mai 2009 qui crée le titre de séjour européen pour les travailleurs hautement qualifiés, la directive dite « sanctions » du 18 juin 2009 concernant les mesures à l'encontre des employeurs d'étrangers en séjour irrégulier. Dans ce contexte, la loi française du 16 juin 2010 sur l'immigration, l'intégration et la nationalité cherche à renforcer l'immigration professionnelle et la politique d'intégration des étrangers qui séjournent régulièrement sur le sol national, mais aussi à lutter contre l'immigration irrégulière. C'est l'annonce d'un tournant plus répressif à l'égard de l'immigration clandestine et du détournement du droit d'asile. On allonge la durée de rétention administrative, étend la déchéance de la nationalité à certains meurtres de représentants de l'autorité de l'État et aggrave les sanctions pour mariage de complaisance, et complique l'accès à l'aide médicale pour les étrangers sans titre de séjour.

La France est confrontée à une progression sensible de l'immigration issue des zones de conflits dans le monde, notamment de Syrie. Un projet de loi relatif aux étrangers en France, déposé devant l'Assemblée nationale le 23 juillet 2014, est devenu la loi du 7 mars 2016. On cherche à améliorer les conditions d'accueil et d'intégration des étrangers en situation régulière, faciliter la mobilité des talents internationaux et lutter plus efficacement contre l'immigration irrégulière. Parmi les nombreuses dispositions, on peut relever la généralisation du titre de séjour pluriannuel pour tous les étrangers après un an de séjour, un « passeport talents » valable quatre ans pour son titulaire et sa famille, l'accès des journalistes aux centres de rétention et aux zones d'attente, mais on remarque également un renforcement des prérogatives des préfectures dans la lutte contre la fraude et l'assimilation de l'assignation à résidence à la mesure de droit commun de privation de liberté des étrangers.

Devant la montée des menaces terroristes, largement liées à des conflits extérieurs au territoire français (notamment en Syrie, en Irak, en Afghanistan, au Maghreb ou en Afrique sub-saharienne), des mesures visant à renforcer la sécurité intérieure ont été prises depuis quelques années. Au lendemain des attentats du 13 novembre 2015 revendiqués par l'organisation de l'État islamique (EI ou Daech), l'état d'urgence a été décrété, puis prolongé jusqu'au 26 février 2016.

Il a été aussi adopté une loi du 21 décembre 2015 relative à la sécurité et la lutte contre le terrorisme visant à renforcer le dispositif répressif afin de donner aux institutions de la République (police, gendarmerie, justice) de nouveaux moyens d'action, tant administratifs que judiciaires.

Un projet de loi constitutionnel de protection de la Nation a été déposé à l'Assemblée nationale dès le 23 décembre 2015, dix jours après les attentats de Paris du 13 novembre. Il comportait deux articles, l'un constitutionnalisant l'état d'urgence et l'autre permettant de prononcer la déchéance de nationalité des bi-nationaux ayant été condamnés pour des crimes (et non des délits) très graves. Mais dès le 27 janvier 2016, le Premier ministre Manuel Valls a précisé devant la commission des lois de l'Assemblée nationale qu'aucune référence ne serait finalement faite « dans le texte constitutionnel ni a priori dans la loi d'application » à la bi-nationalité. La loi ordinaire « fixerait seulement les conditions dans lesquelles une personne peut être déchue de nationalité ou des droits attachés à celle-ci lorsqu'elle est condamnée pour terrorisme ». Il pourrait être fait mention des crimes, mais aussi de certains délits. Parallèlement, la France s'engagerait à appliquer pleinement la Convention du 28 septembre 1954 sur les apatrides afin de d'empêcher que les nouvelles dispositions puissent priver certains individus de toute nationalité. Confronté au désaccord entre le Sénat et l'Assemblée nationale, le président François Hollande a finalement annoncé, le 30 mars 2016, qu'il avait décidé de « clore le débat constitutionnel » sur le texte de révision dans son ensemble. Les débats parlementaires largement relayés par les médias et la prolongation de l'état d'urgence jusqu'au 26 mai 2016 ont entraîné des interrogations sur les éventuelles atteintes aux droits fondamentaux des individus, au moment même ou un nombre grandissant de réfugiés fuit les zones de conflits et se dirige vers l'Europe, et notamment la France. Autant dire que le renouvellement du débat sur l'insécurité n'est pas sans conséquences sur le regard porté sur l'immigration et les conditions de réussite d'un modèle national d'intégration.

Une série de considérations pousse pourtant à accepter des flux migratoires pour des raisons économiques, scientifiques, démographiques, culturelles, voire politiques. Même si l'immigration peut entraîner – parfois de manière momentanée – des tensions sur le marché du travail ou du logement, elle répond à un besoin durable : les prévisions de l'Organisation de coopération et de développement économiques (OCDE) et de la Banque mondiale accréditent l'idée que l'Europe – et particulièrement la France – aura besoin dans la décennie à venir d'une main-d'œuvre étrangère, surtout peu qualifiée. De surcroît, une réduction sensible des émigrants ne pourrait qu'avoir des effets négatifs sur la consommation et la démographie, sans oublier que le financement des retraites par répartition s'appuie sur un objectif de maintien du ratio actifs/retraités supposant une immigration soutenue pour assurer la multiplication des cotisants. Enfin, la présence de diasporas d'expatriés hautement qualifiés en France, qui prive des États du Sud de compétences intérieures, présente quelques avantages pour eux, notamment de favoriser une stratégie de co-développement économique, social et culturel dans la politique migratoire française et européenne. La conférence de Rabat des 10-11 juillet 2006, qui réunissait 56 pays d'Europe et d'Afrique sur le thème de l'immigration, a ainsi élaboré un plan d'action autour des aides au développement en direction des pays de départ, la régulation conjointe de l'immigration légale et la coopération en matière de lutte contre l'immigration irrégulière.

B. Les interrogations sur le multiculturalisme

Le multiculturalisme est présent dans de nombreux débats et représentations collectives, non sans incertitudes sur son contenu. Il peut s'agir de défendre un régime socio-politique communautariste, éloigné de la tradition républicaine ou libérale française, ou d'insister sur la reconnaissance et la légitimation de marqueurs identitaires pour lutter contre l'oppression et l'aliénation consécutives à l'emprise d'une seule culture dans la société. Il est possible aussi de se référer simplement à la coexistence de plusieurs cultures au sein d'un même pays, de valoriser toutes les identités, d'accepter de les nommer explicitement afin d'assurer leur défense par des mesures publiques. En tout cas, le multiculturalisme appelle généralement le recours à des « discriminations positives » en faveur de communautés ou de groupes ; l'enjeu de la question consiste à déterminer si elles peuvent revêtir des formes ethniques ou religieuses, ou seulement des modalités sociales.

1. La notion de discrimination positive

Pour corriger les inégalités, on peut être tenté de déroger à des conceptions strictes du principe d'égalité en mettant en place des discriminations pour combattre les effets jugés défavorables des hérédités sociales ou ethniques, réserver des emplois ou des promotions à des groupes minoritaires pour une période déterminée. John Rawls (1921-2002) a présenté ces mesures comme légitimes, positives et démocratiques, estimant que l'avènement d'une société juste nécessite l'adoption de dispositifs inégalitaires car la stricte égalité des conditions initiales des individus est un mythe (*Théorie de la justice*, 1971). Dans une perspective d'équité, le philosophe appelle à tenir compte des différences, à mettre en place des « inégalités justes » afin de faire bénéficier les individus les moins favorisés des bienfaits de la société.

La discrimination positive (*affirmative action*) est apparue aux États-Unis dans le cadre du mouvement des droits civiques (*Civil Rights*) des années 1960, afin d'aider à lutter contre le racisme institutionnel et remettre en cause des inégalités structurelles. Les universités, les administrations, puis les entreprises mirent en place des quotas réservés aux individus issus de groupes minoritaires, largement ethniques, afin de rendre les organisations concernées représentatives de la pluralité de la société américaine. Ces mesures, dont l'opportunité et l'efficacité ont été discutées, n'en ont pas moins produit des résultats incontestables pour les minorités : un nombre appréciable de leurs membres ont ainsi accédé aux classes moyennes américaines ; les mariages interethniques ont triplé au cours des années 1970-1980. La Cour suprême a toutefois considéré – dans l'arrêt *Adarand* du 12 juin 1995 – que les dommages de la ségrégation étaient désormais compensés, au point de devenir progressivement très réticente par la suite pour accepter le maintien même de telles discriminations. Il faut toutefois constater que l'extrême pauvreté n'a toujours pas cessé de sévir outre-Atlantique, touchant encore lourdement les minorités ethniques.

Au plan international, l'acte final de la conférence de Vienne du 25 juin 1993 oblige les États à garantir les droits collectifs des minorités nationales ethniques, religieuses ou linguistiques. Le protocole n° 12 du 4 novembre 2000 adjoint à la Convention européenne de sauvegarde des droits de l'homme et des libertés fondamentales du 4 novembre 1950 permet au Conseil de l'Europe d'intervenir pour défendre l'égalité et la non-discrimination entre les individus. Des préoccupations semblables existent dans le droit de l'Union européenne : le principe de non-discrimination a été adopté au Conseil européen de Copenhague (1993), puis repris dans le traité d'Amsterdam du 2 octobre 1997 qui demande d'agir contre les discriminations fondées sur la race, l'origine ethnique, les convictions, le handicap ou l'orientation sexuelle. Ces principes figurent aussi dans la Charte des droits fondamentaux du 7 décembre 2000 (art. 21), devenue juridiquement contraignante avec le traité de Lisbonne du 13 décembre 2007. Dans tous les cas, la discrimination positive doit compenser une discrimination négative antérieure et favoriser un changement des mentalités dans un sens plus en adéquation avec l'idéal d'égalité entre les hommes. Afin qu'une « indifférence à la différence » ne conduise pas à perpétuer des inégalités dans le traitement de la population, on valorise les identités pour combattre les stigmatisations oppressives.

2. Les discriminations sociales positives

La France – qui refuse la logique de « l'État ethnique » et d'un droit spécifique des minorités – a décidé de multiplier les dispositions juridiques qui permettent d'opérer des différenciations entre les individus dans un objectif d'intégration. Le Conseil constitutionnel a confirmé à plusieurs reprises un droit et des pratiques de la différence. Il a estimé que « le principe d'égalité ne s'oppose ni à ce que le législateur règle de façon différente des situations différentes, ni à ce qu'il déroge à l'égalité pour des raisons d'intérêt général » (décision du 18 décembre 2003). Il a également précisé que la Constitution n'interdit pas de « prendre des mesures propres à venir en aide à des catégories de personnes défavorisées » (décision du 30 mars 2006). Les discriminations sociales positives doivent néanmoins impérativement se limiter à garantir strictement l'égalité des chances : un objectif à atteindre peut être fixé, jamais un résultat.

Une intervention corrective de l'État doit permettre de passer d'une égalité juridique et politique à une égalité sociale et économique. Il s'agit de lutter contre les discriminations sur le terrain de l'emploi, du logement, du loisir, de la santé ou de l'éducation, de manière directe ou indirecte. On cherche à faire reculer les discriminations dissimulées – le poste « déjà pourvu » ou l'appartement « déjà loué » –, mais aussi les préjudices « invisibles », les « plafonds de verre » : si les règles d'accès à l'école sont les mêmes pour tous, de nombreux obstacles limitent rapidement les chances de réussite scolaire de certaines populations. Des politiques publiques conduites au nom d'une discrimination positive « strictement sociale » apparaissent compatibles avec le modèle français d'intégration, d'autant plus que le mécanisme des quotas et des différenciations est déjà entré dans le droit national. La révision constitutionnelle du 8 juillet 1999 a précisé que la loi doit favoriser l'égal accès des femmes et des hommes aux mandats électifs et fonctions électives (art. 3.4 de la Constitution). Il ne s'agit pourtant pas en l'espèce d'une mesure en faveur d'une minorité, les femmes étant majoritaires dans le corps électoral. Les quotas définis dans le monde du travail en faveur d'une évolution vers la parité dans les conseils d'administration (loi du 27 janvier 2011) ou l'activité professionnelle des personnes en situation de handicap (lois du 10 juillet 1987 et du 11 février 2005) en relèvent bien davantage.

Les mesures de discrimination sociale positive se multiplient en droit français. Dans le cadre de la politique de la ville – relancée par les lois Borloo (2003-2005) autour d'un programme national de rénovation urbaine –, les zones franches urbaines ou les zones de revitalisation urbaine bénéficient de moyens exceptionnels pour favoriser l'emploi et permettre le dynamisme local. En matière scolaire, les zones d'éducation prioritaire (ZEP), crées dès 1981, assurent une répartition géographique différenciée, donc inégalitaire, des moyens d'éducation. Bien que ces mesures soient « aveugles » des caractéristiques ethniques (*color blindness*), les populations qui peuvent en bénéficier sont largement issues de l'immigration. Cette politique a fait l'objet d'une « refondation » à la rentrée scolaire 2015. L'Institut d'études politiques de Paris (Sciences Po) développe depuis 2001 un programme d'inscription en faveur de lycéens issus des ZEP, qui déroge au principe du concours : les élèves repérés par leurs professeurs de lycée sont susceptibles d'être intégrés sur dossier et entretien. Le « plan d'action positive pour l'intégration » du groupe France télévisions, lancé en 2004, vise à assurer la présence à l'antenne de journalistes issus de l'immigration et à accorder à l'intégration une large place au sein des programmes afin de rapprocher les médias d'une image réelle de la société, au lieu d'en offrir une projection mythique.

La population issue de l'immigration est aujourd'hui en profonde diversification. Une partie de ses membres, qui accède progressivement à des positions sociales valorisées, est mieux acceptée par la société. Mais, *a contrario*, un grand nombre de personnes est confronté à des phénomènes d'exclusion et de marginalisation qui ne régressent pas, voire s'amplifient, du moins bénéficient d'une visibilité, notamment médiatique, de plus en plus omniprésente. Il convient donc de se demander si l'intégration des immigrés ne participe pas aujourd'hui d'une question plus générale qui serait l'intégration de tous les individus au sein de la société. Les interrogations sur la fracture sociale révèlent à quel point la question de l'intégration ne se pose ni seulement, ni systématiquement à propos des immigrés. Le pouvoir politique est désormais confronté au défi de définir, faire accepter et respecter un cadre d'adhésion aux règles de la République susceptible de « tisser le lien » entre tous les individus résidants sur le sol français, qu'ils soient nationaux de toutes origines ou étrangers.

Bibliographie thématique

Bénichou M., *Le Multiculturalisme*, Bréal, 2006 ; rééd. 2015.

Blum J.-Y., Eberhard M., *Les Immigrés en France*, La Documentation française, 2014.

Boucher M., *Les Théories de l'intégration : entre individualisme et différentialisme*, L'Harmattan, 2000.

Calvès G., *La Discrimination positive*, PUF, 2004 ; rééd. 2012.

Castel R., *La Discrimination négative, citoyens ou indigènes ?*, Seuil, 2007.

Castel R., *Les Métamorphoses de la question sociale*, Fayard, 1995 ; rééd. 1999.

Doytcheva M., *Le Multiculturalisme*, La Découverte, 2005.

Haut Conseil à l'intégration, *Rapports annuels* (1991-2012), La Documentation française.

Institut national d'études démographiques, Beauchemin C., Hamel L., Simon P. (sous la dir. de), *Trajectoires et origines : Enquête sur la diversité des populations en France*, 2016.

Jablonka I., *L'Intégration des jeunes : un modèle français (XVIIIe siècle-XXIe siècle)*, Seuil, 2013.

Noiriel G., *État, nation et immigration. Vers une histoire du pouvoir*, Gallimard, 2001 ; rééd. 2005.

Paugam S., *La Disqualification sociale : essai sur la nouvelle pauvreté*, PUF, 2009.

Pélissier M., Paecht A. (sous la dir. de), *Les Modèles d'intégration en question. Enjeux et perspectives*, PUF, 2004.

Problèmes politiques et sociaux, « Les immigrés dans la société française », n° 916, La Documentation française, sept. 2005.

Salvidan P., *Le Multiculturalisme*, PUF, 2010.

Schnapper D., *La Communauté des citoyens. Sur l'idée moderne de nation*, Gallimard, 1994 ; rééd. 2003.

Taylor Ch., *Multiculturalisme. Différences et démocratie*, Flammarion, 1992 ; rééd. 2009.

Weil P., *Liberté, égalité et discrimination*, Gallimard, 2009.

Chapitre 4

Handicap et société

Dans la Grèce antique, l'infirmité et la folie étaient interprétées comme un signe des dieux – généralement maléfique – adressé à la société. Cette dimension prophétique inquiétait, suscitait parfois le respect, mais conduisait souvent à des attitudes de rejet. Au mieux, comme le préconise Platon (428-348 av. J.-C.), « les fous ne doivent pas paraître par la ville [...], chacun d'eux sera gardé dans la maison par ses proches » (*Les Lois,* XI, 10), au pire le nouveau-né malformé est remis à la porte du temple au bon vouloir des dieux.

La société française a longtemps laissé au soin de la charité l'infirme ou le fou – prônant même une stratégie d'enfermement sous le règne de Louis XIV –, avant de s'ouvrir à l'idée de solidarité après la Révolution française. Elle s'est souvent référée à l'infirme, l'estropié, le mutilé, le paralysé, l'invalide, l'aliéné, le malade mental, le faible d'esprit, l'inadapté, voire le débile. Toutes ces expressions possèdent une histoire inséparable du contexte social qui les a créé, caractérisé et vulgarisé ; elles témoignent des jugements, classements et étiquetages (*labelling*) subis par les individus qu'elles stigmatisent. Le vocable « handicap », qui résulte de la contraction de trois mots d'origine anglaise – *hand in cap* (la main dans le chapeau) – s'est d'abord appliqué à un jeu aujourd'hui disparu, avant de concerner, dès le XVIIIe siècle, une course de chevaux dont les règles tendent à égaliser les chances entre les participants. C'est sous l'influence des accidents du travail industriel et des blessés de la Première Guerre mondiale que la référence aux « handicapés » s'est progressivement imposée en France. Dès les années 1960, il apparaît de plus en plus évident qu'il faut dorénavant tenir compte des structures sociétales et culturelles, de l'environnement physique et humain des individus, éviter qu'il ne devienne lui-même facteur de handicap. À l'aube du XXIe siècle, le langage quotidien, médical, social ou juridique commence à privilégier l'expression de « personne en situation de handicap » au détriment de celle de « handicapé », afin de prendre en compte toutes sortes de limitations fonctionnelles – qu'elles soient physiques, sensorielles, mentales ou psychiques –, mais aussi d'une série d'inadaptations à la vie sociale. La loi du 17 janvier 2002 impose à la société de compenser intégralement les conséquences du handicap, puis la loi du 11 février 2005 se fixe pour objectif de contribuer « à l'égalité des droits et des chances, la participation et la citoyenneté des personnes handicapées ».

Il a toujours été difficile d'évaluer le nombre de personnes handicapées, même si les bénéficiaires d'allocations spécifiques ont considérablement augmenté. L'INSEE avance le chiffre de 3,2 millions en 1987, puis de 5,5 millions lors de l'enquête décennale santé de 1991 (à partir de critères différents). Mais, lorsqu'elle lance la grande enquête Handicaps-Incapacités-Dépendance (HID) en 1998 – dont les premiers résultats sont connus à partir de 2001 –, elle privilégie une approche plus sociologique que médicale. Elle évalue alors à 1,2 million les personnes qui bénéficient d'une allocation au titre d'une invalidité, à 650 000 les titulaires d'une allocation pour déficience intellectuelle ou mentale et à 2,3 millions les personnes âgées dépendantes. Au-delà, on repère des situations de handicap, plus ou moins graves, qui pourraient finir par réunir près de 12 millions de personnes réparties en sept groupes. Selon l'enquête Handicap et Santé auprès des malades (HSM) conduite par la Direction de la recherche, des études, de l'évaluation et des statistiques (DREES) et l'Institut national de la statistique et des études économiques (INSEE) en 2008 auprès de 41 millions de personnes âgées de 15 à 64 ans, 9,6 millions d'entre elles font partie de la « population handicapée » au sens large.

On a assisté au glissement du modèle d'intégration individuelle français – apparu au cours du XXe siècle – vers un modèle de participation sociale proche des positions contemporaines de l'Organisation mondiale de la santé (OMS), de l'Organisation des Nations unies (ONU) ou de l'Union européenne (UE). Autrement dit, la société, après être passée de la charité à la solidarité envers la différence entre le Moyen Âge et le XIXe siècle (I), a reconnu tardivement un statut aux personnes handicapées et la nécessité de lutter contre toutes les situations de handicap (II).

I. De la charité à la solidarité

Par charité ou philanthropie, mais aussi pour se protéger de la mendicité agressive, voire de la truanderie, l'Église et les autorités laïques du Moyen Âge ont longtemps pris quelques initiatives en faveur des miséreux, des infirmes et des malades mentaux, qui ont été entravées ensuite par la politique de « Grand renfermement » décidée sous le règne de Louis XIV. On constate, au contraire, une assez grande continuité des préoccupations sociales des gouvernants de la fin du XVIIIe siècle jusqu'au début du XXe siècle, au nom d'un idéal de solidarité étendu à l'ensemble de la population.

A. Le Moyen Âge et l'Absolutisme

Le secours charitable médiéval est remis en cause au XVIIe siècle par la mise « hors la ville » des personnes jugées malades ou dangereuses pour l'ordre public, sans guère de souci thérapeutique.

1. Le secours ecclésiastique et laïque médiéval

Au Moyen Âge, la folie et l'infirmité (parfois assimilée à la difformité, voire à la monstruosité) sont considérées comme des formes de misère que l'hospitalité abbatiale ou ecclésiale doit soulager. L'Église sert d'intermédiaire entre les bienfaiteurs et les pauvres, fait l'aumône et organise l'assistanat des indigents. Si les voyageurs, les pèlerins ou les marchands sont accueillis dans l'*hospital peregrin*, les vieillards, les mendiants, les malades et les infirmes bénéficient de l'*hospital infirmus*. Les chanoines vont néanmoins au-devant des nécessiteux, secourent les isolés, en précurseurs de saint François d'Assise (1182-1226) qui se voudra un pauvre parmi les pauvres. Après la guerre de Cent Ans (1337-1453), la pauvreté s'accroît sensiblement, devient même la norme sociale : une grande partie des foyers sont incapables d'acquitter les taxes fiscales. L'aide familiale et la charité paroissiale ne suffisent plus ; il faut planifier et institutionnaliser des secours. Les autorités laïques des bourgs interviennent, qu'il s'agisse des baillis royaux ou des conseils municipaux formés de notables. Des institutions sont créées à l'initiative du roi, des seigneurs, des corporations ou des municipalités.

Dès la Renaissance, l'humanisme des XVe-XVIIe siècles valorise un homme idéal dont l'intelligence et la richesse sont liées aux capacités dont Dieu l'a pourvu. La responsabilité de la souffrance, de la réussite ou de l'échec est individualisée : le pauvre, l'infirme ou le faible d'esprit sont fréquemment soupçonnés de devoir leur état à un manque de vertu ou à une inconstance qui leur est propre. Si la mendicité est encore autorisée, la philanthropie bourgeoise ostentatoire remplace la charité fraternelle et discrète des ordres mendiants. Les institutions charitables se multiplient, les textes répressifs aussi afin d'isoler les individus estimés dangereux pour l'ordre établi, ou développer l'obligation de travailler.

2. La stratégie d'enfermement de l'Absolutisme

Au XVIIe siècle, le « Grand renfermement » – analysé par Michel Foucault dans *Histoire de la folie à l'âge classique* (1961) – se met en place sous le règne de Louis XIV (1643-1715). Il est symbolisé par la fondation de l'Hôpital général de Paris dès 1656, dans une logique de laïcisation de la société. La Grande Aumônerie du Royaume – auparavant associée à la politique royale d'assistanat social – n'y participe pas.

On regroupe différents organismes parisiens créés précédemment par la monarchie, tels que Bicêtre et La Salpêtrière, où sont réunis indistinctement mendiants, vagabonds, aliénés, infirmes, vieillards, prostituées, voire simples perturbateurs. Certains établissements spécialisés qui existaient déjà, comme les Quinze-Vingts réservés aux aveugles ou l'Hôtel-Dieu destiné aux malades, infirmes et estropiés, restent néanmoins autonomes. Un peu plus tard, l'Hôtel des Invalides (1674) accueillera les blessés de guerre. Michel Foucault a parfaitement analysé le partage qui s'opère au XVIIe siècle entre la raison et la déraison. Cette dernière est mesurée exclusivement par son écart avec la norme sociale et s'étend désormais au-delà de la folie, presque à toutes les personnes internées. L'Hôpital général impose des frontières géographiques à l'espace social de l'infirmité et de la folie. C'est à ce prix que règne l'ordre social du Grand siècle.

L'Hôpital général est autant une entité administrative aux prérogatives étendues et quasi souveraines qu'un établissement médical. Son directeur, nommé à vie, dispose de pouvoirs d'administration, de correction, de châtiment et de juridiction sur tous les pauvres de Paris, internés ou non. Près de 1 % de la population parisienne finira par être enfermé. La thérapeutique est sommaire : la contention par chaînes et le cachot s'adressent aux agités, le travail – une manufacture interne à l'Hôpital produit des chaussures, des habits et des tapis – est le seul moyen pour les autres d'espérer une sortie conditionnelle. À partir de 1662, la structure de l'Hôpital général est étendue à de nombreuses villes de province. Le Grand renfermement s'appuie désormais sur des léproseries devenues inutiles après la raréfaction de la transmission de la lèpre à partir du XIVe siècle. Des centaines d'hôpitaux sont bientôt remplis d'infirmes et de mendiants, d'autant plus qu'un édit royal interdit la mendicité (1656), aussi bien aux valides qu'aux invalides, et justifie de nombreux internements. Il se développe aussi des maisons de force – locaux de correction – souvent gérées par des communautés religieuses. Le placement par les autorités publiques n'y est soumis à aucune formalité ; il est bien plus pratiqué que la lettre de cachet, acte royal souverain qui peut également ordonner l'internement. Le Grand renfermement n'interrompt pourtant pas la charité chrétienne envers les plus démunis. Bien que très réservé sur l'Hôpital général, saint Vincent de Paul (1581-1660), défenseur d'une charité évangélique « à domicile », désireux d'être proche de chaque pauvre, encourage les Filles de la

Charité et les prêtres lazaristes de sa Mission à y participer. *De facto*, le clergé s'adapte aux rigueurs de la nouvelle politique royale, voire y participe, non sans parfois la critiquer. Il fallut attendre la veille de la Révolution française pour que la contestation du système de l'Hôpital général prenne de l'ampleur.

B. La Révolution française et le XIXe siècle

La pensée des Lumières du XVIIIe siècle, les choix révolutionnaires à partir de 1789 et les principes de la IIIe République témoignent d'un nouveau regard porté sur les infirmes et les malades mentaux. L'assistance et la solidarité de la société sont désormais à l'ordre du jour.

1. *Le devoir d'assistance*

La politique d'enfermement de Louis XIV se poursuit jusqu'à la Révolution, même quelque peu atténuée. Le culte voué à la raison par les philosophes des Lumières conduit pourtant déjà à s'interroger sur sa pertinence. Denis Diderot rejette l'idée de monstruosité et défend les capacités des aveugles et des sourds. Dans la *Lettre sur les aveugles à l'intention de ceux qui voient* (1749), il reconnaît que tout individu dispose de potentialités propres qu'il peut développer par l'instruction et l'éducation. L'*Encyclopédie* de Diderot et d'Alembert (1751-1780) accorde une attention particulière aux invalides de guerre, dont elle encourage la vie en milieu ordinaire. Les grands travaux scientifiques et médicaux se multiplient : Charles Michel de l'Épée (1712-1789) invente des méthodes d'éducation pour les sourds ; Valentin Haüy (1745-1822) crée une institution pour les aveugles qui permettra à Louis Braille (1809-1852) de proposer un alphabet en relief au XIXe siècle. Un nombre appréciable d'infirmes peut désormais travailler, mais généralement au sein d'établissements spécialisés.

Au début de la Révolution française, sous la crainte de bandes errantes de mendiants qui s'adonnent au pillage, surtout dans les campagnes, la Constituante décide d'établir un délit de mendicité et de vagabondage pour assurer un certain contrôle social, tout en créant un Comité de mendicité afin de réfléchir sur la misère (juin 1790). La prévoyance doit diminuer l'incapacité, et la bienfaisance en restreindre les effets. Le secours à domicile est valorisé, sans exclure l'hospitalisation. Les blessés de guerre sont destinataires de secours spécifiques. Après l'élection de la Convention en septembre 1792, l'assistance devient une dette nationale (loi du 19 mars 1793). Le système de l'Hôpital général est remis en cause dès l'arrivée de Philippe Pinel (1745-1826) à Bicêtre. Ce grand médecin parisien obtient la libération des enchaînés, la séparation des prétendus fous de la masse des enfermés. Il souhaite réformer l'institution hospitalière dans la République et renforcer le pouvoir médical. Les médecins-aliénistes bénéficient progressivement de larges missions sociales de protection. On en profite pour encourager des méthodes d'observation et de classification des symptômes, ainsi que la recherche de traitements.

2. L'exigence de solidarité

Au XIXe siècle, les anomalies physiques restent des attractions, les expositions de monstres ne sont pas rares. L'Africaine Saartjie Baartman (1789-1815), dite Vénus Hottentote, devient un phénomène de foire à Londres dès 1810, comme le Britannique Joseph Carey Merrick (1862-1890) surnommé *Elephant man* à la fin du siècle. Il se développe pourtant des approches médicales de la folie, qui aboutiront à la naissance de la psychanalyse avec Sigmund Freud (1856-1939). On essaie d'éduquer les idiots, les arriérés et les imbéciles selon la terminologie de l'époque. Dès la loi du 30 juin 1838, le Parlement encadre les conditions de l'internement dans l'asile départemental (ou municipal pour les villes de plus de 100 000 habitants) pour protéger les malades, et corollairement la société. Les infirmités sensorielles sont mieux acceptées par la société. Les premières cliniques orthopédiques sont créées. Dans les institutions, il ne s'agit plus seulement d'accueillir et de porter secours, mais d'éduquer (l'enfant) ou de rééduquer (l'adulte). Dans ce contexte, les interrogations sur la portée de la solidarité reprennent dès la Révolution de février 1848. Certains, selon le mot de Victor Hugo, veulent rejeter « l'aumône qui humilie », et défendre « l'assistance qui grandit ». La distinction entre la solidarité sociale et l'assistanat reste pourtant assez approximative. On cherche surtout à concilier le concept révolutionnaire d'assistance publique avec ceux d'humanité et de bienfaisance privée dans une perspective de christianisme social.

À la fin du XIXe siècle, Léon Bourgeois (1851-1925) – adepte du radicalisme qui domina la IIIe République – fait de la solidarité un élément essentiel de l'ordre public et de la paix sociale (*Solidarité*, 1896). Elle doit assurer le lien entre les groupes, les métiers, les classes, au-delà des clivages politiques ou sociaux. Cette conception s'exprime dans quelques grands textes de la République. La loi du 14 juillet 1893 décide l'assistance médicale gratuite – qui avait déjà été votée le 24 vendémiaire an II sans connaître d'application. La loi du 9 avril 1898 ébauche une socialisation des risques liés aux accidents du travail : la réparation ne relève plus seulement du patronat, mais également de la collectivité nationale. Cette solution est étendue aux maladies d'origine professionnelle (1919), au secteur agricole (1922) et aux gens de maison (1923). La loi du 14 juillet 1905 décide l'assistance obligatoire aux vieillards, infirmes et incurables. À l'aube du XXe siècle, la solidarité républicaine envers les infirmes et les malades mentaux – dorénavant pleinement intégrée à la question sociale – renforce la laïcisation de la société. De nouvelles questions vont néanmoins surgir, mettant au premier plan les devoirs de la société envers les individus qu'elle doit secourir, et la manière d'y satisfaire.

II. De la personne handicapée à la situation de handicap

Deux grandes conceptions de la lutte contre le handicap s'opposent, aux conséquences pratiques assez différenciées : le modèle d'intégration individuelle et le modèle de participation sociale. La France a d'abord favorisé le premier modèle au cours du XXe siècle, qui incite à adapter l'individu à la société, avant de se diriger vers le second modèle à l'aube du XXIe siècle, qui commande d'adapter la société à la diversité de ses membres.

A. Le modèle d'intégration individuelle

La primauté est accordée aux déterminants individuels et médicaux, aux pathologies, déficiences et incapacités. Dès lors que le handicap est envisagé comme une déviation par rapport à la norme sociale, il convient de rééduquer, réadapter, reclasser les individus concernés. Durant le XXe siècle, une législation en faveur des blessés de la guerre de 1914-1918 est progressivement étendue à tous les handicapés, puis les institutions spécialisées se multiplient.

1. Une politique de rééducation et réadaptation

Après la Grande Guerre – qui a tué 1,4 million d'hommes dans les rangs français et entraîné un nombre presque équivalent d'invalides ou de mutilés –, le cadre de la loi du 14 juillet 1905 sur l'assistance obligatoire aux vieillards, infirmes et invalides apparaît inadapté aux héros des tranchées. Les difficultés rencontrées par les « poilus » pour subvenir à leurs besoins financiers, ou se réinsérer dans le monde du travail, justifient le soutien de l'opinion publique aux premières associations d'anciens combattants. Dès le 31 mars 1919, une loi sur les pensions des victimes de la guerre est adoptée sans difficulté. Cinq ans plus tard, la loi du 26 avril 1924 sur l'embauche obligatoire des mutilés, qui impose une charge nouvelle aux entreprises, n'est pourtant pas votée aussi aisément. Si les parlementaires soutiennent les mutilés dans leurs revendications de pensions, d'aides au logement, de gratuité des soins au nom de la solidarité de l'État, ils sont moins empressés à modifier durablement les règles du monde du travail et de l'entreprise. Le rapport de la société à l'invalidité se modifie néanmoins après la création du ministère des Anciens Combattants (1920). Une politique ambitieuse de réadaptation et de rééducation se met en place sous l'influence de la Ligue pour l'adaptation des diminués physiques au travail (1919) qui réclame un droit à la formation et au métier, seul moyen d'assurer l'indépendance économique. Les écoles de reclassement professionnel pour les invalides militaires se multiplient. Le système est étendu progressivement aux accidentés du travail (1924) et aux invalides civils (1930). On assiste également à un progrès technique important dans l'appareillage pour infirmes.

L'essor de la politique de rééducation au début du XXe siècle est aussi favorisé par une série de facteurs liés au progrès scientifique. La tuberculose – dont le développement infectieux est lié à des conditions sociales défavorables, notamment en matière d'hygiène – n'est plus un fléau, on doit désormais préparer les malades à leur retour prochain dans le monde du travail. Dès l'école primaire gratuite obligatoire, le recours aux tests psychométriques d'Alfred Binet et de Théodore Simon permet d'apprécier l'intelligence sensorielle des enfants, et de repérer les difficultés d'adaptation à l'enseignement classique (1905). La science essaie de désigner précisément le handicap chez l'enfant : alors que Binet se réfère à l'enfance anormale en 1907, Bourneville mentionne l'enfance arriérée en 1909 et Dupré la débilité mentale en 1912. Toutes ces initiatives renforcent parfois les discriminations sociales, mais encouragent la recherche de mesures thérapeutiques, plus ou moins efficaces.

2. Le développement de structures spécialisées

À partir des années 1950, une distinction s'opère entre les handicaps sensoriels (aveugles, sourds et malentendants) ou moteurs (amputés et paralysés), mais on s'attache aussi aux maladies internes chroniques (cardiaques, hémophiles, diabétiques, tuberculeux, asthmatiques). Les techniques de rééducation et de réadaptation afin de développer l'autonomie fonctionnelle se perfectionnent : les médecins-rééducateurs, les kinésithérapeutes, les ergothérapeutes, les orthoptistes, les orthophonistes et les psychomotriciens sont de plus en plus nombreux. Ces préoccupations s'inscrivent dorénavant dans le cadre d'une politique globale d'intégration dans la société afin d'essayer de sortir l'infirme et le malade mental de l'altérité, de le reclasser dans le système du travail et de la consommation.

La loi du 23 novembre 1957 s'adresse explicitement aux « travailleurs handicapés », dont il s'agit d'organiser le reclassement sous la tutelle du ministère du Travail, tout en développant leur médicalisation. Des commissions départementales des infirmes sont chargées d'estimer le pourcentage des invalidités, de proposer le placement dans un centre d'hébergement ou dans de nouvelles structures spécialisées. Les ateliers de travail protégé et les centres d'aide par le travail confèrent un caractère thérapeutique à l'emploi des handicapés en s'appuyant sur des règles dérogatoires au Code du travail, mais en permettant une rémunération proportionnelle au rendement. Le législateur étend également les obligations d'emploi du secteur public. Il est créé un Conseil supérieur pour le reclassement professionnel et social des handicapés.

Le 30 juin 1975, le Parlement adopte deux textes destinés à constituer le cadre de la politique publique jusqu'à la fin du siècle : une loi sur l'orientation en faveur des personnes handicapées et une loi relative aux institutions sociales et médico-sociales. La loi d'orientation ne donne pas une définition de la personne handicapée, qui apparaît seulement à travers des limitations fonctionnelles (physiques, sensorielles ou mentales) ; l'inadaptation à la vie sociale n'est pas directement visée. La loi réaffirme cependant le devoir de solidarité de la nation à l'égard des handicapés, en fait « une obligation nationale ». Elle vise à promouvoir l'intégration du mineur ou de l'adulte handicapé dans la société par la prévention et le dépistage du handicap, les soins, l'éducation, la formation, l'orientation professionnelle et l'emploi. Les droits sont indépendants de l'origine du handicap et de l'âge auquel il est apparu. La loi de 1975 sur les établissements sociaux et médico-sociaux crée à l'échelon départemental des commissions d'orientation de l'éducation spéciale pour les enfants (CDES) et des commissions techniques d'orientation et de reclassement professionnel pour les adultes (COTOREP). Elle garantit des ressources minimales dans le cadre de l'allocation d'éducation spéciale pour les enfants (AES) ou de l'allocation pour les adultes handicapés (AAH). On encourage l'intégration en milieu ordinaire scolaire, professionnel ou d'habitat, mais aussi des placements en institutions spécialisées. À partir du mot d'ordre « tous égaux, tous différents », il s'agit de concilier l'intégration et la non-discrimination.

On relève ensuite peu d'initiatives législatives. La loi du 10 juillet 1987 sur l'intégration professionnelle impose aux entreprises de plus de 20 salariés un quota d'embauche de 6 % en faveur des travailleurs handicapés, ou la participation au financement d'actions en milieu ordinaire par l'intermédiaire de l'Association nationale pour la gestion du fonds pour l'insertion professionnelle des handicapés (AGEFIPH). La loi du 12 juillet 1990 sanctionne les atteintes à la citoyenneté des personnes handicapées par des discriminations dont elles pourraient être l'objet du fait de maladies ou de handicaps. La loi du 13 juillet 1991 fixe des règles d'accessibilité des bâtiments recevant du public s'ils ont été construits après 1979 ou font l'objet de travaux de réfection.

B. Le modèle de participation sociale

Faire la liaison entre le handicap et la structure sociale, c'est encourager la coopération entre tous les membres de la société, quelles que soient leurs singularités, afin de donner à chacun les mêmes chances d'appartenir et de participer à la vie collective. L'accent est mis sur la lutte contre les barrières architecturales dans la cité, les préjugés sociaux, les règles officielles compliquant la vie du handicapé qu'il convient de modifier pour assurer l'autonomie de tous et réduire les situations de handicap. Depuis le début du XXIe siècle, les gouvernants ont harmonisé la législation française avec les textes internationaux ou européens, reconnus un droit à compensation par la société des conséquences du handicap et s'interrogent de plus en plus sur les relations entre l'éthique et le progrès scientifique.

1. La définition de la situation de handicap

Dès 1980, l'OMS a présenté une classification internationale des handicaps (CIH) distinguant trois grandes catégories : la déficience (*impairment*) est une perte de substance ou une altération d'une fonction psychologique, physiologique ou anatomique ; l'incapacité (*disability*) implique une réduction partielle ou totale de la capacité d'accomplir une activité d'une manière considérée normale ; le désavantage limite ou interdit d'accomplir un rôle social jugé normal. Cette approche relativisait le rôle de l'environnement et les paramètres architecturaux ou sociaux. Une nouvelle classification du handicap a donc été adoptée en 2001, afin d'insister sur toutes les « situations de handicap » (*International Classification of Functionning, Disability and Health).* On prend désormais pleinement en compte la participation sociale à partir d'une évaluation des activités et des facteurs contextuels propres à la personne. Ce n'est donc pas le désavantage de santé, de traumatisme ou de maladie qui fonde véritablement le handicap, mais les discriminations qu'il engendre, notamment l'inactivité sociale, l'inaccessibilité physique, la ségrégation psychologique, scolaire, professionnelle ou sociale, la dépendance économique.

De telles préoccupations se retrouvent au sein de l'Organisation des Nations unies et de l'Union européenne. L'ONU, qui a édicté des règles pour l'égalisation des chances des personnes handicapées depuis les années 1990, a adopté la Convention internationale relative aux droits des personnes handicapées afin de contribuer à la jouissance effective par tous les individus des droits de l'homme et des libertés fondamentales (13 décembre 2006). Ce texte clarifie les obligations légales des États ; un protocole facultatif leur permet d'accepter la saisine par les individus ou par des groupes d'un Comité des droits des personnes handicapées qui a été constitué. La Convention a été ratifiée par la France en 2010. Les pouvoirs publics doivent veiller à respecter ses principes relatifs à la lutte contre les discriminations, à la réduction des contraintes à l'accessibilité environnementale, au droit du travail, à la participation à la vie publique ou politique. De son côté, le droit communautaire européen a intégré dans le traité d'Amsterdam du 2 octobre 1997 une clause de non-discrimination à raison du handicap (art. 6 A), reprise depuis dans la Charte des droits fondamentaux du 7 décembre 2000 (art. 21) qui est devenue juridiquement contraignante avec le traité de Lisbonne du 13 décembre 2007.

La loi du 11 février 2005 pour l'égalité des droits et des chances, la participation et la citoyenneté des personnes handicapées donne dorénavant une définition argumentée du handicap, qui manquait lourdement à la loi de 1975 : il s'agit de « toute limitation d'activité ou restriction de participation à la vie en société subie dans son environnement par une personne en raison d'une altération substantielle, durable ou définitive d'une ou plusieurs fonctions physiques, sensorielles, mentales, cognitives ou psychiques, d'un polyhandicap ou d'un trouble de santé invalidant » (art. 114). Cette présentation englobe dorénavant les actes indispensables à la vie ordinaire, mais aussi la participation à la vie en société.

2. Le droit à compensation des conséquences du handicap

Dès la loi du 17 janvier 2002 sur la modernisation sociale, il a été reconnu pour chaque personne handicapée le droit « à la compensation des conséquences de son handicap quelles que soient l'origine et la nature de sa déficience, son âge ou son mode de vie, et à la garantie d'un minimum de ressources lui permettant de couvrir la totalité des besoins essentiels de la vie courante » (art. 53). C'est clairement renoncer à une égalité abstraite – qui donnerait l'accès aux mêmes prestations pour tous – et se rallier à un principe d'équité permettant à chacun de bénéficier de services en adéquation avec son handicap. La compensation par des aides directes doit faciliter l'activité, accroître la performance et mettre en situation de capacité dans le milieu habituel. Trois ans plus tard, le législateur a repris ces dispositions dans la loi du 11 février 2005. C'est une nouvelle justification juridique de l'allocation aux adultes handicapés (AAH) accordée indépendamment de la cause des difficultés – sous certaines conditions –, mais aussi de nombreux autres dispositifs d'aide. On peut désormais cumuler des prestations de compensation et certains salaires, tout en bénéficiant de garanties de ressources et d'allocations. Les chômeurs handicapés qui ne perçoivent que l'allocation adulte handicapé se voient reconnaître une « garantie de ressources » égale à 80 % du SMIC net.

La loi de 2005 réaffirme le droit des enfants et des jeunes handicapés à être scolarisés dans la mesure du possible à l'école ou l'établissement scolaire « le plus proche de leur domicile ». Il a été mis en place des projets personnalisés de scolarisation (PPS) et des équipes de suivi de la scolarisation (ESS). L'obligation d'accueillir 6 % de handicapés dans les entreprises de plus de 20 salariés s'applique désormais également au secteur public. Afin d'assurer l'accessibilité de tous à la cité, les espaces publics doivent être aménagés en une dizaine d'années aux besoins des personnes handicapées. L'augmentation de l'espérance de vie fait pourtant craindre la multiplication des personnes confrontées à des polyhandicaps très invalidants. L'allocation personnalisée d'autonomie (APA), créée en 2001, qui est réservée aux plus de 60 ans, ne pourra suffire, d'autant plus que son montant est encore inférieur à l'AAH. La question de la création d'une branche de protection sociale propre au risque de dépendance, proposée par le président Nicolas Sarkozy, reste d'actualité.

La loi du 11 février 2005 comporte de nombreuses dispositions relatives à la lutte contre le handicap. Elle crée des Maisons départementales des personnes handicapées (MDPH) – sous la forme juridique du groupement d'intérêt public (GIP) disposant de la personnalité morale – avec la tutelle administrative et financière du département. Elles regroupent dorénavant diverses institutions – notamment les anciennes CDES et COTOREP – et l'ensemble des structures d'orientation et d'aide aux personnes handicapées. Gérées selon le principe du « guichet unique », elles disposent d'une commission exécutive qui s'adjoint des équipes pluridisciplinaires chargées de préparer les dossiers, et d'une commission des droits et de l'autonomie des personnes handicapées. La loi du 28 juillet 2011 a précisé les compétences des MDPH, qui disposent désormais d'une structure de GIP à durée indéterminée. Le législateur clarifie le pilotage des politiques en faveur de l'emploi des personnes handicapées en le confiant à l'État, généralise les plans régionaux d'insertion, aménage la gestion du fonds pour l'insertion des personnes handicapées dans la fonction publique (FIPHFP), facilite les stages des étudiants handicapés et améliore d'une manière générale l'accessibilité. Aujourd'hui, les Maisons sont exonérées de la taxe sur les salaires, disposent de personnels à statut diversifié, aussi bien par le détachement que la mise à disposition par l'administration. Une convention pluriannuelle d'objectifs est conclue entre chaque MDPH, la caisse de solidarité pour l'autonomie (CNSA), Pôle Emploi et le conseil départemental concerné afin de préciser la mise en œuvre des objectifs prioritaires en matière d'insertion professionnelle. Si les contraintes budgétaires liées à la crise financière de l'été 2008 n'ont pas réduit les moyens engagés à propos du handicap, elles en ont pourtant freiné le développement, suscitant de l'impatience et de l'inquiétude auprès des personnes handicapées et de leurs proches familles.

3. Des débats éthiques sur le progrès scientifique

Le modèle de participation sociale est chaque jour confronté aux progrès de la recherche médicale et à la manière de les concilier avec des conceptions éthiques ou morales.

L'arrêt *Perruche*, rendu par la Cour de cassation le 17 novembre 2000, a soulevé de nombreuses réactions juridiques et éthiques après avoir jugé que « vivre avec un handicap est un préjudice ouvrant droit à un dédommagement ». Le législateur a rapidement mis fin à cette jurisprudence en adoptant – à l'unanimité – la loi du 4 mars 2002 relative au droit des malades et à la qualité du système de santé qui affirme *a contrario* que « nul ne peut se prévaloir d'un préjudice du seul fait de sa naissance » (art. 1). Autrement dit, un enfant né avec un handicap non décelé pendant la grossesse à la suite d'une faute caractérisée de diagnostic ne peut pas obtenir en son nom une réparation financière. Le législateur renvoie « à la solidarité nationale » ultérieure la compensation des conséquences du handicap pour l'enfant lui-même. Quant aux parents, ils ne peuvent être indemnisés qu'« au titre de leur seul préjudice ». Saisi par la voie de la question prioritaire de constitutionnalité (QPC), le Conseil constitutionnel a validé le dispositif législatif sur le fond pour des motifs d'intérêt général, en excluant toutefois tout effet rétroactif à la loi (décision du 11 juin 2010).

L'arrêt *Perruche*, même s'il ne peut plus faire jurisprudence, a été l'occasion de réfléchir aux conséquences de toute nature des progrès de la médecine sur le handicap. La loi Veil du 17 janvier 1975, modifiée le 4 juillet 2001, permet l'interruption volontaire de grossesse (IVG) au-delà de la période légale (12 semaines désormais, 10 semaine auparavant) si « la poursuite de la grossesse met en péril grave la santé de la femme [ou qu'il] existe une forte probabilité que l'enfant à naître soit atteint d'une affection d'une particulière gravité reconnue comme incurable au moment du diagnostic » (art. 2213-1 du Code de la santé publique). La stérilisation des personnes handicapées – largement pratiquée en Europe au début du XXe siècle, notamment dans les pays scandinaves – s'assimile à une forme de maltraitance si les principes définis par le Comité national consultatif d'éthique pour les sciences de la vie et de la santé (CCNE) ne sont pas strictement respectés : toutes les formes de contraception, réversibles ou non, doivent se faire par consentement libre et éclairé (avis du 3 avril 1996).

Les progrès de la génétique et de l'imagerie médicale peuvent créer la tentation d'essayer d'éradiquer tout handicap à la naissance. Le concept de « nouveau-né normal » – correspondant aux normes culturelles en vigueur – se développe depuis quelques décennies en s'appuyant sur les possibilités déjà offertes par l'échographie fœtale, l'amniocentèse et le diagnostic prénatal. La loi de bioéthique du 6 avril 2004 – qui modifiait une série de lois de 1994 – a été précisée par la loi du 7 juillet 2011 qui apporte des précisions sur le diagnostic préimplantatoire (DPI) et la recherche sur l'embryon. Le DPI – qui ne porte pas sur un fœtus – intervient après une fécondation *in vitro* et précède l'implantation d'un ou de plusieurs embryons, soumis à un diagnostic biologique permettant d'écarter celui (ou ceux) qui serait porteur d'anomalie. Les recherches sur les cellules souches embryonnaires ont donné lieu à un avis favorable du Conseil d'État (6 mai 2009), à condition de respecter le cadre très strict de la loi de 2004. Le législateur n'avait cependant donné une autorisation de recherche que pour cinq ans ; elle a été confirmée pour les cas où seraient attendus des « progrès médicaux majeurs » (art. 41 de la loi de 2011). On s'achemine aujourd'hui vers des possibilités élargies de recherches en matière de diagnostic et de prévention, voire de dépistage systématique de maladies génétiques (trisomie 21). Les progrès de la réanimation artificielle permettent aussi de sauver désormais de grands prématurés incapables de respirer de manière autonome, avec néanmoins un risque aggravé de pathologies ultérieures.

Le Comité d'éthique a envisagé une évolution du droit français en faveur d'une « exception d'euthanasie » (avis du 27 janvier 2000). Il a toutefois tenu à ajouter avec force qu'elle devait être réservée à des cas de détresse, « lorsque tout espoir thérapeutique est vain et que la souffrance se révèle insupportable ». La loi du 22 avril 2005 sur le droit des malades en fin de vie et les soins palliatifs, a pris parti contre « l'obstination déraisonnable ». En janvier 2011, le Sénat a toutefois écarté une proposition de loi tendant à légaliser certaines formes d'euthanasie (janvier 2011). Une nouvelle proposition de loi envisageant d'instaurer de nouveaux droits en faveur des malades et des personnes en fin de vie a finalement été adoptée le 2 février 2016. Son objet n'est « ni de créer un droit à l'euthanasie, ni de permettre le suicide assisté ». Elle affirme un droit « à la sédation profonde et continue » jusqu'au décès pour un certain nombre de personnes, à des conditions très restrictives (affection grave et incurable, pronostic vital engagé à court terme, souffrance réfractaire aux traitements), qui implique l'arrêt des soins palliatifs de fin de vie (hydratation et alimentation). Par des directives anticipées chacun pourra faire connaître son refus d'un acharnement thérapeutique, révisable et révocable à tout moment. Ces consignes s'imposent aux médecins, sauf le temps de procéder à une évaluation complète de la situation en cas d'urgence vitale, ou si elles apparaissent manifestement inadaptées ou non-conformes à cette situation. En ce cas, c'est une procédure collégiale entre les mains du corps médical qui permet de ne pas respecter les consignes. Enfin, toute personne peut désigner une personne de confiance qui fera valoir sa volonté si elle n'était pas en état de le faire.

Les avancées de la science confrontent inéluctablement à une question éthique fondamentale : le handicap est-il nécessairement le facteur majeur selon lequel doit être décidé si la vie vaut ou non d'être vécue ? L'encadrement de la recherche médicale dépend de la conception que l'on se fait à un moment donné du handicap. Un avenir paradoxal semble se dessiner dès lors que des politiques publiques visent à adapter la société aux handicaps, et que d'autres cherchent à éradiquer ceux-ci, particulièrement avant la naissance. Une société sans handicap est pourtant utopique. Même si les progrès des services médicaux d'urgence, la meilleure connaissance des maladies liées au cancer et aux accidents cardio-vasculaires, les nouvelles technologies appliquées à la santé permettent une espérance de vie en nette progression, et une existence plus longue que jamais sans grands handicaps, les polyhandicaps lourds sont appelés à s'installer quasi inévitablement avec l'âge. De nouvelles pathologies se multiplient également dans la société moderne, comme les troubles musculo-squelettiques (TMS) liés au travail, le stress, voire la sensation prononcée de fatigue ou de mal-être. En réalité, les handicaps ne touchent pas une minorité d'individus, mais la quasi-totalité des gens à un moment ou un autre de leur vie.

Lorsque le handicap est envisagé comme une restriction de participation à la vie sociale, on s'écarte d'une approche strictement médicale, faisant courir le risque de stigmatiser ; au contraire, si le handicap est dissocié de la déficience, il s'universalise. C'est en privilégiant les « situations de handicap » – même si le législateur français a encore écarté l'expression dans sa loi du 11 février 2005 – que peut être atténuée l'idée que l'individu par ses particularités physiques ou mentales serait à l'origine de la situation sociale qu'il vit, et pleinement reconnu qu'une organisation sociale ne doit pas imposer des contraintes incompatibles avec les possibilités restreintes d'une partie de la population. Dès lors, le handicap devient un aspect d'un droit plus général à l'autonomie, qu'il importe d'assurer à tout individu atteint ou non d'une situation de handicap.

Bibliographie thématique

Allemandou B., *Histoire du handicap. Enjeux scientifiques, enjeux politiques*, Les Études hospitalières, Bordeaux, 2001.

Boucand M.-H., Pellas F., *Éthique et handicap*, Sauramps médical, 2004.

Collard F., Samama É. (sous la dir. de), *Handicaps et sociétés dans l'histoire : l'estropié, l'aveugle et le paralytique de l'Antiquité aux Temps modernes*, L'Harmattan, 2010.

Doriguzzi P., *L'Histoire politique du handicap. De l'infirme au travailleur handicapé*, L'Harmattan, 1994 ; rééd. 2004.

Ebersold S., *L'Invention du handicap*, éd. du CTNERHI, 1997.

Foucault M., *Histoire de la folie à l'âge classique*, Plon, 1961 ; rééd. Gallimard, 1972.

Goffman E., *Stigmate : les usages sociaux des handicaps*, Éditions de Minuit, 1975.

Gomez J.-F. (sous la dir. de), *Handicap, éthique, institution*, Dunod, 2005.

Hamonet C., *Les Personnes en situation de handicap*, PUF, 2010 ; rééd. 2016.

Kristeva J., *Lettre au président de la République sur les citoyens en situation de handicap*, Fayard, 2003.

Liberman R., *Handicap et maladie mentale*, PUF, 1999 ; rééd. 2015.

Moyse D., *Handicap : pour une révolution du regard*, PUG, 2010.

Problèmes politiques et sociaux, « Personnes handicapées et situations de handicap », La Documentation française, n° 892, 2003.

Rabishong P., *Le Handicap*, PUF, 2015.

Stiker H.-J., *Corps infirmes et sociétés. Essais d'Anthropologie historique*, Aubier Montaigne, 1982 ; rééd. Dunod, 2013.

Stiker H.-J., *Handicap et inadaptation. Fragments pour une histoire : notions et acteurs,* Alter, 1996.

Veil C., *Handicap et société*, Flammarion, 1968.

Ville I., *Introduction à la sociologie du handicap : histoires publiques et expérience*, De Boeck, 2014.

Chapitre 5

L'incivilité

S'interroger sur l'incivilité est devenu courant dans la société contemporaine. Cette expression vulgarisée par les médias – qui provient du latin *incivilitas* – est apparue en France au milieu du XVIe siècle. Devenue emblématique d'un phénomène social largement étudié aux États-Unis (*incivilities, disorders*), elle s'est propagée dans le langage politique, administratif, judiciaire, sociologique, psychologique ou journalistique français à partir des années 1990. On fait généralement référence à des comportements individuels particulièrement hétérogènes qui altèrent le lien social – qu'il s'agisse d'infractions pénales d'une gravité relative (insultes, menaces, tapages…) ou d'actes qui dérangent et blessent moralement sans être réprimés par la loi (ne pas saluer, être irrespectueux, cracher par terre…) – sans guère s'interroger sur les critères d'identification utilisés et la pertinence de l'analyse.

En raison de sa dimension morale, l'incivilité ne peut pas simplement être assimilée à un défaut de citoyenneté ou de civisme, concepts avant tout politiques qui rendent compte de la manière dont les citoyens expriment leur volonté et participent à la désignation de leurs représentants. Elle ne peut s'apprécier que par rapport à une civilité sans définition juridique précise, fortement liée à des perceptions et représentations collectives ou individuelles. Alors que l'on mentionne généralement la civilité « au singulier », « le pluriel » s'impose souvent à propos des incivilités. C'est dire à quel point il n'est pas aisé de s'entendre sur les caractéristiques des comportements visés. Face à une question qui suscite rapidement passions et excès, il est essentiel de définir, évaluer et apprécier la portée d'actes que l'on pourrait qualifier d'incivils. Sont-ils l'apanage de certains milieux sociaux, ou susceptibles d'être commis par le plus grand nombre ? Emmanuel Levinas (1906-1995) expliquait parfois sa philosophie comme la conséquence de deux apostrophes – « Après vous Monsieur », « Comment allez-vous ? » – devant permettre de dépasser les simples formes de politesse pour témoigner que l'on tient compte en permanence de l'existence de l'autre (*Éthique et infini*, 1982).

L'incivilité, qu'elle soit perçue comme un phénomène social récent ou qu'elle résulte de la perception nouvelle de comportements anciens, est de plus en plus assimilée à une transgression susceptible de perturber durablement le lien social, d'affecter le « vivre ensemble ». Selon l'approche privilégiée par de nombreux observateurs contemporains, l'acte incivil est relié au contexte global de dérégulation économique et sociale ou présenté comme une atteinte à un objectif de « société décente », au risque d'altérer le relativisme culturel indispensable à l'unité d'un pays. L'incivilité ne peut pourtant pas être réduite à un déficit de répression qui expliquerait le non-respect de certaines règles : ce serait mêler indistinctement incivilités et délinquance. Elle ne doit pas davantage être présentée comme un simple déficit de socialisation dans une société qui ne parvient pas à empêcher la prolifération des discriminations. L'attention portée aux incivilités ne s'explique pas seulement par l'inquiétude ou la peur de « partisans de l'ordre » face au comportement de certains jeunes gens de banlieues en difficulté. En réalité, le phénomène s'inscrit dans un champ social bien plus large ou tout individu peut commettre des incivilités. Le meilleur moyen d'éviter l'angélisme laxiste ou l'attitude répressive incontrôlée semble être de mettre tout d'abord l'accent sur toute l'ambiguïté de la notion (I), avant d'envisager sa capacité à révéler les contradictions de notre société (II).

I. La référence à une notion ambiguë

Dans *La Société incivile* (1996), Sebastian Roché part de la notion d'ordre public pour définir les incivilités. En effet, toute société crée des marqueurs, des codes de civilité pour organiser les relations entre les individus. Ne pas les respecter favorise des désordres, engendre un trouble à la tranquillité publique. Mais, réduire ainsi la civilité à l'observation de convenances en usage dans un groupe social limite sa compréhension. La manière d'identifier, de dénoncer ou de stigmatiser des actes estimés incivils ne doit pas être minimisée.

A. La diversité des incivilités

L'opinion publique rattache aux incivilités des actions largement hétérogènes, sans que les sociologues s'entendent guère sur le phénomène à observer car chaque groupe social, voire chaque individu, en a sa propre perception ou représentation.

1. Des comportements hétérogènes

Un premier cercle d'incivilité, le plus souvent dénoncé, vise surtout des agissements récurrents commis par des jeunes gens en difficulté d'insertion dans des quartiers populaires en difficulté. Dans ce cas, la liaison entre la petite délinquance et l'incivilité est souvent faite, sans qu'elle soit nécessairement opératoire. En réalité, un second cercle d'incivilité, bien plus étendu, doit être mis en évidence, nullement restreint à certains milieux sociaux, qui peut aussi altérer les relations humaines les plus diverses.

Les incivilités interviennent dans des lieux partagés, des espaces publics de vie en commun. On parlera souvent d'inconduite notoire dans la rue, les transports, les écoles, les hôpitaux, les lieux de spectacle, les stades, les centres commerciaux, les hypermarchés, les immeubles collectifs. Il peut s'agir de crachats, de dégradations de bâtiments publics ou de mobiliers urbains, de bruits dans les cages d'escalier, de boîtes aux lettres détériorées, de vitres brisées, de graffitis, de vandalisme ou de fraude dans les transports collectifs, de moqueries ou d'insultes dans la vie quotidienne, de chahuts et violences à l'école, d'attroupements d'individus menaçants, d'ivresse publique, de manque de respect envers les personnes âgées, voire de mendicité « agressive »... Si tous ces actes troublent la quiétude civile, ils n'en diffèrent pas moins sensiblement. Il peut s'agir de d'agissements non réprimés par le Code pénal, mais aussi de faits assimilés à de la petite délinquance (dégradations, menaces, agressions, bousculades aboutissant à des coups). Dans la plupart des cas, l'acte contesté prend une allure démonstrative ou s'inscrit dans une logique frictionnelle. L'incendie de poubelles, le « rodéo automobile » ou la souillure d'un lieu public peuvent revêtir une connotation symbolique. Un grand nombre de ces comportements concernent fréquemment des adolescents à un âge où ils expérimentent la liberté et explorent la marge de manœuvre que leur laisse la société, testant les réactions de la population ou des pouvoirs publics.

De nombreuses incivilités ne sont pas spécifiques à un milieu social, ni à une classe d'âge : les comportements dangereux sur la route (automobiles, deux-roues, piétons), le bruit de voisinage (nocturne ou diurne), le bruit électronique à l'extérieur (radios des voitures, téléphones portables...), le non-respect des interdictions de fumer, les déjections canines incontrôlées, l'irrespect ou le dénigrement révèlent le peu d'attention ou l'incompréhension porté aux conséquences de ses agissements. La crise économique et financière a même conduit à dénoncer plus fortement certains comportements peu soucieux des efforts à consentir dans une perspective de solidarité nationale pour redresser le pays : on a regretté la multiplication des domiciliations de contribuables hors de l'Hexagone pour des raisons fiscales. Il existe aussi des incivilités qui ne sont pas seulement des actes individuels car elles sont commises par des personnes morales : la délocalisation à l'étranger d'une entreprise nationale faisant des bénéfices est à l'origine de souffrances individuelles chez ses salariés.

2. *Des perceptions différenciées*

Pour Émile Durkheim (1858-1917), toute représentation doit posséder un contenu suffisamment organisé pour exprimer un système de valeurs permettant de se positionner dans l'environnement social. C'est un réseau de communication entre les membres d'une communauté. En effet, lorsque l'on s'attache aux représentations collectives ou individuelles, il ne faut pas minimiser les différences de perception ou d'attente des individus, la distance sociale ou géographique entre les acteurs sociaux. Le regard posé sur les incivilités ou l'appréciation de leur réalité peut connaître un effet de distorsion en fonction de la construction politique ou médiatique du phénomène. Si quelques incivilités apparaissent comme des faits (vitre brisée intentionnellement), d'autres sont susceptibles de donner lieu à des lectures divergentes (tags, graffitis, voire *Street art* sur les murs). Les incivilités ne sont pas vécues de la même manière selon l'âge des individus, leur profil social, leur implication dans la vie du quartier, le fonctionnement des institutions. Les infractions pénales légères ne sont pas nécessairement assimilées à des incivilités par tous les individus, sauf lorsqu'ils en ont été les témoins ou s'en considèrent les victimes. Les violences physiques ou les atteintes aux biens préoccupent d'autant plus qu'elles sont rarement élucidées (boîtes à lettres fracturées).

Dans tous les cas, la nature, la fréquence et la proximité des comportements concernés constituent des éléments déterminants de leur identification comme incivilités, d'autant plus lorsque la société les poursuit de moins en moins pour des raisons les plus diverses, notamment la difficulté de réunir preuves et témoignages ou d'obtenir le dépôt d'une plainte. La récurrence d'agissements peu sanctionnés, surtout lorsqu'ils sont commis par un grand nombre de personnes, conduit à leur banalisation, qui peut même finir par les faire considérer comme plus ou moins acceptables, même s'ils sont jugés regrettables.

B. La théorie de la vitre brisée

Dès les années 1970, on dénonce déjà fréquemment *incivilities* ou *disorders* aux États-Unis. Dix ans plus tard, Georges L. Kelling et James Q. Wilson – respectivement politologue et criminologue – développent la théorie de « la vitre brisée » (*broken windows*) en 1982. Le débat s'inscrit progressivement dans une logique de « tolérance zéro » : lutter contre les actes incivils apparaît le meilleur moyen de freiner la montée de la délinquance sous toutes ses formes. Depuis les années 1990, cette question est largement discutée en France, qu'elle provoque adhésion ou réserve.

1. La conception américaine

G. L. Kelling et J. Q. Wilson s'appuient sur une enquête conduite sur le ghetto de Chicago pour affirmer d'une manière emblématique que lorsqu'une vitre a été brisée dans un immeuble collectif sans qu'elle soit rapidement réparée, d'autres fenêtres seront bientôt endommagées. Ils font aussi référence à une expérience menée par le psychologue Philip George Zimbardo à propos des phénomènes de vandalisme (1969). Une voiture abandonnée sans plaque d'immatriculation dans une rue du Bronx (New York) perdit ses pièces de valeur avant d'être saccagée et de devenir un terrain de jeu pour les enfants. Le bien abandonné devient rapidement une chose sans maître (*res nullius*) qui ne tente pas seulement les habitués des petits délits, mais aussi progressivement de simples passants. Ces deux situations indiquent symboliquement à tous que tel ou tel lieu n'est pas contrôlé. Dès lors, un sentiment d'impunité se développe qui va dégrader l'espace public et encourager la multiplication des incivilités, voire la constitution d'infractions pénales. Il s'y ajoute assez vite un sentiment d'insécurité si l'on considère que les auteurs de ces actes ont peu de chances d'être identifiés, voire poursuivis. Il apparaît alors indispensable de lutter résolument et promptement contre les incivilités pour éviter l'essor des actes de délinquance et l'insécurité, en précisant les conditions du maintien de l'ordre et en associant la police et les habitants du quartier.

Les idées de Kelling et Wilson ont eu – et continuent d'avoir – un impact important aux États-Unis. Leurs partisans se sont progressivement multipliés dans les milieux conservateurs, mais aussi quelquefois libéraux. Le *Manhattan Institute* leur a assuré un débouché politique, dès 1994, auprès du maire républicain de New York, Rudolph Giuliani. Une politique de transformation des comportements dans le métro new-yorkais appuyée sur une répression soutenue de toutes les incivilités (fraude, ivresse, comportement jugé déplacé) a été conduite. À la même époque, la municipalité a développé plus généralement dans la ville le thème de la « tolérance zéro » et de la « qualité de la vie », intensifiant la lutte contre la petite délinquance, notamment par la multiplication des contrôles d'identité et les fouilles à corps. Le nombre de meurtres se réduisit sensiblement et la délinquance recula, la prostitution disparaissant même de *Times Square*. De nombreux paramètres explicatifs de cette évolution apparaissent néanmoins extérieurs au principe de la « sanction au premier délit, même mineur ». Il ne faut pas minimiser au même moment le renforcement de l'activité des institutions municipales, la baisse du chômage, la réhabilitation urbaine, la répression aggravée des réseaux de prostitution et du crime organisé. En tout cas, le sentiment d'insécurité diminua. Avec le recul, il fut cependant reproché à la nouvelle politique publique de favoriser la discrimination sociale en stigmatisant les minorités ethniques et de déplacer les difficultés sur des territoires moins contrôlés. En outre, comme le révéla à Chicago la pratique des réunions de la police avec les habitants de chaque quartier (*beat meetings*), ce n'était pas sans risques de dérives sécuritaires.

2. La réception française

L'exportation de la théorie de la vitre brisée hors des États-Unis a été favorisée par l'évolution néolibérale de l'Europe, notamment du Royaume-Uni sous l'influence de Margaret Thatcher, Premier ministre entre 1979 et 1990. En France, le succès de *La Société incivile* (1996) de Sebastian Roché coïncide avec un intérêt accru porté à la relation entre les incivilités et l'insécurité. Dès 1998, une circulaire du ministre de la Justice Elizabeth Guigou fait le lien entre la déscolarisation, l'incivilité et la délinquance. Sur les médias, les experts de la sécurité urbaine et de la délinquance sont de plus en plus sollicités. On recourt à des représentations qui mettent en avant la crise de la société, qu'elle soit sociale, familiale ou civique. Alors que s'installe le doute sur la pérennité du modèle républicain issu de la fin du XIXe siècle et du modèle d'intégration développé au XXe siècle, le thème de la civilité s'empare de la société française. La réussite électorale du Front national associant dans ses discours l'immigration et l'insécurité incite les partis représentés au Parlement français à accorder une large place à la dénonciation des incivilités, au chômage structurel et à la ségrégation urbaine. Définir et conduire une politique de la ville devient une priorité.

La référence française à la théorie américaine de la vitre brisée n'est pourtant pas sans ambiguïté. Les deux pays diffèrent sensiblement. Kelling et Wilson avaient mené une étude empirique sur le ghetto de Chicago qui ne peut être comparé aux quartiers en difficulté de l'Hexagone dont la taille est bien plus réduite, les relations vers l'extérieur davantage préservées, l'espace social moins homogène car plus ou moins multiethnique. Les États-Unis n'ont jamais vraiment développé non plus une véritable politique de la ville, même si les déclarations et les initiatives françaises en la manière peinent à s'accompagner de résultats tangibles. Enfin, la France ne connaît pas les carences considérables du système de protection sociale américain, ni l'ampleur de la criminalité d'outre-Atlantique, quoique depuis quelques années se développent des révoltes ou des émeutes urbaines d'une violence croissante, notamment dans une série de quartiers de banlieues en difficulté en novembre 2005 ou à Villiers-le-Bel en novembre 2007, ainsi qu'un phénomène préoccupant de bandes plus ou moins organisées. L'incendie de voitures tend à devenir depuis quelques années un « rituel » pour le Nouvel an.

Les représentations collectives assez éloignées des réalités auxquelles renvoie la notion d'incivilité conduisent fréquemment à limiter l'examen du phénomène aux préoccupations de sécurité, sinon à quelques obsessions sécuritaires. Mais, en relativisant le contexte social de nombreux comportements, on risque de se priver d'un prodigieux moyen de repérage des tensions sociétales.

II. L'expression de contradictions sociales

Le regard porté sur les incivilités affecte autant la confiance accordée aux institutions que l'appréciation de la délinquance : plus les nuisances s'accumulent sans réaction, moins le citoyen croit à la capacité de la société de réagir. Les incivilités révèlent également d'autres tensions, qu'il s'agisse de la désorganisation sociale de certains quartiers ou de la difficulté à perpétuer la solidarité et une sociabilité primaire.

A. Incivilité et sécurité

Lorsque le développement des incivilités favorise un sentiment d'insécurité dans la population, il émerge dans les relations quotidiennes et concrètes entre individus « une zone incertaine entre droit et non droit » (Yves Michaud). Dès lors, des politiques spécifiques de sécurité tentent d'apporter une solution à cette situation.

1. Le sentiment d'insécurité

Le sociologue américain Erving Goffman (1922-1982), qui a analysé les « relations en face à face », considère que ne pas observer certains rituels suffit parfois à créer un sentiment de danger chez les individus par rupture d'un certain nombre d'obligations sociales, sentiment qui apparaît d'autant plus intense que la promiscuité urbaine est plus grande (*Les Rites d'interaction*, 1974). Or, la société contemporaine n'a pas cessé de développer la mise à distance d'autrui. Dès lors, abolir la distance symbolique liée à l'hygiène, à la tranquillité du domicile ou aux règles de politesse altère les bases traditionnelles des relations interpersonnelles. Les incivilités répétées contribuent à alimenter un sentiment d'insécurité plus ou moins diffus qui peut s'exacerber : la bousculade involontaire dans les transports paraît d'autant moins compréhensible si l'on redoute *a priori* le manque de respect ; l'utilisation du portable dans un train devient irritante lorsqu'elle est assimilée à une remise en cause de la distinction de l'espace public et de l'espace privé, en niant le premier.

La crainte ou la peur des individus est un sentiment subjectif qui ne repose pas nécessairement sur les violences les plus spectaculaires. Les actions les plus graves (meurtres, agressions, cambriolages) ne sont pas celles perçues comme les plus perturbatrices de la vie sociale quotidienne, alors que les incivilités donnent le sentiment que l'espace public cesse d'être public, qu'il faut s'attendre à tout, que l'« on ne peut plus se fier à rien ni à personne ». C'est ainsi que des faits mineurs focalisent l'attention au détriment d'actes bien plus violents et graves. Ces derniers, qui ont plutôt baissé, sont souvent perçus en progression par des individus qui n'y ont jamais été confrontés eux-mêmes, si ce n'est par médias interposés. Une partie de l'augmentation des chiffres sur les violences légères aux personnes s'explique même largement ces dernières années par l'amélioration de l'enregistrement des plaintes par les services de police et l'information des victimes sur leur droit. La population a aussi le sentiment que l'on assiste à un rajeunissement de la délinquance en général, alors que c'est la répétition des incivilités de voisinage, largement commises par une population effectivement jeune, qui accrédite cette croyance nullement vérifiée. Les enquêtes de victimisation permettent de mesurer l'écart entre les discours politiques, les représentations collectives et la réalité observable. Elles montrent qu'en cas d'agression, le choc auquel fait référence la victime est bien davantage une agression psychologique (80 % des cas) qu'une agression physique.

2. *La politique de sécurité intérieure*

Depuis une vingtaine d'années, les législations en matière de sécurité se multiplient. S'il s'agit souvent de sanctionner plus fermement des comportements violents, on assiste également à la pénalisation de certaines incivilités et à la mise en place de mesures visant à les prévenir.

Dès l'été 1997, le gouvernement Lionel Jospin lance une politique structurelle autour de la police de proximité et des contrats locaux de sécurité, encourageant les rencontres des milieux policiers ou judiciaires avec les habitants, l'îlotage pédestre ou cycliste. Après la réélection de Jacques Chirac à l'Élysée en 2002, et le rétablissement du fait majoritaire en mai-juin 2002, l'accent est mis sur « l'impunité zéro » ; la campagne électorale ayant montré à quel point les thèmes de la délinquance, de la sécurité et des incivilités sont dorénavant entremêlés. La loi d'orientation et de programmation pour la sécurité intérieure (LOPSI I) du 29 août 2002 est renforcée par les lois Perben I (9 septembre 2002) et Perben II (9 mars 2004) qui élargissent les possibilités de répression, particulièrement à l'égard du mineur délinquant, de l'utilisateur d'un chien dangereux à des fins criminelles ou de l'auteur de violences sur dépositaire de l'ordre public. La loi pour la sécurité intérieure (LSI) du 18 mars 2003, qui accroît les possibilités d'action des forces de police, crée de nouvelles sanctions liées à la mendicité agressive, au racolage passif et au rassemblement dans les halls d'immeubles (délit d'entrave).

La loi du 5 mars 2007 relative à la prévention de la délinquance cherche à éviter le passage à l'acte ou la récidive par la détection des signes avant-coureurs du phénomène délinquant, notamment en matière d'incivilités. Elle place le maire au centre de dispositifs favorisant la tranquillité publique, lui permettant de saisir le juge des enfants pour décider une mise sous tutelle des prestations familiales. On développe les mesures alternatives aux poursuites par des stages de sensibilisation aux dangers des stupéfiants, le suivi de scolarité jusqu'à la majorité, la formation civique. Des avertissements solennels sont possibles dès l'âge de 10 ans, et la composition pénale à partir de 13 ans. Les contrats locaux de sécurité de prévention de la délinquance, qui avaient connu de larges évolutions précédemment, sont réformés (décret du 23 juillet 2007). On insiste désormais sur la collaboration et la coopération permanentes entre tous les interlocuteurs directement concernés : le préfet, les directeurs et chefs de service de l'État, le procureur de la République, le maire et ses élus, le président du conseil général ou son représentant, l'inspecteur d'académie, le commissaire de police.

Avec la loi d'orientation et de programmation pour la performance de la sécurité intérieure (LOPPSI II) adoptée le 14 mars 2011, de nouvelles infractions apparaissent ou sont aggravées en matière de vidéoprotection, de lutte contre l'alcoolisme, de couvre-feu pour les mineurs ou de sécurité routière. La mutualisation et la coopération des forces de sécurité sont déclarées stratégiques. Des actes qualifiés précédemment d'incivils, ou seulement susceptibles de contraventions, peuvent dorénavant constituer des délits et s'inscrire dans une logique de lutte explicite contre la délinquance.

Au-delà de la politique publique de sécurité, la régulation de l'espace public et le traitement des conflits par des intervenants privés sont de plus en plus pratiqués dans le cadre de mesures de prévention ou de médiation de proximité. La SNCF rappelle les règles du « bien voyager ensemble », un guide du ministère de la Ville, des Jeunes et des Sports vise à prévenir « les comportements contraires aux valeurs sportives ». Les bailleurs sociaux, les parcs de loisirs, les centres commerciaux et les hypermarchés recourent de plus en plus à des « agents d'ambiance » pour assurer le respect des usages dans les espaces concernés. Distinguer leurs fonctions de celles des personnels de sécurité n'est pas toujours évident, ce qui rend parfois délicat le respect des droits du public.

B. Incivilité et sociabilité

La sociabilité est l'aptitude générale d'une population à vivre harmonieusement et intensément les relations publiques. Elle suppose de rattacher le lien social à la solidarité dans l'esprit de John Locke ou de Jean-Jacques Rousseau, de considérer qu'une socialisation primaire est indispensable à la pérennité de la société. Il faut y voir l'expression d'une conscience collective qui repose sur un ensemble de croyances et de sentiments communs reliant les générations successives (Émile Durkheim). Dès lors, l'essor des incivilités et l'agacement grandissant de la population à leur égard hypothèque la sociabilité pour des raisons contradictoires : il révèle le manque de socialisation des individus, mais aussi l'échec des politiques publiques à entretenir et conforter le lien social.

1. *La socialisation des individus*

L'argumentaire régulièrement présenté pour dénoncer la faible socialisation d'une partie de la population française est bien connu, même s'il est assez disparate. La crise économique et sociale, quasi permanente depuis les années 1970, a entraîné des phénomènes d'exclusion du monde du travail et la précarisation d'une partie importante de la population. La classe d'âge des 16-24 ans est tout particulièrement fragilisée, même parfois lorsqu'elle est diplômée. Le taux de chômage des jeunes issus de l'immigration est considérable ; dans leur parcours scolaire et professionnel, puis la recherche de l'emploi, ils subissent des discriminations significatives, particulièrement lorsqu'ils sont originaires du Maghreb ou de l'Afrique sub-saharienne. Plus généralement, on dénonce le relâchement d'une autorité parentale contestée par des enfants confrontés aux modèles normatifs proposés par les médias, et redoutée par des parents craignant d'installer des relations autoritaires dans un foyer qu'ils souhaitent apaisant. Au reste, l'institution familiale s'est déstabilisée : en cinquante ans le nombre des divorces a été multiplié par quatre – un mariage sur deux se termine par un divorce, deux sur trois en Île-de-France –, les ruptures de concubinage ou de pacte civil de solidarité sont en plein essor. Au-delà des difficultés de garde des enfants, on assiste au recul des liens entre les générations. De surcroît, la mobilité géographique diminue les relations de proximité et les solidarités qu'elles permettent.

Dans les quartiers en difficulté, la socialisation des jeunes passe parfois autant par le groupe de copains que par les parents, la famille ou l'école. Un modèle de réussite sociale alternatif valorise fréquemment les emplois précaires, l'argent facile (le *deal*), l'économie parallèle, le culte des marques et des sportifs de renom. La recherche de reconnaissance par le groupe de pairs favorise l'usage d'un langage propre qui participe d'une stratégie d'affirmation d'une identité conflictuelle, parfois de rupture avec la société dominante. Cette réalité concerne aussi bien les immigrés que les Français d'origine européenne. Mais les jeunes immigrés sont davantage confrontés au racisme ou à la xénophobie que les autres. S'ils ne connaissent pas une trajectoire scolaire favorable – ce qui est aujourd'hui plus souvent le cas des jeunes garçons que des jeunes filles –, ils développent des attitudes identitaires plus intenses que les jeunes d'origine française. Les sociologues y voient une « stratégie de retournement du stigmate » (Laurent Muchielli) qui rend fréquemment impossible le contact apaisé avec un autre milieu social que le sien. On en vient à s'adresser aux professeurs, aux policiers ou aux juges de la même manière qu'à ses copains. L'absence de repères empêche d'adapter son discours à la situation et à l'interlocuteur, les insultes, qui ne sont pas rares, en viennent à participer d'une violence défensive qui ne peut que fragiliser la sociabilité.

2. La menace sur le lien social

On peut définir le lien social comme un ensemble de relations interpersonnelles, de valeurs et de règles communes qui relient les individus dans une logique de solidarité. Il suppose un sentiment de responsabilité et de dépendance réciproque au sein d'un groupe décidé à promouvoir l'entente et la mobilisation la plus large dans l'intérêt général. Or, les relations sociales contemporaines s'inscrivent de plus en plus dans une logique individualiste qui encourage le repli des individus sur eux-mêmes et leurs propres intérêts. Il est devenu difficile de mobiliser sur de grands engagements, ce qui protège parfois du dogmatisme, mais altère les préoccupations solidaires. Cultiver la défiance envers les autres ne peut qu'isoler, dégrader tout sentiment de compréhension ou de compassion. L'usager des transports en commun des grandes villes, qui finit par « ne plus voir ses voisins », ne se sent plus guère concerné par ce qui leur arrive.

Dans les banlieues les plus pauvres, qui sont parfois les plus calmes en apparence, la violence est de plus en plus retournée contre soi : la drogue peut servir de refuge, le taux de suicide chez les moins de quarante ans ne cesse de s'accroître. La multiplication des incivilités et de la petite délinquance restreint la vie sociale en faveur de la sphère privée. Dans les quartiers les plus violents, situés à proximité des centres-villes riches (Paris, Lyon, Strasbourg...), le ressentiment est largement dirigé vers les institutions et les voisins. L'investissement dans la sphère politique est modeste : on constate la faiblesse de la syndicalisation, de l'inscription sur les listes électorales ou de la participation électorale. C'est l'expression manifeste d'un état de crise entre représentants et représentés. Dans tous les cas, ce sont les populations les plus susceptibles de s'organiser et de réagir, et les plus sensibles à la qualité de l'environnement, qui déménagent : c'est la logique de la défection envers le quartier. Si un certain nombre d'individus multiplient les actes de civisme ordinaire ou des initiatives solidaires dans un cadre associatif, on assiste aussi à des poussées de violence anti-jeunes, parfois xénophobes ou racistes, pouvant aller jusqu'à des pratiques d'autodéfense illégales et dangereuses.

Il n'est pas facile de reconstituer un lien social dégradé. De nombreux paramètres sont pourtant régulièrement mis en avant. Yves Michaud estime qu'il faut sortir de la crispation sur les mesures de police répressive ou préventive, que la sécurité ne peut pas être simplement laissée entre les mains des policiers et de leurs syndicats (*Précis de recomposition politique*, 2006). En effet, affaire de tous, elle doit être déterminée en tenant compte des points de vue les plus variés. Au demeurant, une politique ciblée de réduction du chômage ne résout pas automatiquement tous les problèmes. Des aides à l'emploi et à l'embauche des jeunes peuvent aider leurs bénéficiaires à accéder au monde du travail, mais renforcer aussi le ressentiment de ceux qui en sont exclus, finissant parfois par les conforter dans des logiques d'économie souterraine ou de trafics en tout genre. Dès lors que les inégalités continuent fondamentalement à se jouer à l'école malgré le développement des zones d'éducation prioritaire, c'est là qu'il est nécessaire d'agir avec détermination, peut-être davantage que sur l'éventuelle démission parentale.

Même si l'ampleur du sentiment d'insécurité est parfois plus ou moins fantasmatique, qu'il est difficile de s'entendre sur les incivilités qui mériteraient d'être quantifiées, d'appréhender raisonnablement les véritables atteintes à l'ordre social élémentaire dans la vie quotidienne, il faut reconnaître que de nombreux jeunes des quartiers en difficulté, livrés « à la culture de la rue », s'inscrivent dans des stratégies conflictuelles inciviles ou violentes, qu'ils intériorisent plus ou moins comme des stratégies de survie. Leurs attitudes renvoient cependant à la violence de la société, qu'elle soit matérielle ou symbolique. Il est difficile de ne pas tenir compte de l'ampleur de la marginalisation de certains individus, dont l'intention réelle de nuire à autrui n'est pas nécessairement avérée ; réprimer les sans-abri en leur restreignant l'espace public les renvoie à un espace privé qu'ils ne possèdent pas. S'il est difficile de s'entendre sur une politique juste, équitable, raisonnable et efficace de lutte contre les incivilités, il faut se garder d'installer une logique de contrôle permanent réprimant le moindre écart à la norme. L'idéal démocratique républicain exclut un espace social totalement aseptisé qui rendrait illusoire la notion même d'un territoire commun à partager.

Bibliographie thématique

Badets A., *Les Incivilités en milieu scolaire : Entre perte de citoyenneté et quête d'identité*, Canopé-CRDP de Dijon, 2014.

Bouvier P., *Le Lien social*, Gallimard, 2005.

Durkheim E., « Représentations individuelles et représentations collectives », *Revue de métaphysique et de morale*, VI, 1898, p. 273-302.

Goffman E., *La Mise en scène de la vie quotidienne*, Minuit, 1973.

Harcourt B., *L'Illusion de l'ordre : incivilités et violences urbaines : tolérance zéro ?*, Descartes & Cie, 2006.

Honneth A., *La Lutte pour la reconnaissance*, Cerf, 2000 ; rééd. Gallimard, 2013.

Kelling G. L., Wilson J. Q., « Broken Windows », *The Atlantic Monthly*, 1982 ; trad. « Vitres cassées », *Les Cahiers de la sécurité intérieure*, n° 15, 1994, p. 163-180.

Lagrange H., *La Civilité à l'épreuve : crime et sentiment d'insécurité*, Seuil, 1995.

Lorca G., *Civisme et santé : l'hôpital face aux incivilités*, PUL, 2009.

Michaud Y., *Précis de recomposition politique : les incivilités à la française, et de quelques manières d'y remédier*, Climats, 2006.

Mucchielli L., *Violences et insécurité. Fantasmes et réalités dans le débat français*, La Découverte, 2002 ; rééd. 2007.

Picard D., *Pourquoi la politesse ? Le savoir vivre ensemble contre l'incivilité*, Seuil, 2007.

Pienoir J., *La Police à l'épreuve des incivilités : la dynamique du désordre*, L'Harmattan, 2008.

Prairat E., *Sanction et socialisation : idées, résultats et problèmes*, PUF, 2002.

Problèmes politiques et sociaux, « Les incivilités », n° 836, La Documentation française, mars 2000.

Roché S., *La Société incivile*, Seuil, 1996 ; rééd. 1998.

Roché S., *Tolérance zéro ? : Incivilités et insécurité*, Odile Jacob, 2002.

Wacquant L., *Parias urbains. Ghetto, Banlieues, État*, La Découverte, 2006.

Chapitre 6

Gratuité et service public

L'acte gratuit envisagé par André Gide (Lafcadio dans *Les caves du Vatican*, 1914) ou Albert Camus (Meursault dans *L'Étranger*, 1942) est avant tout un acte sans justification qui se veut l'expression d'une liberté absolue. Au reste, le sens latin de *gratis* insiste sur ce qui est réalisé sans intérêt ni perspective de récompense. La société ne cesse pourtant de montrer la prévalence des rapports d'échange : Marcel Mauss a montré que même le don appelle généralement un contre don, qu'il soit dénié ou délicat à identifier (*Essai sur le don*, 1925). Autant dire que la gratuité ne peut qu'être l'objet de débats passionnels dès lors qu'elle met inévitablement en cause les principes de la vie morale et spirituelle, l'organisation politique, économique ou sociale, l'héritage historique, la projection dans le futur, voire le rapport de l'homme à la nature.

Dans le langage courant, une chose est dite gratuite lorsqu'elle est donnée sans qu'en retour soit exigé un prix représentant un échange ou un paiement. Une telle réalité a peu de chance de revêtir un sens dans le cadre de l'État qui n'est pas un mécène, et bénéficie assez rarement de dons ou legs : une mission d'intérêt général prise en charge par une personne morale publique ou une personne morale privée associée aux pouvoirs publics a nécessairement un coût, même s'il n'y a pas de prix à acquitter. La vraie question est de déterminer qui va l'assumer. Il peut s'agir de l'ensemble de la collectivité ; le service est alors « gratuit à l'égard de l'usager », financé dans le cadre de l'imposition fiscale. À l'inverse, la prestation financière peut incomber au bénéficiaire, le service sera alors « payant pour l'usager ». Bien sûr, entre ces deux conceptions extrêmes, d'autres possibilités peuvent exister : une partie du coût réel du service peut être assurée par les pouvoirs publics et l'autre par les usagers (transports en commun), la gratuité des prestations appliquée mais le coût assumé par la sécurité sociale (hospitalisation publique) ou les collectivités territoriales (aide sociale).

La gratuité est un facteur important de solidarité et de redistribution fiscale, un moyen d'assurer l'égalité d'accès des citoyens aux droits fondamentaux. Elle n'a cependant jamais été présentée par les juristes comme un principe fondamental commun à tous les services publics quels que soient leurs statuts, qu'ils recourent à la gestion publique ou à la gestion privée. La législation la mentionne rarement de manière explicite. Au reste, ces dernières années, les pouvoirs publics ont développé une politique intensive de réforme des politiques publiques sous l'influence des choix européens et d'une logique affirmée de rigueur budgétaire et de rationalisation de l'activité administrative – révision générale des politiques publiques (RGPP) à partir de juillet 2007, puis politique de modernisation de l'action publique (MAP) dès octobre 2012 –, au point d'avoir renouvelé la question des dysfonctionnements et des revendications sociales en la matière. C'est dire que la gratuité dans le service public se révèle plus que jamais une question controversée (I), mais aussi une source d'interrogations sur la manière de concilier la solidarité sociale et la rigueur de gestion des missions d'intérêt général (II).

I. Une question controversée

La gratuité peut sembler revêtir une large part d'utopie dans une économie de plus en plus mondialisée. Elle entretient néanmoins des liens étroits avec la conception française du service public et le principe de désintéressement de l'administration et de ses agents. Notion transversale, elle relève d'un idéal démocratique qui appelle une approche sociale, tout en s'inscrivant dans une approche juridique bien spécifique.

A. L'approche sociale de la gratuité

Un journal dit gratuit est généralement financé par la publicité, les sites Internet vendent des trombinoscopes virtuels, les chaînes de télévision offrent aux entreprises du « temps de cerveau disponible » (Patrick le Lay, TF1). Aucune initiative du secteur privé concurrentiel ne relève d'une logique strictement sociale et solidaire. Seules les missions d'intérêt général prises en charge par les services publics méritent l'attention quant à déterminer si elles sont, ou doivent être gratuites pour leurs bénéficiaires.

1. L'objectif de solidarité sociale

On peut rattacher la gratuité à l'intérêt général, à la définition d'un bien commun appartenant à tous les individus dont ils doivent pouvoir faire usage. C'est prendre parti pour un partage effectif et équitable des ressources indispensables à la vie en société. En ce sens, les choses communes (voies de communications, éclairage public...) ont longtemps été hors du commerce, comme les éléments naturels (l'air, les plages, les paysages) ou les choses incorporelles, culturelles ou spirituelles. L'accès gratuit a pu les faire assimiler à un don à la charge des pouvoirs publics, contraints de donner un statut à ce fait social. Dans son *Essai sur le don* (1925), Marcel Mauss (1782-1850) insiste sur cette « manière d'agir obligatoire, soustraite à l'arbitraire individuel ». L'*Encyclique Caritas in veritate* (2009) du pape Benoît XVI (1927-...) appelle aussi au développement du principe de gratuité et à la logique du don comme expression de la fraternité, y compris dans les relations commerciales.

Léon Duguit (1859-1928) – chef de file de l'École de Bordeaux et défenseur de l'interdépendance sociale par le service public – n'aborde jamais directement la question du financement du service public, ni la gratuité, quoique son insistance sur la solidarité sociale le conduit implicitement à privilégier l'impôt plutôt que la redevance acquittée par les usagers (*Traité de droit constitutionnel*, 1911). Son collègue Roger Bonnard (1878-1944) estime néanmoins que le service doit être gratuit s'il est principalement justifié par l'intérêt général, et exceptionnellement payant lorsqu'il est industrialisé et fonctionne exclusivement dans l'intérêt d'usagers identifiés (*Précis de droit administratif*, 1944). Maurice Hauriou (1856-1929) – chef de file de l'École de Toulouse – défend une organisation publique entretenue par la communauté et alimentée par un fonds commun (*Précis de droit administratif*, 1919). Il voit dans le « caractère non lucratif des services publics » leur trait saillant dans le régime de l'État. Il défend la gratuité des grands services de la protection militaire, de la police, de l'état-civil ou de l'instruction primaire. Seuls les services industriels sont susceptibles d'y déroger, tout en restant désintéressés. Les prestations d'intérêt général s'adressent « à tous les habitants du pays considérés individuellement d'une façon égale ». Autrement dit, la gratuité ne doit être envisagée que dans une optique de solidarité, nullement en fonction du prix de la prestation ou d'une comparaison des avantages respectifs de tel ou tel mode de fonctionnement ou de gestion. Servante de l'égalité, elle permet la réalisation du devoir d'assistance de l'État au profit des plus démunis, mais procure aussi à tous une forte dose d'assistance. Financée par un impôt proportionnel aux facultés contributives, elle contribue à une égalité concrète devant la société, la nature et la rareté des ressources.

Au cours du XXe siècle, la gratuité a régulièrement favorisé la redistribution des richesses. Dans la mesure où l'impôt sur le revenu moderne, qui contribue à la financer, procède à un transfert social par la diversité des tranches d'imposition, il permet de moduler la répartition de la charge des prestations d'intérêt général selon les capacités financières des individus. La référence au revenu imposable n'est pourtant pas sans critiques : des comportements frauduleux peuvent minorer les contributions réelles ; les déductions et les abattements fiscaux se sont multipliés ; l'imposition directe devient de moins en moins importante par rapport aux impositions indirectes beaucoup moins redistributives.

2. Le développement des services publics gratuits

La Rome antique a déclaré les ressources naturelles « gratuites et sacrées », les individus n'en étant que de simples usagers. Dans le régime féodal, les rares services organisés (moulins, pressoirs, fours) relèvent de la perception de taxes ou du paiement de redevances. À partir de la Révolution française, lorsque les protections sociales commencent à s'ébaucher, prenant le relais de la charité et de la philanthropie, les indigents sont soignés gratuitement dans le cadre de la bienfaisance publique. L'instruction primaire gratuite, devenue un devoir de l'État dès 1793, ne devient une réalité qu'à partir de la législation Jules Ferry de la IIIe République (loi du 16 juin 1881). Finalement, le préambule de la Constitution du 27 octobre 1946 mentionne l'organisation d'un « enseignement public gratuit et laïque à tous les degrés » (al. 13).

La gratuité peut s'appliquer dans le cadre d'une dispense d'un prix à acquitter. Le service reste payant, mais on exonère certaines personnes ; le prix est alors assumé par un tiers ou par un mécanisme de solidarité. Les exemples sont nombreux. La sécurité sociale et les mutuelles assument beaucoup de dépenses de santé par le biais du mécanisme du tiers payant. Les communes prennent en charge les frais d'inhumation des indigents. Des mesures sociales locales permettent l'accès effectif à tel ou tel service (conservatoire de musique, crèche, cantine scolaire). La politique de lutte contre l'exclusion permet le financement des fournitures d'eau et de gaz par les pouvoirs publics en cas d'impossibilité passagère pour une personne en difficulté d'y faire face. La Couverture maladie universelle (CMU) repose sur la gratuité des soins dispensés à ses bénéficiaires (ni ticket modérateur, ni forfait journalier), sans contribution préalable au financement du système. Même dans certains services publics industriels et commerciaux, l'usager peut être exonéré du paiement du prix : les personnes âgées disposant de faibles ressources et les personnes handicapées ne contribuent pas à la redevance audiovisuelle.

B. L'approche juridique de la gratuité

Au début du XXe siècle, les juristes français ne reconnaissent pas dans la gratuité un principe fondamental du service public, même s'ils en vantent parfois les mérites. Elle n'appartient pas aux « lois de Rolland » (continuité, égalité et mutabilité du service public) défendues par l'un des partisans de l'École du service public – Louis Rolland (1877-1956), auteur du *Précis de droit administratif* (1926). La gratuité fait pourtant déjà l'objet de mesures spécifiques pour de nombreuses prestations, qui vont s'accroître.

1. *La valeur juridique de la gratuité*

Ni la doctrine, ni le Conseil d'État, ni le Conseil constitutionnel n'ont jamais défini un principe de gratuité s'imposant à l'ensemble des services publics.

Le préambule de la Constitution du 27 octobre 1946 n'impose explicitement la gratuité que dans un seul cas : « l'organisation de l'enseignement public gratuit et laïque à tous les degrés est un devoir de l'État » (al. 13). Au demeurant, cette affirmation a une portée limitée dès lors que le Conseil d'État considère qu'il ne peut pas se prononcer sur la gratuité des droits universitaires car elle est écartée par le législateur qui a prévu les taux et les modalités de perception de ces droits (CE, Ass., 28 janvier 1972, *Conseil transitoire de la faculté des lettres et sciences humaines*).

Depuis sa création en 1958, le Conseil constitutionnel n'a pas levé toutes les incertitudes antérieures sur la portée de la gratuité. Lorsqu'il a été saisi par des parlementaires d'un texte de loi qui autorisait la perception de redevances sur les bacs et ponts à péages – au motif que la liberté d'aller et venir était un principe constitutionnel et qu'elle impliquait la gratuité –, il s'est refusé à leur donner raison, à identifier un tel principe fondamental reconnu par les lois de la République (décision du 12 juillet 1979). Il a cependant accepté par la suite la constitutionnalité de rémunérations pour service rendu, tout en restant strict pour celles qui n'ont pas une base fiscale. On pourrait donc se demander s'il n'estime pas que les services publics dotés d'un fondement constitutionnel ne doivent pas être gratuits ? En effet, dès lors qu'ils participent de la souveraineté nationale, il semble bien que le seul mode de financement acceptable soit l'impôt. Au reste, la Déclaration des droits de l'homme et du citoyen du 26 août 1789 précise que « pour l'entretien de la force publique, et pour les dépenses d'administration une contribution commune est indispensable » (art. 13). De surcroît, dès lors que les droits-créances définis par le préambule de la Constitution du 27 octobre 1946 témoignent d'une préoccupation d'égalité matérielle, la gratuité peut apparaître comme un moyen de tendre vers cet impératif. Il est pourtant difficile de voir dans ces quelques indices la reconnaissance d'un principe fondamental. En réalité, le juge constitutionnel se limite à ne pas empêcher la mise en place de gratuités diversifiées selon les services.

Au sein de l'Union européenne, la notion de prix abordable se substitue progressivement à celle de gratuité. C'est le cas pour un ensemble de services fondamentaux relevant du « service universel » ou du « service d'intérêt général » (protocole n° 26 du traité de Lisbonne du 13 décembre 2007). La gratuité apparaît comme une exception, une dérogation temporaire à la règle du paiement du coût réel du service pour l'usager. La directive européenne du 21 mai 2001 a pu ainsi remettre en cause les conditions du prêt gratuit dans les bibliothèques publiques françaises, arguant de la défense du droit d'auteur. En tout cas, le droit communautaire estime aujourd'hui que le prix doit être raisonnable afin de rendre possible l'accessibilité financière de tous.

2. Les gratuités sélectives en faveur des usagers

Lorsque la gratuité ne s'applique pas en tant que telle, on peut cependant repérer des « degrés de gratuité ». D'une certaine manière, on oscille entre le service gratuit et le service payant, l'usager pouvant être amené à acquitter un « ticket modérateur ». La question doit cependant être envisagée séparément pour les services publics industriels et commerciaux et les services publics administratifs. En effet, si les premiers sont généralement payants pour l'usager, les seconds sont le plus souvent gratuits.

La non-gratuité est un élément indispensable du régime juridique du service public industriel et commercial (TC, 22 janvier 1921, *Société commerciale de l'Ouest africain*). Elle ne suffit pourtant pas à le qualifier : le Conseil d'État recourt à un faisceau d'indices concordants relatifs à l'objet, au financement, à l'organisation et au mode de fonctionnement du service (CE, Ass., 16 novembre 1956, *Union syndicale des industries aéronautiques*). En réalité, le juge vérifie la réalité de la redevance perçue sur les usagers, mais pas l'ampleur de la participation au coût du service. Dans le respect de la législation et de la réglementation, ce sont les pouvoirs publics et le service concerné qui fixent l'importance du « ticket modérateur » acquitté par l'utilisateur. Il peut quelquefois s'approcher du coût global réel de la prestation obtenue, situation qui est encouragée par la volonté des gouvernants de mettre en œuvre une politique de vérité des prix pour les entreprises publiques, contrepartie d'une certaine liberté tarifaire.

Si un grand nombre de services publics administratifs sont gratuits, tous ne le sont pas. Lorsqu'une autorité publique a l'obligation de créer un service en raison d'une disposition constitutionnelle ou législative, ou même d'une jurisprudence, il doit fonctionner gratuitement à l'égard des usagers. Il en est ainsi des prestations à usage collectif de défense, de police, de justice ou de lutte contre l'incendie qui ne sont pas *a priori* divisibles. Pour les services à usage individuel, il faut que la création soit obligatoire pour que la gratuité soit imposée par le législateur (vaccinations obligatoires, scolarité jusqu'à 16 ans). En l'absence d'une disposition constitutionnelle contraire, le législateur peut établir une redevance à la charge de l'usager, du moins si le Conseil constitutionnel ne s'y oppose pas au nom du principe d'égalité devant les services publics (décision du 12 juillet 1979). On a ainsi assisté au développement de nombreuses gratuités partielles où l'usager acquitte une faible partie du coût réel, particulièrement pour les droits d'inscription universitaires ou les droits d'entrée dans les musées, l'hospitalisation publique (depuis le forfait journalier). La loi du 29 juillet 1998 relative à la lutte contre l'exclusion a même précisé que « les tarifs des services publics administratifs à caractère facultatif peuvent être fixés en fonction du niveau du revenu des usagers et du nombre de personnes vivant au foyer ». C'est dire à quel point la nécessité de concilier des impératifs sociaux et des principes juridiques de plus en plus contraignants sous l'influence de politiques européennes et nationales complexifie l'appréhension du thème de la gratuité des services publics.

II. Une réalité à géométrie variable

Une politique de rigueur budgétaire et de réforme de l'État initiée à la fin des années 1980 a remis en cause des gratuités pour l'usager ou a en réduit la portée. Il en a résulté des interrogations sur les conditions d'usage des activités de service public, au point de faire apparaître de nouvelles revendications sociales.

A. La réforme des services publics face à la gratuité

La demande de prestations de qualité ne peut qu'accroître leur coût. Cette logique, qui peut avoir un effet inflationniste sur l'impôt, a conduit les pouvoirs publics à développer la politique de révision générale des politiques publiques (RGPP) à partir de juillet 2007, puis la politique de modernisation de l'action publique (MAP) dès octobre 2012 afin de rationaliser les services, mais aussi de tenter de limiter les dysfonctionnements de la gratuité pour certaines prestations. Parallèlement, et parfois contradictoirement, un débat sur la valeur d'usage offerte par les services d'intérêt général s'est amplifié.

1. La lutte contre les dysfonctionnements

Lorsque la gratuité pour l'usager est pratiquée, même atténuée par un « ticket modérateur », elle risque de conforter une illusion quelquefois savamment entretenue, non sans dangers. En rendant délicat le chiffrage du coût réel de certains services ou la corrélation entre l'équilibre financier et la bonne gestion, elle altère la lisibilité de la performance des prestations procurées. Il est souvent difficile, même aux spécialistes, d'appréhender le coût réel (direct et indirect) d'un service dit gratuit : la multitude des paramètres à prendre en considération peut venir à bout des esprits les mieux intentionnés.

On peut craindre la déresponsabilisation des bénéficiaires de prestations gratuites. Sans conscience claire des coûts, ils peuvent pratiquer le gaspillage ou l'utilisation excessive. La RATP avait fait une enquête lors du lancement de la « carte orange » en région parisienne (1975) qui montrait qu'un grand nombre des utilisateurs avaient dorénavant « l'impression de voyager gratuitement », comme si les nouvelles conditions d'accès à la prestation risquaient de transformer l'usager en simple consommateur ne respectant plus la valeur sociale et symbolique de la prestation. En matière de santé, les économistes regrettent que le coût des soins, des examens de laboratoire et des médicaments ne soit pas parfaitement perceptible par le patient, ce qui encourage une surconsommation et des consultations médicales répétées parfois inutiles. Afin d'obtenir des alpinistes et randonneurs une prise de conscience plus grande des risques qu'ils prennent, on a permis aux collectivités territoriales de faire payer aux imprudents, dans une certaine mesure, les frais engagés pour les secours en montagne. Au musée, les expériences de gratuité ont parfois semblé banaliser les visites, réduire l'engagement de visiteurs, sans guère renouveler socialement et culturellement le public. Il est d'autant plus important de veiller à rappeler la nécessité de la contribution publique en matière de services publics, qu'ils soient gratuits ou non. Une pédagogie à destination des bénéficiaires est indispensable à la parfaite compréhension de la valeur des choses, de la diversité de la contribution de la nation – par l'impôt, le paiement de la TVA ou les cotisations sociales. La gratuité sera d'autant mieux comprise que l'accès de tous les citoyens à la connaissance de la législation sera assuré. Il faut insister sur l'intelligibilité du droit, et prendre conscience que la réduction de la fracture numérique passe par le développement de l'accès à Internet et aux nouvelles technologies de l'information et de la communication.

2. *La référence à la valeur d'usage*

Dès lors qu'il n'est pas possible, sans démagogie, d'affirmer que tout doit être gratuit, on peut se demander si l'eau utilisée dans la vie courante doit coûter le même prix que celle pour arroser un golf ou remplir une piscine privée. C'est dire à quel point la gratuité oblige à se poser des questions primordiales : que produit-on ? comment ? et pour qui ? C'est une responsabilité politique de déterminer l'usage des biens qui doivent être libérés de la relation marchande, d'éviter la concurrence entre un secteur gratuit et un secteur payant ouvert au marché pour des produits identiques, de décider s'il faut favoriser la gratuité des transports en communs urbains, de la restauration scolaire, des services funéraires ou des services culturels selon la spécificité du territoire considéré. Une partie de la population estime que les individus ne devraient pas avoir à payer des biens et services permettant de satisfaire des besoins fondamentaux, tout particulièrement lorsqu'il s'agit de droits socio-économiques relatifs à l'instruction, la santé, la culture ou la justice.

Les débats sur la valeur d'usage, qui sont liés à l'utilité concrète, se multiplient. Alors que la valeur d'échange est déterminée par le prix de marché, la valeur d'usage des biens et prestations est liée à la relation sociale qui s'établit entre ceux qui en bénéficient. Il ne s'agit pas de raisonner en terme d'utilité individuelle, mais d'utilité mutuellement bénéfique. C'est accorder une valeur marchande à un bien selon son utilisation en recourant à des systèmes de prix variables par niveau de consommation ou par type d'usage. On a pu proposer d'établir la gratuité des premières tranches de consommation d'eau ou d'énergie en les finançant par le renchérissement des tranches supérieures. Définir une gratuité du bon usage, c'est privilégier ce que les citoyens en feront. Elle peut permettre de lutter contre le renchérissement des prestations de service public et le gaspillage en déterminant ce qui doit être gratuit et ce qui relève d'un mauvais usage (« mésusage ») et doit être réglementé ou interdit. On est confronté à une question de solidarité, voire de fraternité, qui peut participer d'une logique de réduction des inégalités.

B. Les nouvelles revendications en matière de gratuité

Des préoccupations assez antagonistes se font jour, qu'il s'agisse d'envisager différemment les relations entre gratuité et égalité ou de revendiquer un élargissement de la gratuité pour certains services publics de proximité.

1. Redéfinir le lien entre gratuité et égalité

La gratuité des services publics apparaît complexe et discutable à certains observateurs car elle ne servirait pas nécessairement la démocratisation de la société, créant parfois même de nouvelles inégalités. À l'inverse, elle peut sembler se justifier de plus en plus dans de nombreux cas, sans être nécessairement irréversible.

Alain Minc considère que la gratuité dans les grands secteurs de l'éducation, de la santé, de la politique sociale ou de la culture bénéficie généralement aux plus favorisés (*La Machine égalitaire*, 1987). Par exemple, dans l'enseignement supérieur public on assisterait à une « redistribution à l'envers » dès lors que les enfants des familles aisées font des études plus longues que ceux des familles pauvres ; pour les musées publics, la gratuité avantagerait les visiteurs réguliers qui appartiennent largement aux classes sociales les plus élevées, en leur permettant des visites récurrentes. L'auteur en conclut à la nécessité de tarifer une bonne partie des services publics pour pouvoir financer et développer parallèlement la discrimination positive à l'égard des plus démunis. De telles affirmations ne sont pas sans prêter à discussion. En matière d'enseignement supérieur public, les études du Conseil de l'emploi des revenus et de la cohésion sociale (CERC) ont montré que si la dépense publique d'éducation supérieure par enfant dont bénéficient les 10 % de ménages les plus favorisés est quatre fois supérieure à celle des 10 % des ménages les plus défavorisés, l'écart des revenus à la source respectifs de ces ménages était deux fois plus important qu'il n'apparaît après acquittement des différents prélèvements financiers fiscaux ou sociaux. Il y a donc malgré tout un effet notable de redistribution. En matière de dépenses publiques de santé, les plus favorisés ne sont pas non plus nécessairement plus avantagés que les moins favorisés – sinon qu'ils apparaissent plus à même de se mouvoir dans le parcours de soin – si l'on constate qu'ils bénéficient finalement de moins de prestations sur une vie car leur état de santé est globalement meilleur, situation qui n'est que partiellement remise en cause par les écarts d'espérance de vie selon le milieu social.

On a vu se développer ces dernières années des systèmes d'allocations spécifiques en direction de certaines catégories sociales pour les services dits payants pour l'usager. Il existe déjà en ce sens une politique en faveur des personnes âgées (allocation personnalisée d'autonomie, prestation d'aide ménagère ou de garde à domicile...), des personnes handicapées (allocation liée au handicap, aide pour une tierce personne...), des élèves et de leurs familles (allocation de rentrée scolaire), des étudiants (bourse d'enseignement supérieur, aide liée à la poursuite d'études longues). Accroître le montant de ces prestations – généralement jugées insuffisantes par les intéressés –, réduit toujours les contraintes, même minimales, freinant l'accès aux services publics. Les effets bénéfiques de la gratuité pour l'usager ne sont pourtant pas irréversibles. Des reculs sont toujours possibles. Les banlieues défavorisées des grandes villes sont confrontées à la remise en cause de la diversité des élèves de l'école publique lorsqu'un nombre appréciable d'enfants de familles aisées décide de les inscrire dans des institutions privées, ou des établissements publics plus éloignés (depuis la fin de la sectorisation). L'utilisation gratuite du domaine public subit de plus en plus d'atteintes : les péages et les modes d'occupation privative affectent l'usage du public ; la gratuité des bains de mer inscrite dans la loi rend inaliénable une mince bande côtière, mais l'essor du tourisme balnéaire et les constructions de bord de mer la mettent parfois à mal ; la gratuité de l'usage de la voie publique est confrontée à des logiques de droit à circuler pour les automobiles, voire de « droit à polluer ».

2. Favoriser les services publics de proximité

La revendication de la gratuité des services publics locaux est parfois présentée comme une priorité afin de prendre en compte des impératifs sociaux, environnementaux, politiques et humains. Ce serait l'occasion de répondre à l'urgence sociale, de construire politiquement et culturellement la gratuité autour de la cohésion territoriale.

L'utilisation des transports publics locaux, la visite de nombreux musées et l'accès à certains services des bibliothèques publiques imposent une participation financière de l'usager, alors que dans le même temps ce dernier participe à une série d'impositions fiscales dont une partie finira par servir au financement des mêmes services. La situation peut apparaître parfois paradoxale, aboutissant à un sentiment de « double paiement », même s'il n'est pas justifié sur le plan de la technique budgétaire. L'Autorité de régulation des communications électroniques et des postes (ARCEP) a pu également dénoncer la pratique des numéros surtaxés par les organismes publics.

La question de la gratuité des transports en commun de proximité est désormais au centre de nombreux débats. Alors que l'utilisation de la voirie est gratuite (sauf exceptions), les transports collectifs ne le sont pas. Cette situation pénalise les familles les plus modestes, souvent éloignées du centre-ville en raison des prix immobiliers et condamnées au tarif maximum pour le rejoindre. La Carte orange apparue en région parisienne dès 1975, puis le Navigo lui succédant dans les années 2000 – avant d'être généralisé dans le cadre du Syndicat des transports d'Île-de-France (STIF) en 2014 – ont mis en œuvre un régime de tarification forfaitaire par zones pénalisant les déplacements des résidants les plus éloignés du centre de Paris. Le Navigo a néanmoins fait l'objet d'un « dézonage » – partiel en 2012 et complet en 2015. Il n'empêche que la baisse progressive du financement public des transports tend à faire supporter une part de plus en plus importante du coût réel des déplacements aux usagers. La fraude au titre de transport s'accroît, entraînant des sanctions de plus en plus fortes, et contribue à alimenter le sentiment d'insécurité des voyageurs. En région, même les communes qui recourent aux gratuités sélectives en matière de transport constatent les difficultés persistantes pour un certain nombre de ceux qu'elles excluent des dispositions. Elles se demandent quelquefois s'il ne vaudrait pas mieux privilégier des systèmes de péréquation financière entre les collectivités territoriales, et évoluer vers la gratuité totale pour les utilisateurs afin d'éviter l'effet d'éviction des utilisateurs potentiels avec ses dérives.

L'idéologie est de plus en plus présente dans les positions sociales ou politiques soutenues en matière de gratuité. On peut dénoncer, d'une part, un accompagnement du système économique et social reposant sur des mesures développées avec condescendance en faveur des moins aisés, et contrôlées par de lourdes procédures. Accusée d'occulter les raisons des distinctions sociales, la gratuité apparaît alors comme un palliatif aux écarts de richesse, de revenus et de ressources qui légitime l'action des services publics, mais perpétue les positions dominantes en confortant le sentiment d'assistance. On peut contester, d'autre part, une gratuité qui ne bénéficie qu'à certaines catégories de citoyens et défendre l'émancipation de tous en excluant toute différenciation face au service public selon les moyens financiers de la personne concernée. En réalité, il faut s'interroger avant tout sur les conséquences de l'individualisation des prestations offertes par les services publics, au prix de dérogations de plus en plus larges aux principes généraux des services publics. Plutôt que de multiplier des cas de gratuité sélective ne bénéficiant qu'à certaines catégories de personnes, ne vaut-il pas mieux encourager à destination des populations les plus fragilisées des systèmes d'allocations leur permettant d'accéder effectivement comme tous les autres citoyens à des services publics de qualité ? Mettre la priorité sur les valeurs d'intérêt général et de solidarité sociale est la condition *sine qua non* d'un affermissement de la cohésion nationale, mais aussi le meilleur moyen d'éviter à la gratuité de perdre sa force sociale, une partie de son sens civique et sa capacité à singulariser certains services et prestations au sein d'une société construite sur le paradigme du marché.

Bibliographie thématique

Allemand R., *Égalité et non-discrimination dans l'accès aux services publics et politiques publiques territoriales*, L'Harmattan, 2008.

Ariès P. (sous la dir. de), *Liberté, égalité, gratuité*, Golias, 2011.

Bahougne L., *Le Financement du service public*, LGDJ, 2015.

Borgetto M., *La Notion de fraternité en droit public français : le passé, le présent et l'avenir de la solidarité*, LGDJ, 1993.

Decreton S., *Service public et lien social*, L'Harmattan, 2000.

Du Bois de Gaudusson, *L'Usager du service public administratif*, LGDJ, 1974.

Duvignaud J., *Le Prix des choses sans prix*, Actes Sud, 2001.

Godbout J.-T., en coll. avec Caille A., *L'Esprit du don*, La Découverte, 1992 ; rééd. 2007.

Hauriou M., *Précis de droit administratif et de droit public*, Sirey, 9e éd., 1919.

Hertzog R., *Recherches sur la gratuité et la non-gratuité*, thèse, Strasbourg, 1972.

Koubi G., Guglielmi G. J. (sous la dir. de), *La Gratuité, une question de droit ?*, L'Harmattan, 2003.

Long M., *La Tarification des services publics locaux*, LGDJ, 2001.

Long M., *Le Financement des services publics locaux*, LGDJ, 2010.

Mauss M., *Essai sur le don*, 1925, rééd. PUF, 2012.

Minc A., *La Machine égalitaire*, Grasset, 1987.

Sagot-Duvauroux J.-L., *Pour la gratuité*, Desclée de Brouwer, 1995.

Teitgen-Colly C., *La Légalité de l'intérêt financier dans l'action administrative*, LGDJ, 1981.

Traoré S., *L'Usager du service public*, LGDJ, 2012.

Chapitre 7

Les sectes religieuses

L'opinion publique associe parfois les sectes contemporaines à des images spectaculaires et dramatiques : les suicides collectifs de 924 adeptes du Temple du Peuple à Jonestown (Guyana) en 1978, les 88 morts par affrontements avec la police ou suicides au sein des Davidiens à Waco (Texas) en 1993, les dizaines de décès parmi l'Ordre du Temple solaire en Suisse, au Canada et en France entre 1994 et 1997, les 11 morts et 5 000 blessés dans un attentat au gaz sarin perpétré dans le métro de Tokyo par le groupe Aum Shinrikyo en 1995. Le développement sensible du terrorisme international depuis une quinzaine d'années conduit aussi à s'interroger sur la nature de certains groupes qui allient des revendications religieuses et politiques. Boko Haram (Groupe sunnite pour la prédication et le djihad) créé au Nigéria en 2002, auteur de nombreuses attaques et prises d'otages en Afrique de l'Ouest, fut souvent qualifié de secte avant de prêter allégeance en 2015 à l'organisation État islamique (EI ou Daech) – apparue en 2006 en Irak. La radicalisation islamique contemporaine défend un retour à l'islam des origines – notamment à la *charia* – et ne souhaite pas s'en écarter. En ce sens, elle ne relève pas vraiment d'un phénomène de secte, mais plutôt d'une association de buts religieux et politiques, voire idéologiques. Plus quotidiennement, les sectes sont critiquées pour des raisons les plus diverses : l'ésotérisme incohérent, les techniques de recrutement et de formation, la manipulation psychologique, la dépersonnalisation, la violation des droits fondamentaux, voire l'escroquerie. La menace apparaît plus ou moins sérieuse pour la démocratie selon que l'on stigmatise la crédulité des adeptes ou qu'il soit exprimé des craintes plus exacerbées pour les individus ou la société.

Le terme de secte, apparu vers 1250, s'applique à « un groupe organisé de personnes qui ont la même doctrine au sein d'une religion » (*Le Robert*). Si le sectateur (*sectator*) désigne l'adepte d'une *secta* depuis le XVe siècle, le sectaire est défini de manière péjorative par son comportement intolérant et dogmatique dès le siècle suivant. Au début du XXe siècle, Max Weber (1864-1920) et Ernst Troeltsch (1865-1923) opposent les sectes aux Églises à partir des modalités de la conversion individuelle, l'exercice de l'autorité par le groupe et la volonté de rupture avec la société. Cette conception garde le mérite de relier étroitement la notion à la sphère religieuse, mais elle suffit de moins en moins à rendre compte des « nouveaux mouvements religieux » qui se multiplient depuis une quarantaine d'années, ni de l'émergence de sectes à dimension planétaire.

Il n'est pas facile de s'entendre sur une approche raisonnable du phénomène sectateur, d'éviter l'angélisme irresponsable ou la diabolisation partisane. Tout État peut être tenté de prendre des mesures de vigilance, de contrôle ou de répression. Longtemps hésitante, la France s'est résolue à légiférer sous l'influence de rapports officiels, d'associations de défense des victimes et d'une partie de l'opinion dénonçant les dérives de certaines sectes. Une loi destinée à renforcer la prévention et la répression des mouvements portant atteinte aux droits de l'homme et aux libertés fondamentales a été adoptée le 12 juin 2001, une Mission interministérielle de vigilance et de lutte contre les dérives sectaires (MIVILUDES) instituée auprès du Premier ministre le 28 novembre 2002. Ainsi, dans une société contemporaine où les sectes sont devenues plus visibles et inquiètent davantage la population (I), les pouvoirs publics français ont décidé d'accentuer leur vigilance et d'adapter la répression aux dérives sectaires (II).

I. Le développement des sectes

La référence aux sectes suffit généralement à déclencher les passions, voire les excès langagiers. Il est d'autant plus indispensable d'examiner la spécificité et la diversité de ces groupes.

A. La spécificité des sectes religieuses

Les notions de secte religieuse, de sectateur ou de sectaire héritées du passé ont dû s'adapter aux réalités de la société contemporaine.

1. La notion de secte

Une secte n'est pas un ordre religieux car elle ne reconnaît pas l'autorité d'une religion établie ; les ordres franciscains ou carmélites, qui acceptent la prééminence du Vatican, ne peuvent être considérés depuis leur apparition à la fin du Moyen âge comme des groupes sectateurs. Il ne faut pas non plus identifier une secte avec le respect d'un rite spécifique : le catholicisme connaît des langues et des liturgies distinctes, qu'elles soient occidentales (romaine, gallicane) ou orientales (arménienne, copte, maronite). L'hérésie reste une doctrine émise au sein d'une Église, même si elle est condamnée comme contraire aux dogmes ; éphémère, elle est promise à disparaître en tant que telle (les Nestoriens). Au contraire, une secte peut être définie comme un groupe qui se coupe d'une religion installée (*secare*) et suit (*sequi*) une autre direction. Minoritaire par rapport à l'Église dont elle émane, elle peut toutefois se développer et finir par constituer une nouvelle religion : le christianisme a pu apparaître un temps comme une secte issue du judaïsme, comme le bouddhisme lorsqu'il s'est détaché de l'hindouisme ; les adeptes du protestantisme, du luthéranisme ou du calvinisme ont été considérés comme hérétiques avant d'être acceptés comme religion.

L'expression de secte doit être réservée à un phénomène strictement religieux, fondé sur une croyance mystique. Sans « laïcisation » excessive, elle ne peut s'appliquer aux courants philosophiques et sociétés de pensée (loges de la franc-maçonnerie) qui ne réunissent pas les individus selon des conceptions religieuses, mais généralement dans un but laïc de progrès de l'humanité. Les clans se distinguent aussi des sectes car ils s'appuient avant tout sur une structure tribale ou sociale. Les partis politiques poursuivent une visée généralement étrangère aux sectes, qui est l'accession au pouvoir étatique. Il faut néanmoins reconnaître que ces divers groupements peuvent parfois recourir à une organisation et des pratiques proches de celles des groupes sectateurs, s'appuyer sur le culte du chef, un langage et un comportement dogmatiques.

2. Les buts poursuivis par les sectes

Une secte a généralement besoin d'un gourou, inspirateur reconnu du groupe. Assez éloigné du sage des spiritualités indiennes, il doit convaincre de son infaillibilité pour affermir l'autorité de son message. Il peut défendre une interprétation personnelle du monde qui dépasse le domaine de la croyance pour s'étendre aux données scientifiques, à l'éthique et aux relations interpersonnelles. Comment son autorité peut-elle s'imposer ? Il serait trop réducteur de considérer la conversion à une secte comme la manifestation d'un dérangement mental, sinon toute adhésion à une croyance ou à une religion pourrait relever du même raisonnement ; les sectateurs ont néanmoins longtemps été perçus par les Églises qu'ils contestaient comme des possédés, voire des suppôts de Satan. En fait, les sectes attirent souvent leurs adeptes par une critique radicale du modèle socio-culturel dominant. Elles se développent lors des périodes d'instabilité politique ou de bouleversement (XVIe ou XIXe siècle, années post-1968). Leur vitalité témoigne parfois d'un retour plus global vers le sacré. Elles profitent du manque de certitudes, d'un sentiment diffus de vide spirituel pour proposer aux individus l'investissement dans un projet mobilisateur permettant de trouver des repères, des réponses affectives et intellectuelles aux manques ressentis. Si les adeptes et les moyens économiques d'une secte se développent considérablement, on peut se trouver face à une « multinationale de la croyance ».

Une secte peut ne pas troubler la société, rester dans la sphère privée sans susciter de problèmes particuliers. Mais, si ses membres sont privés de leur libre arbitre, leur santé mise en péril, les droits fondamentaux attachés à la personne humaine bafoués, voire la société civile ou politique menacée, l'existence du groupe sectateur devient une question publique conduisant les gouvernants à intervenir. Après le décès de son fils à la suite d'un régime « zen macrobiotique » prôné par une secte, le prix Goncourt 1955 Roger Ikor (1912-1986) écrivit *Je porte plainte* (1981) et favorisa la création du Centre contre les manipulations mentales (CCMM). L'Union nationale des associations de défense des familles et de l'individu (UNADFI), qui rassemble de nombreuses associations locales depuis 1982, n'est pas très éloignée des mêmes préoccupations. Les deux organisations se sont spécialisées dans la dénonciation de la nocivité de certaines sectes. Elles ont contribué à vulgariser l'expression de « dérive sectaire » et de « groupe sectaire ».

B. La diversité des sectes religieuses

Face à des sectes religieuses très hétérogènes, une approche quantitative et typologique, même sommaire, est indispensable, avant d'insister sur quelques groupements représentatifs.

1. L'approche quantitative et typologique

Sur le plan scientifique, il n'est pas possible de dénombrer avec précision les sectes en France, ni leurs adeptes. Certains groupes ne prennent pas la forme associative, ne procèdent à aucun enregistrement administratif. À partir des évaluations des renseignements généraux et d'informations issues des associations, le rapport Vivien (février 1983) – commandé par le Premier ministre – dénombrait 116 groupes ou associations représentant directement ou indirectement 500 000 personnes, le rapport Gest-Guyard (1995) – élaboré par l'Assemblée nationale – décomptait 172 sectes mères et 800 satellites, soit environ 160 000 membres et 100 000 sympathisants. La disparité de taille des groupements est grande : si les Témoins de

Jéhovah étaient évalués à plus de 130 000 adhérents, seules douze sectes comptaient de 2 000 à 10 000 adeptes, les autres ne regroupant que quelques centaines, voire dizaines de membres.

Les sectes relèvent d'une inspiration religieuse plus ou moins marquée. Même le mouvement des raëliens créé par Claude Vorilhon – dit Raël – dans les années 1970, qui cherche à diffuser sur terre les messages d'extra-terrestres, reconnaît son fondateur comme le prophète d'une religion « athée », se proposant de faire de l'homme un dieu créateur, notamment par le clonage humain. De nombreuses sectes reconnaissent la valeur de la Bible, qu'elles défendent un millénarisme qui attend la fin des temps (Adventistes, Mormons, Témoins de Jéhovah), ou qu'elles proposent une rénovation de l'Église (Quakers, Pentecôtistes, Église de l'unification, La Famille – ex-Enfants de Dieu). D'autres sectes souhaitent adapter les convictions religieuses aux sciences modernes (Église de la nouvelle compréhension, Méditation transcendantale, Science chrétienne, Alliance universelle). L'influence orientale est largement présente (Association internationale pour la conscience de Krishna, Soka Gakkaï, Centre de méditation Mahâyâna, Guru Maharaj jî). Il est possible également d'opposer les sectes déjà anciennes, mais toujours actives, à des groupes apparus depuis une quarantaine d'années, souvent par rupture avec les monothéismes religieux ou interprétation assez libre de principes bouddhistes ou hindouistes. On parle souvent à leurs propos de « nouveaux mouvements religieux », notamment aux États-Unis, au Japon ou en Amérique latine. Le même groupe peut se trouver reconnu comme une Église dans un pays et une secte dans un autre.

2. Les sectes à dimension planétaire

À défaut de présenter un échantillon substantiel, on peut privilégier quelques groupements qui attestent de la diversité contemporaine des sectes et permettent d'en saisir quelques dimensions.

Les Témoins de Jéhovah, créés par Charles Taze Russel (1852-1916) aux États-Unis dans les années 1870, ont été enregistrés comme association en France dès 1906. En 1947, Léon Blum rendit hommage à « la fermeté et la fidélité de [leurs] convictions » dans les camps de concentration. Selon le rapport Gest-Guyard (1995), ils seraient plus de 6 millions dans le monde – dont 130 000 en France. Les adeptes reconnaissent la Bible comme la parole de Dieu. S'ils rejettent le dogme de La Trinité, ils défendent la nature divine du Christ, sa qualité de fils de Dieu et le considèrent comme chef unique et sauveur. En prévision de la fin du monde (Armageddon) – moment où seulement 144 000 d'entre eux seront sauvés –, ils invitent à se convertir. Ils respectent la famille et acceptent la différence de religion entre ses membres. Par conviction, ils refusent généralement les transfusions sanguines, la participation à la vie de la cité par le vote ou le service militaire. Le financement du mouvement est assuré par des offrandes faites dans les troncs des lieux de culte. Considérés dans de nombreux pays comme une Église, les Témoins de Jéhovah sont au centre de débats en France : le Conseil d'État leur a reconnu implicitement le statut d'association cultuelle dans deux arrêts du 23 juin 2000, mais les services fiscaux ont ensuite remis en cause l'exonération fiscale des dons ; lors d'une procédure de référé, le 16 août 2002, le juge a également précisé que le refus de recevoir une transfusion sanguine constituait « une liberté fondamentale ». La commission d'enquête parlementaire sur les sectes et les mineurs, créée par l'Assemblée nationale le 28 juin 2006, a toutefois continué à les appréhender comme une secte.

L'Église de l'unification, ou Association pour l'unification du christianisme mondial, a été fondée à Séoul, en 1954, par Sun Myung Moon (1920-2012), ancien prisonnier des communistes pendant la guerre de Corée. « Nouveau Messie », il affirme dans ses *Principes divins* (1957) que le royaume des cieux est possible sur terre. Il se propose de prendre le relais de Jésus-Christ qui aurait sauvé spirituellement les hommes, mais sans parvenir à créer un individu nouveau. À terme, l'unification du christianisme doit parvenir à s'imposer. Pour vaincre Satan, il est prôné une vision manichéenne du monde, qui oppose la tendance « Abel » et la tendance « Caïn » présentes dans toute personne. Le couple occupe une place centrale ; il a été prononcé à plusieurs reprises des mariages de masse de moonistes simultanément dans plusieurs pays (des dizaines de milliers de personnes à Séoul en 1999 et 2009). Cette secte a immédiatement assumé un rôle politique par sa critique de la Révolution française de 1789 et des partisans du marxisme ou du communisme du XXe siècle. Soutenant le modèle capitaliste des États-Unis, elle a financé des opérations politiques ou militaires en Amérique du Sud. Elle est devenue un véritable empire économique international contrôlant des entreprises dans les domaines scientifique, médical, économique, agroalimentaire ou électronique. Vers la fin des années 1990, la secte semblait compter plus de 2 millions d'adeptes dans le monde et disposer d'un budget de plusieurs milliards de dollars, mais réunissait moins de 500 adhérents en France. La chute du Mur de Berlin et la crise financière asiatique de 1997-1998 ont sensiblement freiné son influence. Elle n'est plus vraiment implantée qu'en Corée du Sud, aux États-Unis, au Japon et en Amérique latine (Brésil, Venezuela...). Le révérend Moon a cédé la gestion des affaires quotidiennes à ses enfants, avant son décès en 2012.

L'Église de la nouvelle compréhension, dite aussi Église de scientologie, a été créée en 1954 aux États-Unis par l'auteur de romans de science-fiction Lafayette-Ronald Hubbard (1911-1986). Elle défend un syncrétisme mêlant des conceptions religieuses et des techniques psychologiques ou psychanalytiques destinées à résoudre les difficultés de l'esprit et de la vie. Elle se présente comme une religion naturelle – non révélée – qui s'appuie sur un homme fondamentalement bon, tout en reconnaissant l'existence d'un Être suprême. Elle affirme que le salut des hommes dépend directement des actions de chacun et des choix qu'il opère. La secte dispose de multiples filiales à but humanitaire déclaré ou philanthropique. Très hiérarchisée, présente dans plus d'une centaine de pays, parfois reconnue comme une véritable Église (États-Unis, Inde, Suède, Italie), elle réunirait douze millions de personnes, mais seulement quelques milliers en France. C'est peut-être la secte la plus riche du monde.

Les acteurs américains John Travolta et Tom Cruise en ont fait partie. La Scientologie a failli être dissoute en France à la suite d'une procédure « pour escroquerie en bande organisée » en 2009, avant qu'un imbroglio législatif empêche les pouvoirs publics de le faire – la loi du 12 mai 2009 avait prévu que l'on ne pouvait dissoudre une personne morale coupable d'escroquerie. Le législateur est revenu sur sa position quelques mois plus tard, mais sans pouvoir donner à son texte un effet rétroactif.

La visibilité accrue des sectes, la taille importante de certaines et l'inquiétude à leur propos d'une partie de l'opinion publique ont conduit certains États à changer d'attitude ces dernières années sur le phénomène sectateur.

II. Les pouvoirs publics face aux sectes

Les gouvernants français sont devenus de plus en plus attentifs sur les dérives sectaires, au point de mettre en place une législation spécifique dès 2001.

A. La vigilance sur les dérives sectaires

Une série de rapports officiels ont contribué à modifier le regard sur les sectes et à encourager la création d'un organisme spécifique de surveillance.

1. Les rapports officiels

En moins de vingt-cinq ans, quatre grands rapports officiels ont été consacrés aux sectes : les rapports Vivien (1983), Gest-Guyard (1995), Guyard-Brard (1999) et Fenech (2006).

Le rapport Vivien sur *Les sectes en France : expression de la liberté morale ou facteurs de manipulation* (février 1983) est rédigé à la demande du Premier ministre Pierre Mauroy. Il veut « parer à certains excès et définir les voies d'un nouvel équilibre qui garantisse les droits imprescriptibles de la personne humaine dans sa liberté de penser, de s'exprimer, de s'associer, et assurer simultanément la protection des individus contre toute manipulation abusive ». Il formule des propositions sur la prévention, notamment par l'information, la coopération internationale et l'aménagement de la législation sociale. Plutôt modéré, il recommande aux pouvoirs publics de n'être « ni dupes, ni tyranniques », d'agir avec prudence. Le rapport encourage les victimes des mouvements sectaires ou leurs associations à faire établir en justice la dangerosité de certains comportements. Dans ce cadre, l'Union nationale des associations de défense des familles et de l'individu identifie trois types de dérives sectaires qui peuvent se conjuguer : la manipulation mentale par l'endoctrinement, le contrôle de la pensée et la mise sous dépendance ; l'escroquerie intellectuelle, morale ou financière (notamment par le biais de dons) ; les atteintes à la personne sur les plans physique, psychique, intellectuel, familial, relationnel ou social (interdiction de liens affectifs entre adeptes, corruption de mineurs, viol, pratique charlatanesque, privation de soins à l'égard d'enfants, défaut de vaccination).

Les sectes ne deviennent pourtant un véritable problème de société qu'à partir du rapport Gest-Guyard du 22 décembre 1995 sur *Les sectes en France* (1995), résultat des travaux d'une commission d'enquête de l'Assemblée nationale. Ce document examine l'organisation des mouvements, l'utilisation de statuts juridiques avantageux, l'influence économique et financière, les infractions à la législation sociale ou fiscale. Il appelle à la vigilance de l'administration. Une grille de critères de nocivité permet de dresser une liste de 172 sectes soupçonnées de dérives sectaires. Il n'est toutefois pas réclamé une législation spécifique, mais seulement d'appliquer avec rigueur le droit positif, d'aider les victimes, de préciser le droit de la diffamation, la protection des experts dans les procédures juridictionnelles et les possibilités des associations de se porter partie civile.

Le financement des sectes et la situation des adeptes mineurs fait également l'objet d'une attention particulière du Parlement. Le rapport Guyard-Brard du 10 juin 1999 sur *La situation financière, patrimoniale et fiscale des sectes, ainsi que sur leurs activités économiques et leurs relations avec les milieux économiques et financiers* a été adopté par la commission d'enquête de l'Assemblée nationale sur « Les sectes et l'argent ». Il insiste sur la surveillance des patrimoines des mouvements précédemment identifiés comme sectaires, notamment grâce à l'appui du droit de la responsabilité pénale des personnes morales apparu avec le Nouveau Code pénal (1994). Le rapport Fenech du 12 décembre 2006 sur *L'enfance volée, les mineurs victimes des sectes* – qui émane aussi de l'Assemblée nationale – met l'accent sur les 40 000 à 60 000 enfants qui seraient aujourd'hui concernés par le phénomène. Il fait des propositions sur le contrôle de la scolarité, le suivi médical et psychologique, l'attribution du statut d'association cultuelle et la sanction des abus de faiblesse.

On peut s'interroger aujourd'hui sur la pertinence d'une liste française des sectes jugées potentiellement dangereuses qui a été rédigée en 1995. Dans l'Union européenne, seules la Belgique et l'Allemagne ont fait le choix d'un tel procédé énumératif officiel. Au reste, une circulaire du Premier ministre Pierre Raffarin, du 27 mai 2005, a demandé d'éviter de recourir à cette liste, de préférer « l'utilisation de faisceaux de critères » de dangerosité. À l'occasion de son rapport annuel pour 2009, la Mission interministérielle de vigilance et de lutte contre les dérives sectaires a pourtant pris parti pour un référentiel permettant d'identifier et de regrouper des structures qui auraient déjà fait l'objet de poursuites en justice. Elle a justifié cette proposition par la nécessité de mieux appréhender et décrire les méthodes et les pratiques sectaires, au risque d'encourager la stigmatisation de certaines sectes. Le Premier ministre François Fillon a toutefois indiqué alors publiquement qu'il n'était pas favorable au retour à un mécanisme de liste. La question n'a plus été soulevée par la suite par les gouvernants.

2. L'activité de la MIVILUDES

À la suite du rapport Gest-Guyard (1995), un Observatoire interministériel sur les sectes avait été créé le 9 mai 1996. Il fut supprimé lors de l'institution de la Mission interministérielle sur les sectes

(MILS) le 7 octobre 1998, qui fut finalement remplacée à son tour par la Mission interministérielle de vigilance et de lutte contre les dérives sectaires (MIVILUDES) dès le décret du 28 novembre 2002. Cette dernière institution est toujours en activité.

Le président de la Mission est nommé par décret pour une durée de trois ans. Un secrétaire général et des agents sous son autorité sont désignés par arrêtés du Premier ministre. Il existe également un comité exécutif de pilotage opérationnel qui réunit des représentants des ministères concernés, et un conseil d'orientation composé de personnalités nommées à raison de leur compétence ou de leur expérience par arrêté du Premier ministre (parlementaires, hauts fonctionnaires, représentants des associations, du monde médical et des secteurs économiques et financiers). Ce conseil, qui se réunit périodiquement, avec quelquefois les membres du comité exécutif, peut entendre toute personne qu'il juge utile. Il contribue par ses travaux « à nourrir la réflexion des pouvoirs publics sur les dérives sectaires, à dégager des orientations et des perspectives d'action pour la Mission et à favoriser l'évaluation de cette action » (art. 5 du décret de 2002). La MIVILUDES est compétente pour observer et analyser le phénomène sectaire lorsque « les agissements sont attentatoires aux droits de l'homme et aux libertés fondamentales ou constituent une menace à l'ordre public ou sont contraires aux lois et règlements » (art. 1-1 du décret). Elle doit favoriser le respect des libertés publiques, la coordination de la prévention et de la répression, la diffusion de l'information au sein de l'administration et en direction du public, la mise en œuvre d'aides aux victimes et les échanges internationaux. Elle est en liaison permanente avec les départements ministériels, qui lui communiquent un bilan annuel d'activité ; les préfets de région désignent ses correspondants locaux. Les services de police ou de gendarmerie et l'autorité judiciaire ont la charge de constituer des recueils actualisés de données à son intention. Un rapport de la Mission est remis chaque année au Premier ministre.

La MIVILUDES diffuse un *Guide de l'agent public face aux dérives sectaires* (2004) auprès des personnels d'encadrement des fonctions publiques d'État, territoriale et hospitalière pour servir de « support concret d'aide à la décision ». Il précise que les agents « doivent pouvoir distinguer les agissements répréhensibles, identifier les groupes à risques, effectuer les signalements éventuels, venir en aide aux personnes, mettre en place des actions de prévention ». Il appelle à une vigilance administrative à l'égard des personnes manifestant une allégeance inconditionnelle à un gourou ou à un groupe, aux enfants embrigadés ou soumis à un mode de vie désocialisant. Il est également édité un *Guide de la protection des mineurs contre les dérives sectaires* (2010) destiné aux services de la protection maternelle et infantile, aux personnels éducatifs et aux professionnels de l'action sociale. Il explique la manière d'évaluer le danger moral et matériel, et de réagir aux maltraitances physiques ou morales.

Dès sa création, la Mission a permis – surtout grâce à son conseil d'orientation – un dialogue et des débats favorables à une gestion équilibrée et efficace du phénomène sectaire en France. Elle s'est souvent positionnée en arbitre entre des tentations fortement répressives ou trop bienveillantes. Mais, dès 2005, la démission de son conseil d'orientation de Nathalie Luca – chercheur sur les nouveaux mouvements religieux au CNRS –, déclarant ne pas souhaiter être liée à « un prévisible durcissement de la position de la MIVILUDES », a été largement commentée par les observateurs. La Mission a semblé modifier sensiblement son approche des sectes. Les premières déclarations de Georges Fenech, nommé dès le 23 septembre 2008 à sa tête, ont confirmé cette évolution. Le nouveau président a privilégié une attitude plus active et opérationnelle. L'accent a été mis sur les dérives des professionnels du développement personnel (psychothérapeutes, psychologues, coachs), l'effet amplificateur d'Internet sur la violation des droits fondamentaux par certains mouvements, les dangers du courant spirituel *New Age*. La vigilance et la surveillance s'appliquent désormais à un champ d'investigation de plus en plus large. Après la démission de Georges Fenech, Serge Blisko a été nommé à la tête de la Mission en 2012. Il a demandé à ses services de participer activement à la lutte contre toutes les formes de « radicalisation », notamment « islamique ». Des initiatives de sensibilisation des fonctionnaires de préfectures ont été conduites. Les attentats terroristes à Paris de janvier (*Charlie hebdo*) et novembre 2015 ont renforcé cette nouvelle orientation de la Mission.

B. La répression des mouvements sectaires

L'arsenal répressif français est longtemps resté relativement modeste. Dès lors que les principales sectes recourent à la forme juridique de l'association déclarée de la loi du 1er juillet 1901, le préfet peut les interdire si elles sont contraires aux bonnes mœurs. Le décret-loi du 10 janvier 1936 qui prévoit la dissolution en Conseil des ministres des ligues factieuses et la responsabilité pénale des personnes morales apparue dans le Nouveau Code pénal (1994) peuvent également s'appliquer aux sectes. Mais sous l'influence de l'émotion après les massacres de l'Ordre du Temple solaire, et la demande de plus en plus pressante des associations de défense des victimes de mouvements sectaires, le Parlement a décidé de compléter ce dispositif juridique par la loi du 12 juin 2001, non sans quelques hésitations. Par la suite, la politique de lutte contre les dérives des sectes a pris un tournant nettement plus répressif.

1. Les ambiguïtés de la loi du 12 juin 2001

Les gouvernants ont renoncé à une solution tranchée dans la loi About-Picard du 12 juin 2001 – adoptée à l'unanimité par l'Assemblée nationale –, qui aurait consisté à adopter un texte spécifique sur les sectes ou à chercher seulement à accroître *a minima* l'effectivité du droit positif. Il été choisi une position intermédiaire afin de ne pas paraître s'opposer à la Commission nationale consultative des droits de l'homme (CNCDH) qui estime que la liberté de conscience – garantie par la Déclaration des droits de l'homme et du citoyen du 26 août 1789, la Déclaration universelle des droits de l'homme du 10 décembre 1948 et la Convention européenne de sauvegarde des droits de l'homme et des libertés fondamentales du

4 novembres 1950 – « rend inopportune l'adoption d'une législation spécifique au phénomène dit des sectes [car elle] risquerait de porter atteinte à cette liberté fondamentale » (avis du 10 décembre 1993). Si l'intitulé même de la loi du 12 juin 2001 indique qu'elle est destinée « à renforcer la prévention et la répression des mouvements sectaires portant atteinte aux droits de l'homme et aux libertés fondamentales », il se révèle pourtant trompeur : le terme même de secte est absent du texte, la plupart des dispositions visent « certaines personnes morales » et prennent place au sein du Code pénal, du Code de procédure pénale, du Code de la consommation ou du Code de la santé publique. Autrement dit, la loi a vocation à s'appliquer au-delà des sectes proprement dites car aucun type spécifique de groupement n'est visé, mais seulement certaines activités « ayant pour but ou pour effet de créer, de maintenir ou d'exploiter la sujétion psychologique ou physique des personnes » (Code pénal, art. 223-15-2). Si les sectes sont, bien sûr, les destinataires de la loi, c'est au prix d'une ambiguïté volontaire qui conduit à s'en tenir à une appréhension de leurs agissements, à ne pas se prononcer sur leur essence même.

La loi About-Picard a subi de nombreuses critiques nationales et internationales. Les partisans d'une large liberté de pensée y ont vu un pas regrettable vers une répression plus accentuée, notamment religieuse. Les défenseurs des victimes des dérives sectaires ont regretté sa timidité et lui ont reproché de concerner davantage les personnes morales que certains adeptes. De nombreux pays, dont les États-Unis et le Japon, se sont inquiétés des obstacles mis par la France à l'essor des nouveaux mouvements religieux. À la suite d'une requête présentée par les Témoins de Jéhovah, la Cour européenne des droits de l'homme a pourtant estimé, le 26 novembre 2001, que la loi française accordait des protections suffisantes pour ne pas constituer « une législation spécifique inopportune ».

2. L'affirmation d'une logique de répression

Si la loi du 12 juin 2001 ne crée pas un délit de manipulation mentale en raison de la difficulté à le définir, elle réprime la « sujétion psychologique ». Le législateur permet de sanctionner la promotion auprès de la jeunesse des mouvements sectaires, d'aggraver les peines en cas d'« abus frauduleux de l'état d'ignorance ou de la situation de faiblesse soit d'un mineur, soit d'une personne dont la particulière vulnérabilité, due à son âge, à une maladie, à une infirmité, à une déficience physique ou psychique ou à un état de grossesse, est apparente et connue de son auteur, soit d'une personne en état de sujétion psychologique ou physique résultant de l'exercice de pressions graves ou réitérées ou de techniques propres à altérer son jugement pour conduire ce mineur ou cette personne à un acte ou à une abstention qui lui sont gravement préjudiciables » (Code pénal, art. 223-15-2).

La loi About-Picard complète le champ des infractions entraînant la responsabilité des personnes morales. Des poursuites sont possibles pour atteinte volontaire ou involontaire à la vie ou à l'intégrité physique ou psychique, à la dignité humaine de la personne, à sa personnalité, à ses biens, mais également pour exercice illégal de la médecine ou de la pharmacie, publicité mensongère, fraude ou falsification. Il est prévu la dissolution judiciaire par voie civile si la personne morale ou ses dirigeants (de droit ou de fait) ont déjà fait l'objet de condamnations pénales définitives à plusieurs reprises pour des infractions limitativement énumérées ; la dissolution comme peine complémentaire facultative est également applicable. Les associations reconnues d'utilité publique concernées par la loi peuvent exercer les droits reconnus à la partie civile, à condition d'être régulièrement déclarées depuis au moins cinq ans.

À la suite d'une proposition de la MIVILUDES, la Cellule d'assistance et d'intervention en matière de dérives sectaires (CAIMADES) a été créée en septembre 2009. Placée sous l'autorité de l'Office central pour la répression des violences aux personnes (OCRVP), elle est composée de quelques policiers et gendarmes. Elle doit apporter une expertise dans le traitement judiciaire des dossiers complexes, élaborer des outils pour les enquêteurs, mettre en place et centraliser des informations, favoriser l'essor d'un réseau de spécialistes. Il lui incombe aussi d'identifier des professionnels (psychiatres, psychologues, réseaux associatifs) susceptibles de prendre en charge les « sortants » de sectes. Elle peut recevoir directement des plaintes.

Le débat sur les sectes a rejoint celui sur la laïcité dans la République. Afin d'éviter l'influence de mouvements sectaires sur les pouvoirs publics, particulièrement par l'infiltration ou l'ingérence de leurs membres dans l'appareil d'État, les pouvoirs publics ont encouragé la surveillance et la répression pour préserver le pacte laïque républicain. Il n'empêche qu'une attitude équilibrée nécessite de ne pas figer le paysage religieux en faveur des religions installées, de concilier la lutte contre les agissements de certains groupes et le respect dû aux libertés publiques. Il faut se garder d'encourager l'amalgame entre des groupes sectateurs plutôt inoffensifs et des groupes sectaires effectivement dangereux. Plutôt que de développer des dispositions répressives spécifiques – alors que le cadre législatif actuel apparaît largement suffisant –, il semble préférable d'encourager l'éducation et l'information sur le phénomène des sectes afin de permettre aux jeunes, et aux moins jeunes, de faire des choix en connaissance de cause. C'est du reste l'attitude dominante aujourd'hui dans les États comparables à la France.

Bibliographie thématique

Assemblée nationale, *Les sectes en France : expression de la liberté morale ou facteurs de manipulation*, rapport Vivien, février 1983, La Documentation française, 1985.

Assemblée nationale, *Les Sectes en France*, rapport Gest-Guyard fait au nom de la Commission d'enquête sur les sectes, *doc. AN*, n° 2468, 20 décembre 1995, La Documentation française, 1996.

Bastain J.-P., Messner R. F. (sous la dir. de), *Minorités religieuses dans l'Espace européen : Approches sociologiques et juridiques*, PUF, 2007.

Champion F., Cohen M. (sous la dir. de), *Sectes et démocratie*, Seuil, 1999.

Desmedt K., *Les Sectes, images d'une société sans réponses*, L'Harmattan. 2003.

Esquerre A., *La Manipulation mentale : sociologie des sectes en France*, Fayard, 2009.

Fenech G., *La Justice face aux dérives sectaires. Réflexions et évolution des dispositifs judiciaires de lutte contre les dérives secta*ires, La Documentation française, 2008.

Fournier A., Monroy M., *La Dérive sectaire*, PUF, 1999 ; rééd. 2015.

Luca N., *Individus et pouvoirs face aux sectes*, Armand Colin, 2008.

Luca N. (sous la dir. de), *Quelles régulations pour les nouveaux mouvements religieux et les dérives sectaires dans l'Union européenne ?*, PUAM, 2011.

Luca N., Lenoir F., *Sectes, mensonges et idéaux*, Bayard Éditions, 1998.

Maury A., *Histoire des sectes religieuses au XIX*e *siècle*, FB Éditions, 2015.

Messmer F. (sous la dir. de), *Les « sectes » et le droit en France*, PUF, 1999.

Miller F. P., Vandome A. F., McBrewster J., *La Justice face aux dérives sectaires. Réflexions et évaluation des dispositifs judiciaires de lutte contre les dérives sectaires,* La Documentation française, 2010.

Mission interministérielle de vigilance et de lutte contre les dérives sectaires, rapports annuels depuis 2003, La Documentation française.

Seguy J., *Conflit et utopie, ou réforme de l'Église*, Cerf, 2000.

Vernette J., *Dictionnaire des groupes religieux aujourd'hui : Religions, Églises, Sectes*, PUF, 2001.

Weber M., *Sociologie des religions*, textes réunis et traduits par J.-P. Grossein, Gallimard, 1996.

Chapitre 8

Les musées nationaux

Dès la Renaissance, les princes italiens ont collectionné des tableaux et des sculptures qu'ils présentaient aux voyageurs et aux artistes dans leurs palais, voire des galeries. Sous l'influence des Lumières, les révolutionnaires français ont créé le Muséum central des arts du Louvre (1793) afin de recueillir les biens et les collections royales confisqués au clergé et aux émigrés, et progressivement des œuvres prélevées dans toute l'Europe par les armées de la République, puis de l'Empire. Le phénomène du musée public appuyé sur l'exposition permanente était né. Il s'est étendu à tous les arts, à l'histoire, aux sciences et techniques afin de témoigner du progrès et de la modernité.

Selon le Conseil international des musées (ICOM) – organisation non gouvernementale créée en 1946 –, un musée est une « institution permanente, sans but lucratif, au service de la société et de son développement, ouverte au public et qui fait des recherches concernant les témoins matériels de l'homme et de son environnement, acquiert ceux-là, les conserve, les communique et notamment les expose à des fins d'études, d'éducation et de délectation » (statut adopté à Vienne le 27 août 2007). Les musées français ont néanmoins relevé longtemps de dispositions législatives ou réglementaires dispersées, à l'exception des musées des Beaux-Arts (1945) ou d'Histoire naturelle (1948). Il fallut attendre la loi du 4 janvier 2002 – intégrée au Code du patrimoine en 2004 – pour que soit créé un statut des « Musées de France » (art. L. 441 et s.). Il s'applique aux structures muséales de l'État ou d'autres personnes morales de droit public ou de droit privé à but non lucratif, à condition qu'elles répondent à des critères scientifiques et culturels proches des préconisations de l'ICOM. Près de 1 200 musées bénéficient aujourd'hui de ce label. Certains sont le résultat d'initiatives des collectivités territoriales – surtout municipales (Carnavalet, Cernuschi et Petit Palais à Paris, musée d'Art contemporain à Lyon) –, d'autres d'associations (Cinémathèque Henri-Langlois et musée de La Poste), de fondations (Cartier, Dapper, Jacquemart-André, Maeght, Vuitton) ou d'entreprises (Renault, Peugeot). Un certain nombre de musées disposent d'un statut autonome, tels que le Centre national d'art et de culture Georges-Pompidou (CNACGP) et le musée des Arts et civilisations d'Afrique, d'Asie, d'Océanie et des Amériques (quai Branly) à Paris, ou le musée des Civilisations et des Arts de l'Europe et de la Méditerranée (MUCEM) à Marseille ; ou sont gérés par les ministères les plus divers (l'Enseignement supérieur et la Recherche a la charge du Muséum d'histoire naturelle, les Finances celle du musée de la Monnaie et des Médailles). Mais, le fleuron des musées de France est constitué par 35 musées nationaux qui relèvent selon des modalités juridiques diverses de la tutelle du ministère de la Culture : Le Louvre, Versailles, Orsay, Guimet, Picasso et le Grand Palais sont les plus connus.

Après quelques initiatives d'André Malraux, ministre de la Culture du général de Gaulle (1959-1969), une politique soutenue par les chefs d'État de la Ve République a favorisé la création ou la rénovation de musées à dimension internationale : G. Pompidou est à l'origine du Centre national d'art et de culture (CNACGP) et V. Giscard d'Estaing des musées d'Orsay et d'Écouen, F. Mitterrand a encouragé la rénovation du Louvre, J. Chirac a décidé l'ouverture du musée du quai Branly. En 2009, le président N. Sarkozy avait décidé la création – controversée par de nombreux historiens – d'une Maison de l'Histoire de France sur le site parisien des Archives nationales, projet finalement abandonné par son successeur, le président François Hollande, après son élection en 2012. En tout cas, la plupart de ces initiatives de prestige ont rencontré la faveur du public : les grands musées français sont devenus des attractions culturelles touristiques primordiales, des concurrents de nombreux équipements culturels, voire de divertissement. Le Louvre est désormais davantage visité que la Tour Eiffel, et bien plus que les parcs à thèmes, mis à part Disneyland Paris.

Afin d'élargir leur public, les musées nationaux tentent dorénavant d'allier, au sens anglo-saxon, *education* et *entertainment.* Ils se trouvent ainsi confrontés à des besoins de plus en plus prononcés de financement, qui encouragent la recherche d'aides provenant du secteur privé, particulièrement des entreprises. La dimension commerciale se renforce ; il faut désormais compter sur les activités périphériques (librairie, produits dérivés) et le mécénat pour équilibrer les budgets. L'efficacité de la gouvernance, l'adaptation des règles de management et les performances de gestion deviennent essentielles. C'est dire à quel point le succès public incontestable des musées nationaux depuis une vingtaine d'années (I) les confronte à de nouveaux défis qu'ils doivent relever sans perdre de vue l'intérêt général (II).

I. Le dynamisme des musées nationaux

Le public muséal n'a pas seulement augmenté, ses comportements et ses attentes ont aussi considérablement changé. Les musées ont dû s'interroger sur leurs missions traditionnelles.

A. Un large succès auprès du public

Le bilan des structures muséales en France est aujourd'hui très contrasté. Au moment où un *Livre blanc sur les musées* (4 février 2011) présenté par l'Association générale des conservateurs des collections publiques de France s'inquiète de la situation de la grande majorité des Musées de France – plus de la moitié ne réalisent pas 10 000 entrées par an –, et qu'un plan « Musées en région » est lancé (loi de finances pour 2011), la Cour des comptes constate la fréquentation sans précédent des musées nationaux, même si elle leur reproche de ne pas parvenir à diversifier les publics malgré des moyens financiers en considérable augmentation (rapport du 30 mars 2011). Autrement dit, dans un contexte assez préoccupant pour la notoriété et la fréquentation de la plupart des 1 200 musées de France, une faible partie d'entre eux – surtout les musées nationaux – semble être en pleine expansion.

1. L'ampleur de la fréquentation

Il existe aujourd'hui 35 musées nationaux, dont la majorité est située à Paris (Louvre, Orsay, Guimet, Picasso, Rodin, Cluny, Grand Palais) ou en région parisienne (Versailles, Écouen, Fontainebleau, Sèvres). Une douzaine seulement est implantée en région (Compiègne, Pau, Ajaccio). En 2013, ils ont attiré 30,7 des 63,5 millions de visiteurs des Musées de France, soit 48 %, alors qu'on ne relevait en leur faveur que 4 millions d'entrées en 1970 et 10 millions en 1990. La concentration en faveur des musées de l'Île-de-France est importante : ils bénéficient de près des deux tiers des visiteurs. Ces musées nationaux ne connaissent pas de rivaux en fréquentation, sauf le Centre national d'art et de culture G. Pompidou (3,1 millions de visiteurs annuels), le musée du quai Branly (1,3 million) et le musée des Civilisations et des Arts de l'Europe et de la Méditerranée (1,5 million). Les disparités sont pourtant considérables entre eux : le Louvre affiche 8,7 millions de visiteurs en 2015, Versailles 7,4 millions, Orsay 3,4 millions et le Grand Palais 1,7 million, mais on relève moins de 50 000 visiteurs au musée Delacroix ou au musée Gustave Moreau. En tout cas, la progression importante des visiteurs a été largement favorisée par une large rénovation des musées du Louvre (1989-2000) ou du Grand Palais (2001), et la création du musée d'Orsay (1986). Après les attentats terroristes de Paris en juin et décembre 2015, la fréquentation muséale a été diversement atteinte selon les musées. On relève en moyenne un recul de 4 % par rapport à 2014 ; les entrées au Louvre sont passées de 9,3 millions à 8,7 millions.

2. La diversité des visiteurs

Les statistiques du ministère de la Culture (*Chiffres clés*) révèlent une relative stabilité des pratiques muséales : un tiers des Français de 15 ans ou plus ne pénètrent jamais dans un musée, un tiers s'y rend très irrégulièrement et un tiers fait au moins une visite par an. Les assidus représentent 10 % de l'ensemble, les jeunes (moins de 18 ans) sont moins de 20 %. Les visiteurs étrangers sont très nombreux (près de 75 % des entrées au Louvre en 2015). En réalité, le développement du public muséal depuis les années 1980 est avant tout le résultat de l'attrait culturel de Paris pour les touristes internationaux, de l'encouragement des visites scolaires obligatoires et de l'assiduité renforcée d'une minorité de connaisseurs. On peut en déduire que l'intérêt artistique témoigné par les populations résidant à proximité même des musées reste modéré, même relativement faible. Les catégories sociales qui fréquentent les structures muséales se diversifient peu. Les cadres supérieurs sont toujours trois fois plus nombreux que les ouvriers, deux fois plus que les employés. En France, la surreprésentation des personnes les plus diplômées, des habitants des grandes villes et des consommateurs intensifs de culture est manifeste.

La gratuité ne s'impose dans les musées nationaux que pour les jeunes de 18-25 ans, les demandeurs d'emploi, les personnes en situation de handicap et les bénéficiaires des *minima* sociaux. Il n'a jamais été remis en cause le principe général de non-gratuité de la plupart des activités muséales, qui n'existait pas au XIXe siècle, mais s'est généralisé avec l'essor du tourisme international. On a cependant tenté d'élargir le public dès les années 1990 par un accès gratuit certains jours (le premier dimanche du mois), la tarification limitée aux expositions temporaires ou le lancement de cartes de fidélité. Les gratuités expérimentées attirent néanmoins rarement un nouveau public ; elles se traduisent par l'intensification des visites de personnes déjà gagnées aux musées, même si elles n'en sont pas encore des assidues. Depuis 2005, la fréquentation gratuite et la fréquentation payante ont évolué au même rythme, l'une ne favorisant pas l'essor de l'autre. En réalité, l'obstacle à la visite muséale apparaît plus culturel et psychologique que monétaire, quoique le prix du ticket d'entrée ait augmenté en dix ans de 35 % au Louvre et de plus de 110 % au château de Versailles. Il est souvent reproché aussi par les visiteurs des horaires trop contraignants, le manque d'encadrement des visites, le caractère intimidant des collections, voire la difficulté à s'orienter dans les lieux (tout particulièrement au Louvre).

Malgré la forte stratification sociale du public muséal, un changement sensible des comportements est manifeste. La primauté de la contemplation silencieuse et solitaire – longtemps élevée au rang de mythe culturel – est remise en cause et s'applique à moins de 10 % des individus. Une bonne partie des visiteurs est désormais constituée de touristes internationaux guidés par des tour-opérateurs plus préoccupés de tourisme que de culture, ou de visiteurs nationaux (mis à part les groupes scolaires) privilégiant la déambulation en couple, en famille ou entre amis. La visite participe pleinement du loisir et appelle davantage de légèreté et d'insouciance que par le passé. Le musée devient un « lieu de vie », voire dans les structures muséales de taille moyenne un espace où il faut se montrer, notamment lors des expositions temporaires. À l'instar du tourisme mondial, la pratique muséale encourage la valorisation des clichés. Alors que le voyageur privilégie les sites fameux qu'il faut absolument avoir vu, le public des musées parcourt les salles à la recherche des œuvres vedettes. Un grand nombre de visiteurs se dirige vers le Louvre pour voir la *Joconde*, la *Victoire de Samothrace* ou la *Vénus de Milo* comme il va admirer la Tour Eiffel et Montmartre, voire Disneyland Paris. La plupart des visites consistent à repérer dans un temps limité quelques dizaines œuvres considérées les plus fameuses et à les examiner parfois seulement quelques secondes, voire à distance à travers des vitres de protection.

3. L'intégration du divertissement à la culture

Les conservateurs ont pris conscience que les musées appartiennent désormais au réseau du divertissement culturel. Dans une logique concurrentielle de marché, il faut organiser des événements, surprendre le visiteur, proposer de l'inédit. Une politique de prestige conduit à favoriser quelques expositions temporaires, souvent plus visitées que le fonds culturel permanent (sauf pour les musées les plus réputés). Contrairement aux traditions anglo-saxonnes, la plupart des musées français n'exposent pas le quart de leurs œuvres, le reliquat reste entreposé dans des réserves inaccessibles. Les structures muséales intègrent des techniques ludiques, interactives et récréatives pour attirer tous les publics, particulièrement les plus jeunes. La frontière s'estompe entre le musée et le loisir, la consommation culturelle et l'activité touristique. Singulièrement, au moment où des parcs à thème mettent en avant leur rôle éducatif et conçoivent des livrets pédagogiques destinés aux enseignants qui accompagnent les élèves lors des visites (Disneyland Paris ou Parc Astérix), des musées hybrides se développent, particulièrement des musées de plein air – formule ancienne héritée des expériences suédoise (*Nordic Museum* à Stockholm, 1873) ou roumaine (*Muzeul National Satvlui* à Bucarest, 1936). En France, l'Écomusée d'Alsace a été constitué à Ungersheim (Haut-Rhin), en 1984, autour de fermes anciennes, de maisons et d'édifices ruraux. Il propose des carnavals paysans, des activités agricoles et des spectacles.

Répondre aux désirs d'un large public est devenu un paramètre essentiel de toute politique de service public, mais des effets pernicieux peuvent en découler. Le glissement de la culture vers le divertissement freine l'originalité thématique des expositions temporaires, valorise la commercialisation de produits dérivés standardisés ou l'édition d'ouvrages sommaires et anecdotiques. De surcroît, développer considérablement les espaces publics d'accueil et d'animation répond à des nécessités pratiques et améliore le confort des visites, mais peut rompre un équilibre toujours précaire avec l'espace accordé aux salles d'exposition.

B. Un élargissement des missions traditionnelles

Selon la loi du 4 janvier 2002, chaque musée de France doit « conserver, restaurer, étudier et enrichir ses collections, les rendre accessibles au plus large public, concevoir et mettre en œuvre des actions d'éducation et de diffusion visant à assurer l'égal accès de tous à la culture, et contribuer au progrès de la connaissance et de la recherche, ainsi qu'à leur diffusion » (art. 2). Cette définition, dans l'esprit des conceptions de l'ICOM, met l'accent sur de nombreuses activités muséales menées de concert. Les débats contemporains les plus animés portent sur l'étude, la recherche, la restauration et l'exposition des œuvres.

1. L'étude et la recherche

La plupart des activités des musées, des acquisitions à la restauration, de l'exposition à la réalisation de catalogues, contribuent à la recherche savante. L'inventaire et le récolement, qui sont devenus obligatoires depuis la loi du 4 janvier 2002, permettent de recenser les œuvres et de s'assurer à tout moment de leur consistance. Afin d'être ouvert sur le monde, l'institution muséale doit aussi entretenir des rapports privilégiés avec la recherche universitaire, nationale ou internationale. Le métier de conservateur nécessite aujourd'hui de s'impliquer largement dans la vie quotidienne des établissements, sans cesser de s'ouvrir aux travaux académiques. Le développement de bibliothèques, de centres de documentation et de médiathèques est devenu une priorité pour faciliter la recherche et encourager la formation culturelle.

Les catalogues sont déclinés selon des versions plus ou moins illustrées et coûteuses. Ils contribuent à la réputation du musée, à la connaissance et la valorisation du fonds permanent et des expositions temporaires. La coédition avec le secteur privé, appuyée sur des sponsors, se multiplie. Les ouvrages sont néanmoins de plus en plus soumis à un positionnement commercial tributaire des espérances de vente. Il ne devient pas aisé à leurs rédacteurs de présenter une recherche de haut niveau et un document accessible à tous les visiteurs, voire impossible.

2. La restauration

La présentation au Louvre des *Noces de Cana* de Véronèse après restauration (1992) a soulevé des polémiques car il avait été supprimé des repeints dans l'espoir de restituer à l'œuvre sa splendeur passée. Par allégement de vernis, le vêtement d'un personnage principal était même passé du rouge au vert, bouleversant l'équilibre chromatique de l'œuvre. On se demandait si la distinction avait bien été faite entre les repentirs de l'artiste et les adjonctions ultérieures. Des amateurs d'art en ont profité pour stigmatiser l'expérimentation hasardeuse sans évaluation suffisante des risques, et réclamer le respect de l'intégrité du travail de l'artiste. On estime aujourd'hui qu'il vaut mieux laisser vieillir les œuvres en se limitant à les protéger plutôt que de risquer de les détériorer irrémédiablement. Des musées continuent pourtant d'aller dans le sens d'une volonté majoritaire du public en donnant du clinquant aux collections, notamment picturales ou sculpturales. Au Louvre, la sculpture française du XVIIIe siècle a perdu sa patine après sa restauration. À l'issue d'un travail de vingt ans, *La Cène* de Léonard de Vinci présentée à Milan, en 1999, a paru conserver moins de 20 % du travail originel de l'artiste.

La diversité des intérêts en jeu contribue à rendre délicates les restaurations. Les musées font de celles-ci des arguments publicitaires, de nombreuses expositions y trouvent leur justification, le mécénat d'entreprises – qui participe souvent au financement des musées – en espère des bénéfices. Dès lors, des choix esthétiques peuvent être précipités, voire peu fondés. Le développement du Centre de recherche et de restauration des Musées de France – créé dès 1998 sous la forme d'un service à compétence nationale du ministère de la Culture – a pourtant permis depuis quelques années une meilleure appréciation de la portée des opérations envisagées.

3. L'exposition

L'architecture des musées participe déjà des conditions d'exposition. Des rivalités entre le patrimoine architectural et le patrimoine artistique peuvent apparaître. La rénovation du Louvre a privilégié les collections sur les bâtiments, au détriment des appartements royaux et de leurs décors. Mettre un monument historique au service exclusif des collections risque de nuire à son appréciation globale. Pénétrer au Louvre par la pyramide Pei – au demeurant œuvre moderniste de qualité – enlève toute logique architecturale à la déambulation au sein des bâtiments. Alors que les pays anglo-saxons restent généralement d'un grand classicisme dans les choix de présentation des œuvres dans les salles, les conservateurs français témoignent depuis quelques années d'une certaine frénésie du changement. Le visiteur assidu est souvent surpris par le déplacement des œuvres, les présentations successives au fil des années par époques, par écoles, voire finalement par techniques.

La fréquentation des grands musées nationaux pose la question des conditions d'accès aux collections. La saturation guette le Louvre, Orsay et Versailles. On cherche souvent des solutions par une nouvelle gestion des flux de visiteurs, mais il est devenu indispensable d'encourager la circulation des œuvres entre les musées pour déplacer une partie du public vers les structures muséales en région. La loi du 4 janvier 2002 a décidé le transfert de propriété aux collectivités territoriales des dépôts de l'État antérieurs à 1910, vraisemblablement de dizaines de milliers œuvres. Il est aussi encouragé le dépôt en province – pour une durée déterminée – d'œuvres des musées parisiens (*La Femme à la perle* de Corot à Nancy, *La Liberté guidant le peuple* de Delacroix à Strasbourg). La plupart des grandes réalisations de la Renaissance sont pourtant toujours exposées à Paris, malgré la création du musée d'Écouen, en 1977, qui leur est entièrement consacré. Le Louvre bénéficie néanmoins depuis décembre 2012 d'une antenne d'exposition à Lens (Pas-de-Calais) par le biais d'une convention scientifique et culturelle avec le Louvre-Lens, établissement public administratif ; il est aussi engagé dans un partenariat avec les Émirats Arabes Unis dans le cadre du musée Louvre-Abou Dhabi dont l'ouverture est prévue fin 2016. Le Centre national d'art moderne G. Pompidou (CNACGP) est associé au Centre Pompidou-Metz – établissement public de coopération culturelle ouvert en 2010 – qui expose des collections qui lui sont propres et des œuvres du musée parisien ; il a également ouvert en 2015 – pour cinq ans – une annexe à Malaga (Espagne). Il se confirme de plus en plus que les plus grands musées internationaux sont devenus des « marques » dont ils peuvent tirer profit.

On peut néanmoins se demander si le musée reste toujours le meilleur lieu pour présenter les œuvres d'art. Il a longtemps été avancé que les enlever aux lieux de culte ou aux salons était le meilleur moyen de les connaître, d'en parfaire l'analyse et de les protéger. Les pillages et les destructions d'œuvres sacrées pendant la Révolution française accréditaient cette attitude. Cet argument « sécuritaire » reste encore très répandu auprès des conservateurs des musées occidentaux. De nombreux établissements contemporains ont souffert de conflits internationaux ou de guerres civiles (musées de Beyrouth ou de Phnom Pen). Des œuvres architecturales ont été détruites ou altérées (Bouddhas de Bamyan en Afghanistan en 2001, site de Palmyre en Syrie en 2015). Il convient pourtant de se poser la question du retour de certaines œuvres dans leurs pays d'origine. Le musée Guimet procède à l'échange de dépôts prolongés d'œuvres khmers avec le musée de Phnom-Penh (Cambodge) ; le gouvernement italien a restitué à l'Éthiopie une stèle monumentale d'Axoum qui avait été emportée par l'armée mussolinienne (2005) ; la France a rendu à l'Égypte cinq fragments de fresques issus d'un tombeau d'un dignitaire inhumé lors de la XVIIIe dynastie des pharaons dans la Vallée des Rois, près de Louxor (2009).

Des États d'Afrique, l'Australie et la Nouvelle-Zélande ont obtenu ces dernières années la restitution de « restes humains » qui étaient parvenus dans les musées occidentaux au XIXe siècle, prenant place généralement dans des collections d'anatomie, mais pas toujours. Ils posent des questions éthiques sur la distinction à opérer, et la manière de la faire : peuvent-ils être étudiés, mis en valeur et exposés, voire restaurés dans un cadre muséal ou doivent-ils bénéficier de sépultures ? La question reste particulièrement controversée. En tout cas, la France a restitué la dépouille de Saartjie Baartman à l'Afrique du Sud en 2002, puis vingt têtes maories à la Nouvelle-Zélande en 2012 afin qu'elles rejoignent un lieu sacré.

Vulgariser la connaissance des œuvres ne dépend plus seulement des musées traditionnels. Malraux, ministre de la Culture entre 1959 et 1969, souhaitait déjà « rendre accessibles les œuvres capitales de l'humanité, et d'abord de la France, au plus grand nombre possible de Français » (*Le Musée imaginaire*, 1947-1965). Il voyait dans la photographie une galerie universelle permettant d'appréhender l'enchaînement des formes et des styles, et prônait la constitution d'un « musée imaginaire ». Un glissement s'opère aujourd'hui du « musée conservateur » au « musée virtuel » (Corinne Baujard). On s'appuie sur la numérisation des collections, la consultation à distance par Internet, l'archivage électronique et les dvd-roms. La base de données Joconde, gérée par le ministère de la Culture depuis 1975, constitue un portail des collections des musées français (500 000 notices). Le décret du 13 janvier 2011 organisant la fusion de la Réunion des musées nationaux et de l'établissement public du Grand Palais, a confié à la nouvelle structure la mission de constituer et diffuser une photothèque numérique universelle des œuvres d'art. Le Louvre et le Centre national d'art et de culture G. Pompidou développent l'accès en ligne à leurs collections dans le cadre du Plan national de numérisation (2007). Dès novembre 2008, le projet Europeana – soutenu par la Commission européenne – a facilité l'accès numériques aux œuvres. Il ne s'agit pas d'un archivage, mais de la mise en commun de ressources, autrement dit d'un moteur de recherche spécialisé. On a d'abord privilégié le recours aux bibliothèques nationales (livres, audiovisuel, photographies, œuvres d'art), mais désormais des musées d'ampleur internationale (Louvre, Rijksmuseum…) deviennent aussi des partenaires. Un accès multilingue à près de 48 millions d'œuvres est déjà possible par Internet, et probablement jusqu'à 75 millions dans les années à venir. Enfin, au sein même des musées traditionnels, les cartels électroniques se multiplient dans les espaces d'exposition. Les nouvelles technologies de la communication et de l'information sont désormais presque partout et participent aux nouveaux enjeux auxquels est confrontée l'institution muséale.

II. Les défis pour les musées nationaux

La Cour des comptes reconnaît un certain succès à la plupart des musées nationaux au regard de leurs objectifs propres, particulièrement de développer une logique attrayante de l'offre, mais regrette la concentration du succès sur l'Île-de-France et la faible démocratisation de l'accès aux musées (*Les musées nationaux après une décennie de transformations [2000-2010]*, rapport du 30 mars 2011). En réalité, l'autonomie des musées à l'égard de l'autorité de tutelle – le ministère de la Culture – se développe, elle s'appuie sur une diversification des sources de financement qui peut remettre en question les missions traditionnelles d'intérêt général justifiant tout service public culturel.

A. La modernisation des principes de gestion

Même si les musées nationaux ne bénéficient pas d'un statut juridique unique, ils n'en sont pas moins confrontés à des exigences de rationalité gestionnaire.

1. Les différents statuts

Si le rapport du 30 mars 2011 de la Cour des comptes sur les musées nationaux dénombre 37 musées, il y assimile le Centre national d'art et de culture G. Pompidou et le musée des Arts premiers du quai Branly qui relèvent des « grands départements » (décret modifié du 31 août 1945). En réalité, 35 musées se partagent aujourd'hui selon deux régimes juridiques qui diffèrent considérablement selon l'autonomie accordée à l'égard du ministère de la Culture, tout particulièrement sa direction des musées de France (DMF). Les services à compétence nationale (SCN) sont les plus nombreux, mais les établissements publics administratifs (EPA) se multiplient ces dernières années.

Des musées nationaux sont encore, seuls ou regroupés (14 SCN regroupent 19 musées), des services à compétence nationale, notamment Cluny, Écouen, Léger ou Chagall. Cette catégorie juridique – apparue avec le décret du 9 mai 1997 – est appliquée à certains musées depuis l'arrêté du 16 décembre 1998. Sans personnalité morale, ni ressources propres, les SCN restent rattachés à l'administration centrale. Ils fonctionnent à l'aide de la Réunion des musées nationaux (RMN), apparue en 1895, devenue un établissement public industriel et commercial (EPIC) en 1990 et réformée en 2011. Elle encaisse le produit des activités commerciales (droits d'entrée, visites organisées, recettes diverses) et contribue, en contrepartie, à l'enrichissement des collections, la promotion de la fréquentation et la commercialisation de produits dérivés. Aujourd'hui, la plupart des chefs d'établissement souhaitent néanmoins accéder à un statut plus favorable que celui du SCN qui les pénalise dans une période où la révision générale des politiques publiques (RGPP) initiée en 2007, et prolongée par la politique de modernisation de l'action publique (MAP) à partir de 2012 ne favorise pas le développement des moyens mis à leur disposition.

Des musées nationaux, seuls ou regroupés (9 EPA regroupent 16 musées nationaux), revêtent la forme juridique de l'établissement public administratif (EPA) leur permettant de bénéficier d'une personnalité morale, autrement dit de disposer d'un budget propre et de recruter leur personnel. On peut citer Le Louvre, Orsay, le château de Versailles, Guimet, Rodin, Picasso ou Fontainebleau. Le Centre national d'art moderne G. Pompidou a été la première structure muséale à disposer d'une personnalité morale (1975), suivi du musée du quai Branly (2006) et du musée des Civilisations et des Arts de l'Europe et de la Méditerranée (MUCEM) – ex-musée des Arts et des Traditions populaires –, qui a ouvert ses portes à Marseille en juin 2013 ; mais aucun de ces trois musées n'appartient pourtant aux musées nationaux qui possèdent une personnalité morale spécifique qui leur est commune. Il faut noter également que ces dernières années des musées nationaux ont cessé d'être des SCN pour être rattachés directement à un EPA : le musée Delacroix dépend du Louvre, le musée Hebert et le musée de l'Orangerie des Tuileries sont intégrés au musée d'Orsay. Le projet de Maison de l'Histoire de France (2009), abandonné en 2012, devait fédérer neuf musées encore sous statut SCN (notamment Saint-Germain-en-Laye, Cluny, Écouen, Pau, Compiègne) dans un établissement public administratif. En tout cas, les EPA disposent de ressources propres (billetterie, produits dérivés, services), mais aussi de larges subventions du ministère de la Culture pour équilibrer leurs budgets, favoriser leur autonomie et réduire l'influence ministérielle. Leur personnalité morale permet une large liberté dans le recrutement des cadres administratifs, scientifiques et culturels, les choix de programmation, d'animation, d'édition et d'acquisition d'œuvres. Elle encourage aussi les négociations et arbitrages sur la politique muséale et culturelle avec le ministère de tutelle.

Entre 2000 et 2010, les dépenses de l'État en faveur des musées nationaux ont progressée trois fois plus vite que le budget de la France. Elles sont passées de 334 millions d'euros en 2000 à 528 millions d'euros en 2010 (58 % d'augmentation), auxquels il faudrait ajouter les avantages fiscaux consentis au mécénat et l'engagement de l'État sur des travaux de rénovation. Ces chiffres sont à rapporter au coût réel de fonctionnement des musées nationaux, évalué par la Cour des comptes à 760 millions d'euros en 2009 (rapport du 30 mars 2011). La loi de finances pour 2016 accorde 92,4 millions d'euros au Louvre, 20,5 millions à la RMN-Grand Palais et 8,2 millions au musée d'Orsay alors que, hors musées nationaux, le Centre national d'art et de culture G. Pompidou obtient 68,4 millions, le musée du quai Branly 22,6 millions et le MUCEM de Marseille 18,7 millions. Si quelques établissements disposent de recettes propres en nette progression depuis une dizaine d'années provenant de la perception de tout ou partie des droits d'entrée, du résultat des activités commerciales (livres, audiovisuel, produits dérivés) et du mécénat individuel ou d'entreprise, ce n'est pas le cas de tous : la part des ressources propres des musées nationaux a baissé de 48 % à 39 % de 2004 à 2010. Seul le château de Versailles, qui a obtenu 14,5 millions d'euros de l'État pour 2016, finance sans ce soutien la quasi-totalité de ses dépenses de fonctionnement.

La Réunion des musées nationaux (RMN) a vu sa fonction réduite par la création d'établissements publics muséaux dont elle a perdu la gestion après 2004, et la fin de la solidarité de l'ensemble des musées nationaux en matière de financement et d'acquisition d'œuvres d'art. Devenue un prestataire de services presque comme les autres pour les EPA, ne pouvant que s'appuyer sur des SCN de moins en moins nombreux, la RMN a constaté le recul de son secteur de l'édition, sa difficulté à rivaliser avec des entreprises culturelles et des éditeurs privés. Afin de réagir, le décret du 13 janvier 2011 a fusionné la RMN et le Grand Palais qui sont devenues la « Réunion des musées nationaux et du Grand Palais des Champs-Élysées », dite RMN-Grand Palais. La nouvelle structure est confirmée comme établissement public industriel et commercial placé sous la tutelle du ministre chargé de la Culture, mais doit devenir un opérateur culturel de niveau international tirant parti de la référence au cadre d'exposition emblématique qu'est le Grand Palais et de la conjonction des capacités d'expertise des deux anciens établissements. Il s'agit de moderniser les missions traditionnelles, de développer l'ingénierie culturelle et les partenariats en France et à l'étranger. Au reste, afin d'encourager l'harmonisation des règles de gestion et favoriser la constitution de réseaux pédagogiques, scientifiques et culturels, il avait déjà été institué pour l'ensemble des structures muséales un Haut Conseil des Musées de France composé de représentants de l'État, des collectivités territoriales, des professionnels des musées et de personnes qualifiées (loi du 4 janvier 2002).

2. L'emprise des gestionnaires

On peut distinguer trois périodes dans l'histoire muséale depuis le début du XXe siècle, qui ont été analysés par Jean-Michel Tobelem dans *Le Nouvel âge des musées* (2010).

Jusqu'aux années 1950, les musées disposent de moyens limités car le financement public de la culture est faible, le recours aux mécénats, aux amateurs et bénévoles constitue le principal moyen de personnaliser une politique muséale. Le contrôle de l'autorité de tutelle reste modeste. Le conservateur est davantage un érudit qu'un gestionnaire, le personnel est faiblement spécialisé et le public peu nombreux, largement composé de passionnés éclairés.

Des années 1950 aux années 1990, les gouvernements accordent un plus grand intérêt à la culture et développent le financement public des musées. Le directeur, qui dans la tradition française est généralement le conservateur en chef, s'entoure de professionnels compétents. On crée le corps de conservateur du patrimoine (décret du 16 mai 1990) en développant sa responsabilité à l'égard des autorités de tutelle. Un phénomène de massification des pratiques culturelles commence à élargir le public muséal.

Depuis les années 2000, les financements privés rivalisent avec les financements publics ; les ressources propres de certains musées deviennent importantes. Le chef d'établissement est souvent appelé directeur même si les fonctions de président et de directeur peuvent être distinguées ; la RMN-Grand Palais (décret du 13 janvier 2011) connaît un président du conseil d'administration et un directeur général délégué, et dispose de larges compétences de gestion afin d'apprécier les questions de stratégie, de marketing, de ressources humaines, de communication, de tarification ou d'évaluation. À la responsabilité du chef de l'État à l'égard du ministère de la Culture, s'ajoute celle envers des partenaires publics ou privés, nationaux ou internationaux. La concurrence entre les institutions muséales et les entreprises touristiques est de plus en plus évidente.

B. La diversification du financement

Les musées sont devenus de véritables pôles culturels. Ils multiplient les salles d'exposition temporaires, les auditoriums, les salles de concert ou de cinéma, les dispositifs numériques, les accès à Internet. Les stratégies de développement des missions, d'agrandissement des espaces, d'implantation « hors les murs », d'amélioration de l'accueil, de commercialisation et de labellisation des produits renchérissent l'activité muséale. Elles imposent de recourir à des formes complémentaires de financement, autant publiques que privées.

1. La contribution des pouvoirs publics

La valeur marchande des œuvres d'art ne cesse de croître. Le tableau *Les Tournesols* de Van Gogh a été adjugé chez Christie's pour 39,9 millions de dollars en 1987. En moins de dix ans, *Le Garçon à la pipe* de Picasso a franchi les 104 millions (2004), *Le Portrait d'Adèle Bloch-Bauer* de Klimt les 135 millions (2006), le n° 5 de Jackson Pollock les 140 millions (2006), et le triptyque *Trois études de Lucian Freud* de Francis Bacon les 142 millions (2013). Les fonds des musées nationaux destinés à l'achat des œuvres d'art sont particulièrement modestes par rapport à ces valeurs. Certes, le prix de beaucoup d'œuvres reste encore compatible avec une acquisition muséale, mais il faut constater que celles quittant chaque année le sol français pour être placées ou vendues à l'étranger (762 millions d'euros en 2004) ne sont pas compensées par des importations équivalentes (230 millions d'euros).

Dès la loi du 31 décembre 1913, le Parlement a autorisé un classement des œuvres du patrimoine national et interdit leur exportation sans autorisation. Diverses techniques juridiques ont permis à un grand nombre d'entre elles au cours du XXe siècle de rester dans les musées français, et plus globalement aux collections publiques de se diversifier. Aujourd'hui, les œuvres peuvent entrer dans le patrimoine national à la suite de ventes, de donations, de legs des propriétaires, voire par l'exercice d'un droit de préemption ou de revendication. La dation en paiement permet au contribuable d'acquitter une partie des droits de succession ou de l'impôt de solidarité sur la fortune avec des œuvres d'art. *L'Astronome* de Vermeer et un grand nombre de peintures du musée Picasso ont accédé ainsi aux collections publiques. Certaines donations sont célèbres, telles que les donations Monnet ou Rouault. Il est possible également d'acquitter partiellement l'impôt sur les sociétés avec des œuvres, ou de contribuer à l'achat par les musées de biens classés trésors nationaux ou menacés d'exportation. Le Louvre a même recouru à la souscription auprès du public pour se procurer le *Saint Thomas* de George de La Tour en 1988, les *Trois Grâces* de Lucas Cranach en 2010 ou la célèbre *Table de Teschen* de Johann Christian Neuber en 2015. Le droit de la domanialité publique, qui garantit l'inaliénabilité des œuvres, favorise aussi une plus grande sécurité matérielle et juridique en matière d'œuvre d'art.

Une politique de contractualisation avec les musées se développe. Le Louvre signe des contrats pluriannuels d'objectifs et de moyens depuis 2003. Son budget a pu passer ainsi de 80 millions d'euros en 2001 (dont 70 % de dotations d'État), à 148 millions en 2004 (56 % de dotations) et 199 millions en 2015 (49 % de dotations) ; le projet Louvre-Lens (150 millions d'euros), qui bénéficie à la notoriété du musée parisien, a été largement financé par des collectivités territoriales, l'Union européenne et le mécénat. On met actuellement en œuvre le Plan Louvre 2020. Le mécanisme contractuel initié en 2003 a été appliqué à d'autres musées nationaux ayant la qualité d'établissement public administratif. Dès 2006, le musée d'Orsay en a bénéficié : en échange d'engagements de l'État, il accepte une évaluation annuelle, doit maintenir la fréquentation à un haut niveau, optimiser ses ressources financières et rechercher la valorisation du patrimoine conjointement avec les autorités de tutelle. La Cour des comptes regrette pourtant encore les hésitations du ministère de la Culture à s'engager contractuellement, sauf avec les plus grands musées nationaux (rapport du 30 mars 2011).

2. Le développement des fonds propres

Les musées qui bénéficient de la personnalité morale – les EPA – élaborent des stratégies de collecte de fonds afin d'accroître leurs ressources propres. Ils développent les activités périphériques : éditions papier ou électronique, beaux ouvrages et produits multimédias. Ils comptent aussi sur le marché de l'éducation en encourageant les visites scolaires, la formation continue et les programmes éducatifs en ligne. Les concessions de restaurants et de boutiques entraînent le versement de redevances. Au Louvre, les visites privées se multiplient ; l'espace sous la Pyramide a même été loué pour un salon des marchands d'armes en 2004.

Le mécénat est devenu un levier important de financement. La loi du 1er août 2003 l'a encouragé, tout en précisant que le mécène ne doit pas obtenir une contrepartie à son aide supérieure au quart de ce qu'elle représente, sinon il faudrait y voir un partenariat qui supprimerait la possibilité de tout avantage fiscal. Les entreprises peuvent désormais déduire 60 % des dons effectués de l'impôt sur les sociétés. Le musée du quai Branly, ouvert en juin 2006, avait associé des mécènes dès le lancement du projet en 1998 : Pernod Ricard a participé à l'aménagement des terrasses et Sony à l'implantation du matériel informatique. Le Louvre tire plus de 25 millions d'euros par an du soutien des sponsors. En contrepartie du mécénat, les entreprises peuvent améliorer leur image, accroître une notoriété, mieux s'intégrer à l'environnement et promouvoir directement des ventes. Elles obtiennent la mention de leur logo sur les outils de communication liés à l'événement, tels que les dossiers de presse, les cartons d'invitation et les programmes. Dans les catalogues, une page de présentation leur est généralement réservée. Des espaces publics d'accueil sont parfois mis à leur disposition : le 5 janvier 2005, le président d'EDF a présenté les vœux à son personnel du musée d'Orsay. La restauration de la Galerie des glaces du château de Versailles a été financée par Vinci, premier groupe mondial de concession de parkings. L'opération « Tous mécènes » a permis à la restauration de la Victoire de Samothrace d'un apport financier complémentaire.

Les musées nationaux sont désormais en concurrence avec toutes les structures muséales françaises. L'évolution du droit des fondations a favorisé l'essor et la réputation des musées privés Cartier, Dapper, Maeght, Giacometti. La Fondation de France en regroupe aujourd'hui plus de trois cents. La politique de décentralisation culturelle a commencé à bénéficier aux musées des collectivités territoriales qui s'appuient sur des partenariats avec des structures nationales publiques ou privées, notamment des établissements publics de coopération culturelle (loi du 4 janvier 2002). Le plan « Musées en région », lancé par le gouvernement en 2011, visait à les rendre plus performants. En janvier 2013, la Mairie de Paris a créé un établissement public administratif – Paris Musées – afin de lui confier quatorze musées dont elle avait précédemment la gestion directe (Musée d'Art moderne, Carnavalet, Petit Palais...). Les musées à statut autonome (Centre national d'art et de culture G. Pompidou, Musée des Civilisations et des Arts de l'Europe et de la Méditerranée, musée du quai Branly) sont devenus des rivaux de plus en plus redoutables. Autrement dit, les musées nationaux doivent désormais veiller à défendre la position qu'ils ont gagnée ces dernières années car les concurrents se multiplient. Ils doivent pourtant se garder de ne raisonner qu'en termes de rationalité gestionnaire, de partenariat public-privé et de diversification des sources de financement, au risque de perdre de vue l'objectif initial du service public muséal : l'accès à la culture artistique du plus grand nombre. En effet, même si la France dispose d'un patrimoine artistique et culturel imposant, elle n'est pas l'un des pays européens où les amateurs éclairés sont les plus nombreux. On peut imputer cet état à la modestie des enseignements artistiques à l'École, mais aussi se demander si les visites scolaires obligatoires, plus ou moins improvisées, restent le meilleur moyen de sensibiliser les jeunes à l'art. Dans *La Forme d'une ville* (1985), Julien Gracq se souvient d'une visite obligatoire faite très jeune au musée de Nantes, qui l'avait détourné pour longtemps de cette curiosité. Autant de raisons de considérer que la première des missions d'une institution muséale au service de la Culture est de trouver les formes adaptées à sa participation efficace et ambitieuse à la formation de futurs visiteurs cultivés et assidus.

Bibliographie thématique

Baujard C., *Du Musée conservateur au musée virtuel, patrimoine et institution*, Hermès-Lavoisier, 2013.

Bonnefous E., Peuchot E., Richer L. (sous la dir. de), *Droit au musée. Droit des musées*, Fondation Singer-Polignac et Dalloz, 1994.

Champarnaud L, Teboul R., *Le Public des musées*, L'Harmattan, 1999.

Clair J., *Malaise dans les musées*, Flammarion, 2007 ; rééd. 2009.

Cour des comptes, *Les Musées nationaux après une décennie de transformations (2000-2010)*, rapport public thématique du 30 mars 2011.

Daumier S., *Des Musées en quête d'identité*, L'Harmattan, 2003.

Deloche B., *Le Musée virtuel. Vers une éthique des nouvelles images*, 2001.

Gob A., *Le Musée, une institution dépassée ?*, Armand Colin, 2010.

Grenier C., *La Fin des musées ?*, Éditions du Regard, 2013.

Labourdette M.-L., *Les Musées de France*, PUF, 2015.

Le Marec J., *Publics et musées : la confiance éprouvée*, L'Harmattan, 2007.

Ministère de la Culture et de la Communication, *Chiffres clés, Statistiques de la culture*, Annuaire publié chaque année depuis 1991 par le Département des études et de la prospective et des statistiques, La Documentation française.

Poulot D., *Musée et muséologie*, La Découverte, 2005 ; rééd. 2009.

Rolland A.-S., Murauskaya H., *De nouveaux modèles de musées ? Formes et enjeux des créations et rénovations des musées en Europe XIXe-XXIe siècle*, L'Harmattan, 2008.

Sallois J., *Les Musées de France*, PUF, 2005 ; rééd. 2008.

Schaer R., *L'Invention des musées*, Gallimard, 2007 ; rééd. 2011.

Sénat, *Les musées nationaux*, rapport d'information, rapp. Y. Gaillard, n° 574, 4 juin 2014.

Tobelem J.-M., *Le Nouvel âge des musées. Les institutions culturelles au défi de la gestion*, Armand Colin, 2005 ; rééd. 2010.

Chapitre 9

Audiovisuel et diversité culturelle

« Nous autres, civilisations, nous savons maintenant que nous sommes mortelles », s'exclamait Paul Valéry (1871-1945) au lendemain de la Première Guerre mondiale (*Variété 1*, 1924). Afin de répondre à la crise de l'identité européenne, il appelait à opposer une « politique de l'esprit » au « désordre des esprits ». C'était s'inscrire dans une tradition française qui fait de la culture un élément déterminant de la paix, de la cohésion sociale et de l'épanouissement individuel. Mais les biens culturels, mêmes immatériels, n'en révèlent pas moins des échanges marchands qui ont conduit les pouvoirs publics à prendre des mesures pour assurer « l'égal accès de l'enfant et de l'adulte [...] à la culture » proclamé par le préambule de la Constitution du 27 octobre 1946 (al. 13).

Pour favoriser une vie artistique originale et compenser les incertitudes propres aux investissements culturels, la France a imposé des règles économiques et financières favorables aux intérêts nationaux. Le cinéma en a bénéficié au lendemain de la Seconde Guerre mondiale, puis plus tard tout le secteur audiovisuel. Ces règles s'étendent aujourd'hui aux droits incorporels portant sur la production et la diffusion de films, de téléfilms ou de programmes de télévision, c'est-à-dire aux « contenus » audiovisuels. À l'inverse, les États-Unis n'ont jamais cessé de défendre la libéralisation des biens ou services culturels et leur soumission aux lois du marché, estimant que la liberté d'entreprise est une stimulation supplémentaire à la création. Une telle conviction ne pouvait que heurter de nombreux États persuadés que « l'audiovisuel n'est pas une marchandise comme les autres » (Jacques Delors).

Lorsque les accords de Marrakech du 15 avril 1994 ont conclu l'*Uruguay Round* (ouvert en 1986), permettant de créer l'Organisation mondiale du commerce (OMC) et de libéraliser le commerce des services, une « exception culturelle » a été retenue afin de poursuivre le soutien économique et financier, national ou communautaire à l'audiovisuel, et tout particulièrement au cinéma. La directive européenne « Télévision sans frontières » du 3 octobre 1989 en fut confortée, avant d'être complétée par la directive du 30 juin 1997. Mais, dès le 17 septembre 2001, Jean-Marie Messier, PDG du groupe Vivendi-Universal, déclarait à New York que « l'exception culturelle française [était] morte », déclenchant à Paris une tempête médiatico-politique. Il ajoutait pourtant que le monde entrait « dans une période de diversité culturelle ». En effet, aussi bien les pays occidentaux que les pays émergents ou en voie de développement ont rapidement cherché un large consensus à propos de toutes les formes culturelles, pas seulement cinématographiques ou télévisuelles, et placé résolument le débat sur le respect des cultures nationales, régionales ou locales. L'Organisation des Nations unies pour l'éducation, la science et la culture (UNESCO) a adopté – le 20 octobre 2005 – une Convention sur la protection et la promotion de la diversité des expressions culturelles afin de favoriser le développement d'un statut juridique de la culture, quelles qu'en soient les manifestations. Autant dire que les interventions publiques en faveur du cinéma et de l'audiovisuel sont passées de la poursuite d'objectifs culturels assez disparates à la définition d'une politique d'exception culturelle freinant l'ouverture à la concurrence du secteur (I), avant que la diversité culturelle ne devienne un principe juridique défendu par les Nations unies et l'Union européenne en faveur des « services de médias audiovisuels » (II).

I. L'émergence d'interventions culturelles en faveur de l'audiovisuel

Si la notion d'exception culturelle ne s'impose qu'à partir des accords de Marrakech du 15 avril 1994, ses prémisses sont antérieures dans le secteur du cinéma et de l'audiovisuel.

A. La poursuite d'objectifs économiques et culturels

De la Seconde Guerre mondiale à la fin du XXe siècle, quelques interventions nationales, internationales ou européennes ont poursuivi des objectifs culturels sans guère s'écarter de préoccupations économiques. Les accords Blum-Byrnes (1946) sur le cinéma et les directives communautaires « Télévision sans frontières » (1987 et 1997) apparaissent les plus significatifs.

1. Les accords cinématographiques Blum-Byrnes

À son origine, le cinéma fut assimilé à un spectacle de curiosité et la pellicule de film à une marchandise ordinaire, souvent vendue au poids. Si les spectateurs découvrent la technique cinématographique avec les premières projections publiques gratuites des films d'Auguste et Louis Lumière (1895), ils sont pourtant déjà confrontés dès l'année suivante aux œuvres artistiques de Georges Méliès. Il fallut cependant le succès populaire des projections publiques pour que l'activité cinématographique se transforme en véritable industrie, puis tout le talent des cinéastes afin que s'impose le 7e art et que les pouvoirs publics commencent à lui accorder davantage d'attention.

La société Universum film AG (UFA) est créée en Allemagne, en 1917, afin de rassembler les principales entreprises de production, de distribution et d'exploitation de films. Pour soutenir cette concentration, la République de Weimar décide un premier contingentement des films américains autorisés à accéder au marché allemand (1925). L'idée est reprise par la France à l'égard de tous les films étrangers dans le cadre de l'institution d'un visa de contrôle (1928), avant que ne soient conclus des accords bilatéraux avec l'Allemagne et l'Italie. La question réapparaît à la Libération. Peu de films étrangers peuvent encore être diffusés dans l'Hexagone car ils doivent avoir obtenu une autorisation d'exploitation avant 1940 – mis à part une quarantaine d'œuvres américaines importées au moment du débarquement sans licence d'importation –, mais les professionnels français n'en craignent pas moins de voir arriver prochainement des États-Unis un flot de productions encore jamais diffusées (près de 2 000 films réalisés pendant la guerre), sans compter la production annuelle (400 films par an). Ils réclament avec d'autant plus de force la protection d'un mécanisme de quotas de films étrangers susceptibles d'être diffusés sur le sol national.

Le 28 mai 1946 – à l'occasion de la renégociation de la dette extérieure de la France avec les États-Unis –, un accord de commerce est signé à Washington entre Léon Blum, représentant du gouvernement français, et James F. Byrnes, secrétaire d'État américain. Il lie notamment l'octroi d'un prêt à la France (1 800 millions de dollars d'annulation de dettes, et 500 millions de nouveaux crédits) à l'ouverture de son marché intérieur aux exportations américaines. Les Français acceptent un quota d'importation de films, qui doit être transitoire (4 ans) : l'équivalent de quatre semaines par trimestre sera réservé à la projection de films américains, soit près du tiers du marché national de l'exploitation. Les États-Unis obtiennent aussi la diffusion des actualités Loews pour soutenir leur stratégie d'information, et souvent la propagande de leur Département d'État. L'accord de mai 1946 est rapidement l'objet d'une vive opposition des professionnels du cinéma français – notamment du syndicat CGT – qui dénoncent le risque d'hégémonie économique américaine et la publicité jugée excessive pour l'*american way of life*. Devant les protestations, la France négocie un contingentement plus contraignant pour les États-Unis dès 1948 ; une partie des bénéfices des sociétés américaines est gelée, afin qu'elle soit réinvestie dans l'industrie cinématographique nationale. Un fonds d'aide temporaire à l'industrie cinématographique alimenté par une taxe sur les places de cinéma voit le jour. Avec le recul, on peut constater que si les accords Blum-Byrnes n'ont pas empêché une ouverture importante du cinéma français à la concurrence internationale, ils ont justifié des mécanismes d'aide étatique aux productions hexagonales.

2. *La directive communautaire « Télévision sans frontières »*

La culture a longtemps occupé une place très secondaire dans les travaux de la Commission européenne. Mais, après trois ans de négociation, une directive sur la « Télévision sans frontières » (TVSF) est adoptée le 3 octobre 1989, qui inscrit les activités de radio-télédiffusion dans une perspective de libre circulation des programmes européens au sein du marché intérieur par suppression des barrières communautaires. Afin de freiner l'accès des programmes des États-Unis et favoriser la production et la promotion d'œuvres européennes, elle justifie des quotas envers les pays tiers à la Communauté. C'est une base juridique à un marché audiovisuel européen protégé de la concurrence excessive des produits américains.

Ces principes n'ont pas été remis en cause le 30 juin 1997, lors de la révision – par consensus général des États – de la directive TVSF d'octobre 1989. Les quotas ne s'appliquent toujours pas à la diffusion par satellite, câble ou numérique, ni à Internet ; rien n'empêche une chaîne américaine de diffuser des émissions sur le territoire européen par ces techniques. Les chaînes de télévision doivent toutefois réserver la majorité du temps d'antenne aux œuvres européennes et un minimum de 10 % à des producteurs indépendants. Les coupures intempestives des diffusions pour des raisons publicitaires sont interdites. Des principes aussi contraignants n'existent alors pratiquement nulle part à l'extérieur de l'Union européenne, sauf au Canada.

B. La défense de l'exception culturelle

Deux visions antagonistes des relations entre la culture et l'économie sont défendues avec éclat par l'Europe et les États-Unis pendant l'*Uruguay Round* (1986-1994). Les accords de Marrakech du 15 avril 1994 permettent finalement à la position des Européens de l'emporter, du moins partiellement, voire provisoirement.

1. Les débats sur l'audiovisuel lors de l'Uruguay Round

À partir de 1957, il fut organisé régulièrement des cycles de négociations commerciales multilatérales dans le cadre du *General Agreement on Tariffs and Trade* (GATT) adopté le 30 octobre 1947. C'est ainsi que s'ouvrit, en 1986, le 8e cycle de négociation, à Punto del Este, sous l'appellation d'*Uruguay Round*. Pendant huit ans, les États-Unis ne vont jamais cesser de défendre la conception d'un audiovisuel soumis à une stricte logique commerciale. L'œuvre artistique leur apparaît avant tout un bien marchand, les relations commerciales doit l'emporter sur la défense du droit d'auteur et les préoccupations culturelles. Au reste, le secteur audiovisuel et cinématographique des États-Unis rivalise déjà avec l'aéronautique comme premier poste d'exportation, grâce à l'attractivité sur le public international d'une représentation plutôt mythique de l'*american way of life*.

Le cinéma américain dispose de la puissance financière des *majors* (Paramount, Columbia, Warner, Fox, Universal, United Artists, Walt Disney) permettant des *castings* exceptionnels, des moyens de production et de marketing impressionnants. Un film d'Hollywood dispose d'un budget moyen au moins cinq fois supérieur à celui d'un film européen. Les *majors* sont regroupées depuis longtemps en syndicat – avec le soutien du pouvoir politique américain – pour défendre avec ténacité et compétence leurs intérêts à l'étranger et s'installer sur tous les marchés. La Motion Picture Association of America (MPA), branche de la Motion Picture Association of America (MPAA), a été créée à cette intention dès 1947. Sa compétence s'étend sur toute la planète, à l'exception du territoire des États-Unis car elle constitue une dérogation à la loi anti-trust.

Elle n'a jamais cessé d'encourager l'association de la culture et du marché, l'intégration de l'esprit d'entreprise au *free flow of information* sur le modèle global de libre circulation des marchandises. La concentration du secteur audiovisuel constitue aussi un avantage économique : alors que l'on dénombre plus de 600 sociétés sur le marché européen, quelques *majors* et leurs filiales – qui occupent 90 % du marché intérieur américain – sont très efficaces pour distribuer dans le monde entier les grandes productions hollywoodiennes. Elles consentent des conditions financières intéressantes aux distributeurs européens car elles proposent des films déjà amortis aux États-Unis, ou du moins assurés de l'être finalement dans le monde entier. Hollywood laisse aujourd'hui peu de chances à la concurrence étrangère sur le marché américain, et pénètre en force les marchés extérieurs. Les trois quarts des entrées en salles dans l'Union européenne profitent à des productions outre-Atlantique. Dans ce contexte, il n'est pas facile aux Européens – défenseurs du droit d'auteur contre les exigences du marché – de développer un cinéma original de qualité mettant en valeur les spécificités culturelles nationales ou régionales, et surtout d'assurer sa circulation au plan international.

Au cours des négociations de l'*Uruguay Round*, les États-Unis réclamèrent – sous l'influence de la MPA – un accord de libéralisation des services couvrant l'audiovisuel. Une telle évolution aurait remis en cause les dispositifs nationaux et européens de soutien économique et financier, et obligé à renoncer à tout système protectionniste par des quotas. Mais, *a contrario*, retirer définitivement ce secteur des négociations aurait soumis les échanges culturels ultérieurs à des accords bilatéraux, en donnant *de facto* une prime à l'industrie cinématographique la plus puissante. C'est sous l'influence de cinéastes européens – notamment français – et canadiens qu'apparurent ces véritables enjeux culturels. Le président de la Commission européenne, Jacques Delors, devint le défenseur du principe de l'exception culturelle avec l'appui du Parlement de Strasbourg.

2. Les accords de Marrakech du 15 avril 1994

Le GATT du 30 octobre 1947 ne s'appliquait qu'aux marchandises, ne mentionnant ni la question culturelle, ni l'activité cinématographique. Une des questions les plus discutées lors de l'*Uruguay Round* portait sur les services qui échapperaient à l'accord final, particulièrement dans le secteur de la santé, de l'éducation ou de la culture. La France, l'Union européenne et le Canada finirent par rallier la majorité des parties à leurs conceptions. Les accords de Marrakech du 15 avril 1994 permirent de créer l'Organisation mondiale du commerce (OMC) et de libéraliser les services dans le cadre d'un Accord général sur le commerce des services (AGCS) sans y intégrer la culture. En réalité, c'est un régime d'exemption culturelle qui s'imposa, c'est-à-dire un refus provisoire de conclure des accords spécifiques en matière de services culturels dans l'attente de négociations futures. Il ne s'agissait donc pas d'une clause d'« exclusion culturelle » au sens de celle qui avait été négociée par le Canada avec les États-Unis et le Mexique, en 1988, lors de l'accord de libre-échange nord-américain (ALENA). Si l'exclusion se veut définitive, l'exemption doit être transitoire. De surcroît, on retenait une conception restrictive de la culture, les débats ayant *de facto* porté essentiellement sur l'audiovisuel. Le cinéma et l'audiovisuel échappaient à Marrakech à l'AGCS, mais aussi à la clause de la nation la plus favorisée – imposant que tout avantage commercial accordé par une partie contractante à une autre doit aussitôt être étendu à l'ensemble des États membres –, qui aurait annihilé l'effet des régimes d'aides et de subventions.

L'affirmation de l'exception culturelle permit aux États de poursuivre les politiques audiovisuelles dérogatoires aux règles du commerce international. La Communauté européenne maintint les mécanismes de quotas lors de la révision de la directive TVSF (30 juin 1997). Cette année-là, lors des négociations sur la libéralisation des communications l'OMC, l'ouverture à la concurrence se limita aux services porteurs de signaux image et son, sans critiquer les contenus radio-télédiffusés. En 1998, les négociations au sein de l'Organisation de coopération et de développement économique

(OCDE), en vue d'un Accord multilatéral sur la libéralisation et la protection de l'investissement (AMI), échouèrent à la suite de la décision du Canada et de certains pays européens – dont la France – de ne pas y admettre les services culturels et audiovisuels. Le débat sur l'exception culturelle et le secteur audiovisuel reprit dans le cadre d'une nouvelle négociation sur l'AGCS lancée lors du sommet de Doha (Qatar) en novembre 2001. L'Union européenne ne fit alors aucune offre en matière de libéralisation des services culturels. Deux ans plus tard, la conférence de l'OMC de Cancun (septembre 2003) bloqua le cycle de négociation désormais considéré comme un échec en raison de l'incertitude sur le contenu et les objectifs réels de l'exception culturelle défendue à Marrakech. Ces déconvenues successives poussèrent à rechercher un consensus sur une nouvelle notion permettant de mieux protéger la culture dans une perspective vraiment mondiale.

II. L'affirmation du principe de diversité culturelle en matière audiovisuelle

Dès 1999, la ministre canadienne Sheila Cops invita les ministres de la culture des cinq continents à placer la diversité culturelle et linguistique au centre des débats sur le développement. La notion d'exception culturelle apparu de plus en plus comme une arrogance française et européenne peu favorable à une promotion de la culture dans le monde. La diversité culturelle devint ainsi un principe international et communautaire justifiant de nombreuses politiques publiques de soutien économique et financier au cinéma et à l'audiovisuel.

A. La reconnaissance juridique de la diversité culturelle

Le clivage entre les partisans du libre-échange international en matière culturelle et les défenseurs de systèmes de régulation des productions nationales ou européennes ne perd pas de sa virulence.

Mais, on se réfère souvent aujourd'hui à la diversité culturelle pour des raisons contradictoires : il peut s'agir de défendre l'élargissement des marchés, l'ampleur de l'offre marchande, la flexibilité de l'entreprise dans un marché globalisé, le changement radical de modèle économique ou la préservation d'une identité culturelle. En tout cas, la diversité culturelle bénéficie depuis quelques années d'une reconnaissance juridique par la société internationale et l'Union européenne.

1. Les traités européens

Le traité de Maastricht du 7 février 1992 reconnaît la culture comme un objectif politique de la Communauté, insiste sur « l'épanouissement des cultures des États membres dans le respect de leur diversité nationale et régionale, tout en mettant en évidence l'héritage culturel commun » (art. 128 § 1). Il est toutefois précisé que les aides destinées à la promouvoir, ne doivent pas altérer la concurrence « dans une mesure contraire à l'intérêt commun » (art. 92). Le traité d'Amsterdam du 2 octobre 1997 insiste sur le respect et la promotion de la diversité culturelle (art. 151 § 4). La Charte des droits fondamentaux de l'Union européenne – adoptée dès le 7 décembre 2000 – appelle au respect de la « diversité culturelle, religieuse et linguistique », de la liberté des médias et de leur pluralisme, du droit des personnes âgées à « participer à la vie sociale et culturelle ». Le projet de Traité constitutionnel du 18 juin 2004 inscrivait aussi la diversité culturelle et linguistique parmi les objectifs fondamentaux poursuivis par l'Union, avant que sa ratification ne soit interrompue en 2005.

Le traité de Lisbonne du 13 décembre 2007 reconnaît dès son préambule que l'Union européenne s'inspire « des héritages culturels, religieux et humaniste de l'Europe ». Les droits, libertés et principes énoncés dans la Charte des droits fondamentaux du 7 décembre 2000 ont désormais la même valeur que les traités institutifs, sous contrôle de la Cour de Justice. Les objectifs de l'Union, qui sont désormais élargis, obligent à « respecter la richesse de sa diversité culturelle et linguistique et à veiller à la sauvegarde et au développement du patrimoine culturel » (TUE, art. 3). Un titre entier est consacré à la culture, bien qu'il ne comporte qu'un seul article (art. 167) ; il prend parti pour l'épanouissement des cultures des États membres dans le respect de leur diversité nationale et régionale, et encourage à la coopération pour améliorer les échanges culturels non commerciaux, la « création artistique et littéraire, y compris dans le secteur audiovisuel ». Enfin, le protocole n° 29 annexé au traité affirme que la radiodiffusion de service public doit pleinement tenir compte des besoins démocratiques, sociaux et culturels de chaque société, mais aussi de la nécessité de préserver le pluralisme dans les médias. Les États membres peuvent financer ce service public à condition qu'il n'altère pas les conditions des échanges et de la concurrence dans l'Union.

La politique communautaire a reçu depuis longtemps le soutien de la Convention européenne de sauvegarde des droits de l'homme et des libertés fondamentales du 4 novembre 1950. Le Conseil de l'Europe a adopté, dès le 7 décembre 2000, une déclaration sur la diversité culturelle, qui insiste sur la particularité du secteur audiovisuel par rapport à d'autres secteurs industriels et fait de la diversité « un complément nécessaire de la politique commerciale ».

2. La Convention de l'UNESCO du 20 octobre 2005

La concentration du commerce des biens culturels entre un nombre de plus en plus limité de pays accentue le déséquilibre entre les pays occidentaux et les pays émergents ou en voie de développement. Si les affrontements de l'*Uruguay Round* sur l'audiovisuel étaient encore circonscrits aux pays riches (États-Unis, Canada, États européens), le débat porte dorénavant sur les conditions auxquelles peut être assuré un dialogue interculturel équilibré et raisonnable entre les civilisations du Nord et du Sud.

Dans un premier temps, alors que l'Organisation internationale de la francophonie (OIF) défendait un traitement spécifique des biens et services culturels et la conduite de politiques nationales pour garantir la pluralité des expressions culturelles (Déclaration de Cotonou, juin 2001), l'UNESCO a adopté à l'unanimité la Déclaration universelle du 2 novembre 2001, où elle précise que la « féconde diversité des cultures » doit permettre dans un esprit de dialogue et d'ouverture de lutter contre les risques de repli identitaire face à la mondialisation. Ce « patrimoine commun de l'humanité » est jugé aussi nécessaire « que la biodiversité dans le domaine du vivant » (art. 1). Il convient donc d'« avancer la réflexion concernant l'opportunité d'un instrument juridique international » le concernant. Cette proposition a été soutenue par les ministres de la Culture de l'Union européenne réunis à Thessalonique en mai 2003.

C'est dans ce contexte que, dans un deuxième temps, la Convention de l'UNESCO sur la protection et la promotion de la diversité des expressions culturelles a été finalement adoptée le 20 octobre 2005. Elle constitue la première tentative de fixer des valeurs, des principes et des objectifs qui doivent parvenir à s'imposer dans ce secteur aux règles commerciales. Elle s'inscrit dans la lignée de deux conventions antérieures de l'UNESCO, l'une du 16 novembre 1972 relative au patrimoine mondial culturel et naturel, l'autre du 17 octobre 2003 sur le patrimoine culturel immatériel (2003). La Convention du 20 octobre 2005, adoptée à une très large majorité (148 voix sur 154) – seuls les États-Unis et Israël ont voté contre, 4 pays se sont abstenus –, est entrée en vigueur dès le 18 mars 2007. Elle est désormais ratifiée par 140 États (et l'Union européenne), dont la France depuis 2006, mais toujours pas les États-Unis. La Convention reconnaît la spécificité du champ culturel, sa contribution au développement économique et à la cohésion sociale. Afin de définir la diversité culturelle, elle renvoie à tous les modes de création, de production, de diffusion et de distribution artistique quels que soient les moyens utilisés – y compris les nouvelles technologies de la communication – qui expriment ou transmettent un sens symbolique, et bénéficient d'une valeur ou d'une signification distincte de la valeur commerciale qu'ils peuvent détenir (art. 4). Elle prend en compte le devenir culturel des civilisations, appelle à soutenir des industries culturelles dans les pays en voie de développement et à assurer l'égale dignité de toutes les cultures (art. 14

à 16). La coopération bilatérale, régionale et internationale doit être renforcée pour éviter le repli des États sur des préoccupations uniquement nationales, notamment par l'instauration de partenariats (art. 18). Il est insisté sur le respect des droits de l'homme et les libertés fondamentales, le droit d'accès pour tous à des expressions culturelles diversifiées, les principes de solidarité et de transparence. On reconnaît aussi le droit souverain des États d'adopter et conduire des politiques culturelles, d'établir des quotas et des politiques de subventions, d'adopter des principes qui renforcent la diversité culturelle sur leur territoire (art. 6).

Sur le plan juridique, on a toujours regretté que la culture manque d'instruments normatifs internationaux, révélant sur ce point un retard sensible par rapport aux questions pénales, sociales ou environnementales ; seuls les droits d'auteur bénéficient de conventions plus ou moins protectrices dans le cadre d'accords sur la propriété intellectuelle. La Convention du 20 octobre 2005 n'apporte pourtant encore que des solutions à la portée limitée. Elle ne remet pas en cause les engagements internationaux pris antérieurement par les signataires, éventuellement de libéralisation du secteur audiovisuel. Elle laisse les procédures de résolution des litiges à la discrétion des parties ; aucune clause contraignante ou procédure de sanction n'est prévue. Les parties sont simplement encouragées à recourir à la médiation d'un tiers ou d'une commission de conciliation susceptible de prendre en compte des préoccupations culturelles à côté d'exigences commerciales (art. 25). La Convention n'en a pas moins pris de l'importance sur la scène internationale. Elle constitue désormais un frein pour l'ouverture à la concurrence des biens et services culturels dans le monde en encourageant les États à ne pas hésiter à mener certaines politiques en contradiction avec les règles du commerce international pour défendre la diversité des expressions culturelles. Elle dispose de l'appui d'une Conférence des États signataires, organe souverain et plénier, et d'un Comité intergouvernemental chargé de promouvoir les objectifs fixés, d'encourager et d'assurer le suivi des engagements dans un esprit de transparence et de vigilance. Elle s'appuie aussi sur un Fonds international pour la diversité culturelle (FIDC) qui est un fonds volontaire de contribution destiné à promouvoir le développement durable et la réduction de la pauvreté, tout en participant au développement d'un secteur culturel dynamique.

B. La protection européenne et française de la diversité culturelle

La reconnaissance juridique de la diversité culturelle par les Nations unies et les traités européens a permis de développer des politiques communautaires, mais également des interventions de la France en faveur du cinéma et de l'audiovisuel.

1. Les directives européennes sur les services de médias audiovisuels

La directive européenne TVSF du 3 octobre 1989, modifiée par la directive du 30 juin 1997, correspondait à un stade de développement technique et commercial de l'audiovisuel et de la communication. Il a été nécessaire de réformer les principes initiaux afin de tenir compte du progrès technologique, de la convergence de nombreux outils et du nouveau paysage audiovisuel. Le numérique a supplanté l'analogique dans les télécommunications et l'audiovisuel, la TNT haute définition est déjà là. La vente de DVD et de Blu-ray s'effrite face à la diffusion des œuvres par l'Internet haut débit et l'essor des services multimédias *pay peer view* et *video on demand*. NetFlix – entreprise américaine apparue en 1997 – propose déjà des films et séries télévisées en flux continu sur Internet à plus de 70 millions d'abonnés. Autant de raisons de s'interroger sur les mesures protectionnistes actuelles – notamment les mécanismes de quotas et les procédés de régulation publique ou privée –, leur réalisme face au progrès des technologie. Dans ce contexte, le Parlement européen et le Conseil ont adopté successivement la directive dite « services de médias audiovisuels » (SMA) du 11 décembre 2007 dont la transposition devait être achevée en décembre 2009, puis une directive de coordination de certaines dispositions législatives, réglementaires et administratives des États membres relatives à la fourniture de services de médias audiovisuels du 15 avril 2010.

Dès la directive SMA du 11 décembre 2007, le cadre réglementaire général pris en compte par l'Union européenne s'élargit à l'ensemble des services de médias audiovisuels indépendamment des techniques de diffusion. On distingue, d'une part, les « services linéaires » – qui étaient auparavant les seuls concernés par la directive TVSF 1989-1997 –, c'est-à-dire les services de radiodiffusion télévisuelle acheminés vers le téléspectateur et, d'autre part, les « services non linéaires » qui sont des services audiovisuels à la demande (VAD, en anglais VOD). Il existe désormais un socle de règles communes applicable aux services audiovisuels en matière de publicité et de systèmes de régulation (adapté de la directive TVSF 1989-1997), et des règles spécifiques pour les services non linéaires, notamment relatives au soutien à la production d'œuvres européennes et à l'accès à celles-ci. Trois ans plus tard, la directive du 15 avril 2010 précise des règles de compétence entre les États et l'Union européenne en matière de diffusion par satellite, et permet aux pays d'empêcher la diffusion de contenus jugés inadéquats (incitation à la haine fondée sur la race, le sexe, la religion ou la nationalité), oblige à la transparence en matière de décision éditoriale et donne une définition très extensive des communications commerciales audiovisuelles. La publicité est soumise à des critères qualitatifs, mais aussi quantitatifs, limitant la durée des spots publicitaires et de spots de téléachat par heure. On encourage aussi les gouvernements à assurer l'indépendance des organismes de régulation du secteur audiovisuel.

Les accords de Marrakech et les directives TVSF et SMA ont permis le développement d'aides européennes. Le programme Media de l'Union européenne, lancé dès 1990, a permis de soutenir les opérateurs de l'industrie audiovisuelle et cinématographique en matière de formation, de production, de distribution et de financement par l'avance d'aides financières remboursables. Il se décline sous la forme de vastes programmes de coopération entre les États membres, mais aussi avec des pays tiers (Media Mundus). Entre 2007 et 2013, il a rapporté près de 750 millions d'euros aux professionnels. Pour la programmation 2014-2020, les programmes Média, Media Mundus et Culture ont été remplacés par le programme Creative Europe qui doit bénéficier de 1,46 milliard d'euros, dont 818,7 millions pour le secteur audiovisuel et cinématographique. L'aide à la distribution représente la moitié de l'aide totale, celle à la préproduction (formation et développement) près du tiers. L'ensemble du programme représente aujourd'hui 0,6 % du budget de l'Union. De son côté, le Conseil de l'Europe met en œuvre l'accord Eurimages conclut en 1988, afin de participer également à la coproduction et la diffusion d'œuvres européennes par des aides à la coproduction, à la distribution et aux salles de cinéma. Il dispose d'un budget annuel de 25 millions d'euros.

2. L'aide française au cinéma et à l'audiovisuel

Dans le cadre du droit communautaire, la France a mis en place dès les années 1990, puis précisés progressivement, des quotas de diffusion d'œuvres d'expression européenne (60 %) ou française (40 %) sur les chaînes de télévision. Les opérateurs ont pourtant du mal à respecter ces quotas, à financer les passages d'œuvres européennes aux coûts de diffusion plus élevés que les productions venues des États-Unis, et craignent de ne pas obtenir un audimat aussi satisfaisant qu'avec des produits américains similaires. Il a été également mis en place des règles protectrices de la fréquentation des salles de cinéma relatives aux conditions de sortie des films, délais à respecter pour les diffusions sur les chaînes, jours et heures de passage. L'autorisation d'émettre en crypté accordée à Canal Plus, dès 1984, a été assortie d'une obligation particulière de soutien à la production de films français.

Le Centre national du cinéma (CNC) a été créé sous la forme d'un établissement public administratif (loi du 25 octobre 1946), puis placé sous la tutelle du ministre chargé de la Culture depuis la Ve République. Il a fait l'objet d'une vaste réforme par l'ordonnance du 24 juillet 2009. Devenu le Centre national du cinéma et de l'image animée, il dispose désormais d'une compétence sur le cinéma, l'audiovisuel, la vidéo et le multimédia. Le financement des politiques d'aides au cinéma a été modifié à diverses reprises notamment en 1948, 1953, 1959 et 2009. Le CNC gère les soutiens financiers de l'État et les dotations accordées par le ministre de la Culture. Il bénéficie d'une taxe sur le prix des places de cinéma, d'une taxe sur les éditeurs et distributeurs de services de télévision et d'un prélèvement sur le chiffre d'affaires des diffuseurs télévisuels. Il accorde des aides financières automatiques aux opérateurs selon leurs résultats de l'année précédente, et un soutien sélectif en fonction de critères artistiques et culturels. Les aides sont nombreuses et variées, telles que l'avance sur recettes, l'aide à l'écriture de scénario ou l'aide à l'innovation audiovisuelle documentaire. Il existe aussi une aide à la distribution ou à la diffusion des œuvres cinématographiques, ainsi qu'une aide à l'équipement numérique des salles. En matière d'audiovisuel, le CNC développe un soutien à la production de programmes destinés à l'ensemble des réseaux télévisuels (hertziens, satellitaires, câblés...) et aux nouvelles technologies de l'image (DVD et Blu-ray, réseau Internet, images de synthèse). De surcroît, des aides sur fonds privés – notamment des avances – sont gérées par les Sociétés de financement du cinéma et de l'audiovisuel (SOFICA) depuis 1985, et l'Institut pour le financement du cinéma et des industries culturelles (IFCIC) prend en charge un système de crédit et de garanties bancaires en faveur de films dits « indépendants » depuis 1983.

La mondialisation ne cesse de compliquer la dissociation de la culture et de l'économie. Il n'est pas sûr que le développement d'instruments juridiques internationaux prônant la diversité culturelle sera suffisant pour faire échapper effectivement les biens et services culturels – particulièrement audiovisuels – aux règles de l'économie de marché. Les États-Unis, qui n'ont toujours pas signé la Convention de l'UNESCO du 20 octobre 2005, développent de plus en plus les traités bilatéraux avec les États dans une perspective de libre-échange et de globalisation économique, notamment avec les pays émergents ou en voie de développement. Le glissement de l'exception culturelle à la diversité culturelle ne sera vraiment acquis que lorsqu'il sera possible de rallier tous les États membres de l'OMC – et spécialement les États-Unis – autour d'un accord respectueux de la Convention du 20 octobre 2005 et de véritables engagements des États occidentaux à participer efficacement au développement durable des cultures des pays émergents ou en voie de développement.

Bibliographie thématique

Assemblée nationale, Rapport sur le projet de loi n° 2978 autorisant l'adhésion à la Convention sur la protection et la promotion de la diversité des expressions culturelles, *doc. AN*, n° 3088, 16 mai 2006.

Beurier P., *Les Politiques européennes de soutien au cinéma : Vers la création d'un espace cinématographique européen ?*, L'Harmattan, 2004.

Farchy J., *La Fin de l'exception culturelle ?*, Éd. du CNRS, 1999.

Fougea J.-P., Rogard P., *Les Aides au financement : Cinéma, télévision, vidéo, multimédia*, Éditions Dixit, 2007.

Frederick A., *L'exemption culturelle*, ANRT, 2001.

Freund S., *Uniformisation culturelle vs. Diversité des cultures. La politique audiovisuelle Franco-Allemande*, Grin Verlag GMBH, 2015.

Jongen F., *La Directive Services de médias audiovisuels. Le nouveau cadre juridique de l'audiovisuel européen*, Anthemis, 2011.

Gournay B., *Exception culturelle et mondialisation*, Presses Sc. Po., 2002.

Hugues P. de, *Cinéma et exception culturelle*, Dualpha, 2005.

Mattelart A., *Diversité culturelle et mondialisation*, La Découverte, 2006.

Mayer-Robitaille L., Molinier J., *Le Statut juridique des biens et services dans les accords commerciaux internationaux*, L'Harmattan, 2008.

Organisation des Nations unies pour la science et la culture, *L'Unesco et la question de la diversité culturelle : bilan et stratégies, 1946-2003*, 2003.

Problèmes politiques et sociaux, « De l'exception à la diversité culturelle », n° 904, sept. 2004.

Regourd S., *L'exception culturelle*, PUF, 2002 ; rééd. 2004.

Rasse P., *La Diversité culturelle*, CNRS, 2013.

Rogard P., Fougea J.-P., *Les Aides au financement : Cinéma, télévision, vidéo, multimédia*, Éd. Dixit, 2007.

Sénat, Rapport sur la Convention sur la protection et la promotion de la diversité des expressions culturelles, rapp. C. Tasca, *doc. Sénat*, n° 394, 14 juin 2006.

Sojcher F., *Quel modèle audiovisuel européen ?*, L'Harmattan, 2003.

Chapitre 10

Sport et politique

Les Jeux olympiques (JO) – apparus à Olympie en 776 av. J.-C. – ont connu le succès quelques siècles plus tard grâce à la classe des hoplites, citoyens fantassins formés par le Collège d'Athènes qui alliait l'éducation intellectuelle, physique et militaire. Les Grecs ont considéré ces compétitions comme symboliques de leur civilisation, avant qu'elles ne deviennent un élément essentiel du *mare nostrum* des Romains, puis soient abandonnées par l'empereur chrétien Théodose Ier en 393 apr. J.-C., soupçonnées de favoriser le développement du paganisme. Dans la France du XIIe siècle, « desport » ne s'applique plus guère qu'à une manière d'être du corps, à une simple distraction, même si les activités sportives sont assez populaires. C'est l'Angleterre victorienne de la fin du XIXe siècle qui codifiera la première – sous l'influence de *l'athleticism* – un ensemble de règles sportives modernes et élèvera un culte à la vitesse, à la perfection et au constant dépassement de soi au nom de valeurs éducatives et morales.

Au cours des années 1890, le baron Pierre de Coubertin (1863-1937), devient le chantre de l'olympisme moderne en prônant le rétablissement des Jeux dans le cadre d'un syncrétisme assumant le pragmatisme des anglicans britanniques et la culture hellénistique. Pour cet aristocrate français – nationaliste convaincu –, principes moraux et qualités physiques hors du commun (*citius, altius, fortius*) doivent favoriser un élitisme universel. Les premiers JO de l'époque moderne s'ouvrent à Athènes, en 1896, sous l'autorité du Comité international olympique (CIO), autorité non gouvernementale sans but lucratif. Dès les Jeux de 1920, les cinq anneaux entrelacés sont l'emblème de l'olympisme et d'un désir de paix entre les continents.

Les dirigeants politiques ont progressivement accordé une attention soutenue aux Jeux olympiques et aux compétitions internationales – tout particulièrement en matière d'athlétisme, de football et de cyclisme –, mais également à la pratique sportive de masse. Le sport a régulièrement été instrumentalisé afin d'essayer de valoriser des conceptions idéologiques ou politiques, d'imposer dans le monde une image valorisante de la nation, voire de conduire une diplomatie par athlètes interposés. Il a servi aussi à renforcer des politiques publiques, notamment d'intégration sociale des individus. En effet, « sport » et « politique » relèvent de deux réalités qui connaissent de nombreuses analogies, qu'il s'agisse de s'imposer, de revendiquer des valeurs idéales, de valoriser les vainqueurs, d'asseoir une entité collective ou de fixer des repères communs. Il n'est cependant jamais sans risque pour les gouvernants de s'appuyer sur le sport pour accroître leur popularité, la retrouver ou développer telle ou telle politique publique. En réalité, si le sport permet une représentation de la nation (I), il est également un instrument politique à la disposition de l'État (II).

I. Le sport, représentation de la nation

Au cours du XXe siècle, la pratique sportive de masse et le sport de haut niveau ont parfois été mis au service de conceptions idéologiques, et plus fréquemment de visées nationalistes. Dans tous les cas, le sport a propagé une manière d'appréhender la nation.

A. Sport et idéologie

Dès la première moitié du XXe siècle, les dictatures sont nombreuses, notamment lorsque des pays précédemment plus ou moins respectueux de la démocratie mettent en péril les droits les plus fondamentaux, tout particulièrement l'Italie, le Portugal, l'Allemagne, l'Espagne, la France, l'Union soviétique ou les pays de l'Est. Mais, c'est le régime autoritaire de l'Italie fasciste et les régimes totalitaires de l'Allemagne nazi, de l'Union soviétique et de la République démocratique allemande qui portent au plus haut point l'exploitation idéologique du sport, en faisant un instrument de propagande internationale et de contrôle social.

1. L'Italie de Benito Mussolini

Dès son accession au pouvoir en octobre 1922, le *Duce* utilise le sport afin d'imposer l'image d'une nation italienne unie. La modestie des résultats de l'équipe nationale lors des Jeux interalliés de Paris (1919) lui permet de justifier une profonde réorganisation administrative de la pratique sportive (1925-1929) qui prive l'Église catholique et les mouvements ouvriers de leurs missions traditionnelles en ce domaine. Il n'existe plus que « le sport du *Duce* » : l'*Opera nazionale ballila* s'adresse à toute la jeunesse scolarisée, les *Grupi universitari fascisti* aux étudiants et l'*Opera nazionale dopolavoro* aux travailleurs. La Charte du sport (1928) prévoit une préparation physique de type militaire des enfants dès l'âge de 6 ans, quel que soit leur sexe. On cherche à développer auprès de tous – jeunes et moins jeunes – le courage, l'abnégation et la discipline en associant l'éducation sportive et l'apprentissage des valeurs du nouveau régime. Les compétitions et les athlètes de haut niveau sont sous un contrôle particulièrement strict du Parti national fasciste. Sur le stade, on revêt la chemise noire et le salut fasciste devient courant. La presse et la radio rendent quotidiennement compte des exploits des sportifs nationaux.

Sur le plan international, le sport doit témoigner du dynamisme du pays, participer à son prestige. De grands complexes sportifs sont érigés, des infrastructures routières et ferroviaires modernes en facilitent l'accès. Le football est l'objet d'une attention soutenue. Le stade de Turin, d'une capacité de 50 000 places, est dénommé Benito Mussolini. Lors de la Coupe du monde de 1934, l'affiche publicitaire officielle donne le ton : le sport est présenté comme

« une voie pour devenir citoyen ». La Charte de Viareggio (1926) doit renforcer l'identité nationale des équipes : elle défend la professionnalisation, tout en excluant les joueurs étrangers. La référence à la terminologie sportive anglaise disparaît dès 1930. La reprise en main du sport de compétition sera bénéfique en termes de résultats footballistiques : l'Italie remporte la Coupe de 1934 (puis celle de 1938) et le titre olympique aux JO de Berlin de 1936. Cette réussite se retrouve également dans le cyclisme – qui est également professionnalisé – et dans de nombreuses disciplines olympiques. Aux JO de Los Angeles (1932), l'Italie obtient le deuxième rang mondial, après les États-Unis, pour l'ensemble des médailles gagnées.

2. L'Allemagne d'Adolf Hitler

Dès son accession au pouvoir, en janvier 1933, Adolf Hitler, influencé par Joseph Goebbels, prend immédiatement en compte les avantages idéologiques que le *Reich* nazi peut tirer du sport. La Ligue sportive allemande est placée sous la tutelle directe de l'État. À l'exemple de l'Italie, l'encadrement de la population dans les activités sportives prend des allures militaires, relève d'une stratégie de masse. L'instrumentalisation du sport de compétition est portée à son apogée lors des Jeux olympiques d'été de Berlin en août 1936, dont l'organisation a été confiée à l'Allemagne par le CIO – en 1931 – avant l'accession de Hitler au pouvoir.

Le régime nazi espère se servir des Jeux pour diffuser une image positive de l'idéal aryen, et témoigner sur le stade de la supériorité de la « race allemande ». De grands travaux d'infrastructures sont réalisés : un stade de 100 000 places est construit à Berlin, où la croix gammée est omniprésente. Un film de propagande – *Les Dieux du stade* (1936) – est commandé à Léni Riefenstahl, déjà réalisatrice du *Triomphe de la volonté* consacré au congrès du parti nazi à Nuremberg (1934). Les JO confirment l'efficacité des entreprises d'outre-Rhin, leur capacité à mettre en œuvre des cérémonies gigantesques. De nombreuses médailles sont obtenues par les athlètes allemands. Le triomphe du noir américain Jesse Owens dans les courses de sprint et le saut en longueur – auquel le Führer refuse de serrer la main – n'atténue que faiblement l'opération de propagande. Cette démonstration de puissance aurait pu inquiéter davantage car Hitler avait déjà précisé dans *Mein Kampf* (1925) que des « millions de corps entraînés au sport [...] pourraient se transformer, en l'espace de deux ans, en une armée ».

3. L'Union soviétique et l'Allemagne de l'Est

L'installation du pouvoir bolchevique en Russie dès 1917, puis la création de l'Union soviétique le 30 décembre 1922 révèle que les nouveaux gouvernants sont décidés à faire de l'activité sportive un moyen de contrôle et d'encadrement des citoyens. Dès 1918, l'Institut national de culture physique est créé à Moscou. Lors du 3e congrès des jeunesses communistes (1920), Lénine vante les multiples mérites du sport : il doit assurer le perfectionnement physique de la jeunesse, préparer à la citoyenneté communiste, aider à s'insérer dans le monde du travail et contribuer à la protection de la patrie. Ce sport révolutionnaire nécessite une activité de masse qui s'oppose à la pratique élitiste de la bourgeoisie. Il est censé s'adresser avant tout à des travailleurs, même lorsqu'ils sont athlètes de haut niveau. Sur le plan international, le régime stalinien (1922-1953) est pourtant contraint à un isolationnisme sportif pendant de nombreuses années. Lorsque l'URSS entre à la Société des nations (SDN) en 1934, ses sportifs ne participent toujours pas au mouvement olympique. Ils seront présents finalement aux JO d'Helsinki de 1952. Dès lors, les compétitions internationales prennent une tournure nouvelle : la guerre froide entre l'Ouest et l'Est se poursuit sur les stades par sportifs interposés. Les Soviétiques développent une politique de sélection, de conditionnement et souvent de dopage de leurs futurs champions, qui deviennent les défenseurs de l'idéologie communiste. Les succès sportifs répondent largement à l'appel : l'URSS rivalise efficacement avec les États-Unis ; elle obtient autant de médailles qu'eux aux JO de Munich (1972).

Le modèle sportif soviétique a été repris par la plupart des pays d'Europe de l'Est. Dès 1948, Éric Honecker, secrétaire général du Parti communiste de la République démocratique allemande, reconnaît que le sport sera désormais « un moyen d'atteindre d'autres buts ». Son petit pays obtient d'excellents résultats aux JO et dans les compétitions internationales, parvenant vite à concurrencer les États-Unis et l'URSS, notamment en athlétisme et en natation. L'imbrication du sport et de l'appareil d'État et la recherche de la performance à tout prix favoriseront de nombreux comportements délictueux au regard de l'éthique sportive, particulièrement par l'utilisation intensive de produits dopants dès la fin des années 1960.

La chute des régimes fascistes européens mussolinien et nazi, puis les changements politiques dans les ex-pays communistes d'Europe de l'Est ont réduit la connotation idéologique du sport, qui n'en reste pas moins encore aujourd'hui un instrument important de politique intérieure et extérieure d'un grand nombre d'États où le nationalisme est largement présent.

B. Sport et nationalisme

Le sport antique contribua à affirmer la civilisation grecque, même s'il s'agissait avant tout d'exalter les dieux censés désigner les vainqueurs. Dès les JO d'Athènes de 1896, on déclare valoriser davantage les valeurs individuelles physiques et morales des sportifs que leurs nations. La Charte olympique n'est pourtant pas sans ambiguïtés : si elle précise que « les Jeux sont des compétitions entre individus et non entre nations », elle ajoute aussitôt que « ne sont qualifiés pour représenter les couleurs d'un pays aux Jeux olympiques que les nationaux de ce pays » (art. 7). De surcroît, l'organisation même des compétitions limite le nombre de participants par pays. Au nationalisme sportif des États s'ajoute fréquemment celui des individus, l'un et l'autre pouvant entraîner quelquefois des dérives comportementales sur les stades qui sont préjudiciables à l'institution sportive.

1. Le nationalisme sportif

Dès le XIXe siècle, Ernest Renan (1823-1892), qui s'opposait à la conception allemande de la nation fondée sur des critères prétendument objectifs (race, géographie, histoire, langue), assimilait la nation française à « une âme, un principe spirituel » (*Qu'est-ce qu'une nation ?*, 1882). Le sport y participe inévitablement, même si on ne lui attribue pas de visées idéologiques. En Occident, l'émergence du sport moderne coïncide avec l'essor du nationalisme dès les années 1880, comme l'affermissement de l'unité des États est concomitant avec l'internationalisation du sport. Dès les Jeux interalliés de 1919, tout athlète est sélectionné par son gouvernement, qui finance son entraînement. Il se trouve investi du prestige culturel, économique ou politique de sa nation.

Au-delà de l'exploit sportif du vainqueur, la conquête par l'homme des « 8 000 mètres » de l'Himalaya et du Karakorum – dans les années 1950-1960 – a révélé une appropriation symbolique de la montagne : de grandes expéditions réunissaient des centaines de personnes sous l'égide d'un pays qui finançait une organisation dirigée de manière quasi militaire ; ainsi parle-t-on, en raison de la nationalité des vainqueurs, de l'Annapurna « français » (Maurice Herzog et Louis Lachenal en 1950), du Nanga Parbat « allemand » (Herman Buhl en 1953) ou du K2 « italien » (Achille Compagnoni et Lino Lacedelli en 1954). Les grands tours cyclistes européens (de France, d'Italie ou d'Espagne) organisés par équipes nationales ont connu la même attitude ; même le recours à des équipes de marques commerciales n'empêche pas qu'un culte soit témoigné aux champions, assimilés à des héros de la nation, tels que les cyclistes Fausto Coppi et Gino Bartali en Italie, ou Raymond Poulidor en France. Au Brésil, un deuil national fut décidé après la mort du pilote de Formule 1 Ayrton Senna (1994). Le boxeur français Georges Carpentier a été le premier sportif à obtenir la légion d'honneur (1938). Dans les États issus de la décolonisation, le sport est aussi un facteur important de l'identité nationale. Lors du découpage de l'Afrique occidentale en huit États indépendants au début des années 1960, le président du Sénégal, Léopold Sédar Senghor, tenta de rassembler son peuple autour de valeurs historiques précoloniales communes et de refonder une histoire culturelle collective. Il relança – avec un succès relatif – des sports traditionnels comme la lutte ou les courses de pirogues.

L'expression du nationalisme lors d'une épreuve ou d'un match est pourtant une réalité quelquefois éphémère, voire ambiguë. Les équipes de football ou de cyclisme sont devenues largement internationales, les clubs ou les marques obtiennent à des prix souvent très élevés la participation de sportifs étrangers. Les rivalités entre pays, villes ou entreprises peuvent s'exprimer au sein d'une équipe, comme les appartenances régionales ou locales. Le nationalisme cède régulièrement le pas à la valorisation des particularismes les plus variés.

2. Le comportement des sportifs et des supporters

Un sportif vient généralement à la compétition pour des raisons d'épanouissement personnel. Il se reconnaît rarement d'entrée une mission nationale. Même si sa fierté peut se manifester lors du défilé d'ouverture des JO au sein de la délégation de son pays ou sur le podium lors de l'écoute de l'hymne national, c'est plutôt sous l'influence de son entourage, de la fédération à laquelle il appartient, des médias ou des pouvoirs publics qu'il peut être tenté de jouer un rôle national, s'en accommoder ou s'y refuser. Maurice Herzog, Roger Bambuck, Guy Drut ou Pierre Mazeaud sont devenus ministres ou secrétaires d'État sous la Ve République. Les supporters peuvent aussi se sentir investis d'une sorte de mission patriotique. Une telle attitude est plus évidente dans les sports d'équipe, où les individualités s'effacent sensiblement devant le résultat final collectif. Bien que les athlètes soient souvent acclamés quelles que soient leurs nationalités, le public prend généralement parti pour l'équipe de son pays, à laquelle il s'identifie plus facilement.

Les sports modernes ont perdu l'extrême violence physique des jeux de l'Antiquité ; dans la Rome ancienne, les combats de gladiateurs se terminaient souvent par la mort de l'un des concurrents. La codification de règles a encouragé le *self control* et la maîtrise des passions. Le Tour de France cycliste – le plus célèbre du monde – parvient à déplacer des millions de supporters sur le bord des routes sans incidents majeurs depuis 1903. La violence n'est pourtant pas toujours absente des stades. Les spectateurs projettent dans l'équipe qu'ils soutiennent leurs espoirs et un désir de vaincre, mais aussi quelquefois des frustrations, voire de l'agressivité. Il n'est pas rare d'être confronté à des foules incontrôlées, à des violences à l'égard des arbitres, des joueurs ou des spectateurs qui peuvent dénaturer la compétition. Le patriotisme dégénère alors dans des formes agressives et chauvinistes proches de la délinquance. C'est souvent le football – devenu le sport-roi sur la planète – qui a été l'occasion des débordements les plus spectaculaires. En 1964, une contestation sur l'arbitrage à l'issue d'un match de football à Lima, entre l'Argentine et le Pérou, tourna à l'émeute et fit des centaines de morts ou blessés. Le hooliganisme, notamment britannique, a exacerbé le vandalisme et la violence dans les stades par une exaspération de projections imaginaires ou de fanatismes patriotiques. Les médias en rendent souvent compte sans guère d'analyse, les organisateurs et les pouvoirs publics hésitent à sanctionner efficacement. Au demeurant, ces comportements témoignent souvent d'un malaise extra sportif.

Si le sport n'a jamais cessé de participer de la représentation de la nation, il a régulièrement été aussi utilisé pour tenter d'affermir l'autorité de l'État et de son gouvernement.

II. Le sport, instrument politique de l'État

Lors des JO de Munich (1972), la prise en otage de l'équipe israélienne de lutte par le commando palestinien Septembre noir fit seize morts. Les terroristes avaient pour objectif d'obtenir la libération de prisonniers politiques détenus en Israël. Ce drame est pourtant le seul du genre. Réalité qui n'empêche pas les organisateurs des grandes réunions sportives internationales d'être particulièrement vigilants. Lors des attentats terroristes parisiens du 13 novembre

2015, le Stade de France à Saint-Denis était visé. Certes, le sport ne devient généralement pas une arme de guerre, mais il peut constituer une arme psychologique. Il est susceptible d'être instrumentalisé aussi bien dans la politique internationale que dans la politique intérieure des États, du fait de gouvernements, de groupes ou d'individus.

A. Sport et politique internationale

Le sport peut être utilisé pour témoigner de l'existence sur la scène mondiale d'un État, voire tenter d'en obtenir une première légitimation. Il permet aussi aux dirigeants de s'adresser des signes diplomatiques.

1. La reconnaissance sportive des États

Lors des grandes manifestations, un drapeau et un hymne national participent d'une reconnaissance internationale. Au lendemain de la décolonisation du début des années 1960, les nouveaux États africains se hâtaient de mettre en place des fédérations sportives nationales, comme s'ils attendaient presque autant une reconnaissance par la Fédération internationale de football (FIFA) et le Comité international olympique (CIO) que par l'Organisation des Nations unies (ONU). Les pays de l'ex-URSS créèrent aussi leurs propres équipes sportives dès leur accession à l'indépendance. En Algérie, le Front de libération nationale (FLN) réussit symboliquement, dès avril 1958, à constituer une équipe de footballeurs professionnels d'origine algérienne qui quittèrent la France métropolitaine pour effectuer des tournées dans les pays arabes, en Europe de l'Est et en Asie, au nom d'un État qui restait à créer.

Un pays peut profiter des JO ou des Coupes du monde de football afin d'essayer de se constituer une légitimité sur la scène internationale. Sous la dictature du général Jorge Rafael Videla, l'Argentine réussit à se faire confier l'organisation du Mondial de 1978, qu'elle gagnera. Après avoir renoncé à l'*apartheid*, l'Afrique du Sud obtient l'organisation de la Coupe africaine des nations de football (1996) confirmant sa pleine intégration à la communauté africaine. À la suite du massacre de la place Tian'anmen, le 3 juin 1989, la Chine essaie d'atténuer la réprobation qu'elle a suscité dans le monde en accueillant les Jeux asiatiques (1990). Les JO de Pékin (2008) l'aident aussi à s'affirmer comme un partenaire incontournable, même s'il ne cesse pas de lui être reproché les atteintes aux droits fondamentaux des individus et des minorités, notamment tibétaines ou musulmanes.

Le sport est également révélateur de l'attitude de l'opinion publique ou des sportifs nationaux envers les autres États. Lors des JO de Paris de 1900, l'absence de manifestations anti-allemandes envers les sportifs d'outre-Rhin ouvrit la voie à une normalisation des relations entre la France et l'Allemagne qui avaient été interrompues par la guerre de 1870. Après l'invasion de la Tchécoslovaquie par les forces du pacte de Varsovie en 1968, les sportifs de ce pays semblaient trouver l'occasion d'une revanche historique – souvent avec le soutien des spectateurs – chaque fois qu'ils rencontraient une équipe soviétique.

2. L'arme diplomatique sportive

Le sport est un instrument plutôt facile à manier, qui ne provoque pas les destructions d'une opération militaire, c'est une « arme propre » à la portée de tous les pays ; s'imposant avant tout aux consciences, elle ne devient efficace que par la médiatisation qu'elle peut recueillir. On peut instrumentaliser le sport pour valoriser l'image d'un régime que l'on soutient, ou dégrader celle d'un régime adverse. Le rapprochement entre les États-Unis et la Chine a été symbolisé par la « diplomatie du ping-pong de table », ébauchée lors d'un Championnat du monde au Japon en avril 1971 où les athlètes américains et chinois échangèrent leurs maillots. L'équipe des États-Unis fut invitée en Chine, puis Henri Kissinger se rendit à Pékin. L'ONU accepta peu après de remplacer en son sein de Taïwan par la Chine populaire (25 octobre). *A contrario*, l'Union soviétique et les démocraties populaires de l'Est ont longtemps opposé la pureté communiste du sport à la dépravation capitaliste, alors que les États-Unis vantaient les mérites du sportif occidental libre et heureux, stigmatisant l'athlète de l'Est discipliné mais robotisé, toujours suspect de dopage. La croyance au progrès pour vaincre l'adversaire impose aussi de le dépasser en ce domaine ; les JO de Moscou (1980) sont ouverts par un message adressé par des cosmonautes soviétiques en direct d'un Soyouz aux spectateurs du stade Lénine ; la torche olympique destinée à rejoindre les JO d'hiver de Sotchi en Russie (2014) fait le détour par la Station spatiale internationale à bord d'un satellite russe, avant une « sortie dans l'espace ». Lors des JO de Pékin (2008), la Chine stupéfie beaucoup de téléspectateurs par une cérémonie d'ouverture mise en scène par le grand cinéaste Zhang Yimou – où elle a investi près de 100 millions d'euros.

L'arme sportive la plus radicale envers les pays adverses est la pratique du boycottage (ou boycott), qui existait déjà sous l'Antiquité : en 420 av. J.-C., Sparte fut interdite des Jeux olympiques. Il s'agit rarement d'une décision purement sportive, quoique les rugbymen écossais aient refusé les compétitions avec les joueurs français, en 1913, en raison de la violence supposée de ces derniers. En réalité, le boycottage n'a pris des allures nettement politiques qu'au lendemain de la Première Guerre mondiale. Les Jeux interalliés de 1919 et les Jeux olympiques de 1920 ont exclu les vaincus de la Grande guerre (Allemagne, Autriche, Bulgarie, Hongrie et Turquie), qui firent néanmoins un retour triomphant aux JO d'Amsterdam en 1928. À la veille des JO de Berlin (1936), une campagne de boycottage fut orchestrée par les démocraties occidentales pour témoigner d'une opposition aux mesures antisémites appliquées en Allemagne, sans aboutir à l'annulation des Jeux, ni finalement au refus de la participation des États protestataires. Le CIO envisagea même par la suite l'organisation des JO d'été au Japon et des JO d'hiver en Allemagne pour l'année 1940.

Après la Seconde Guerre mondiale, les boycottages de nature diplomatique et politique se sont multipliés. Le « boycottage non-participation » est le plus courant. Aux JO de Melbourne de 1956, l'Espagne, les Pays-Bas et la Suisse refusent la compétition avec les pays dont les troupes ont envahi la Hongrie ; l'Égypte, l'Irak et le Liban font de même pour contester l'intervention franco-britannique à Suez. Les JO de Montréal (1976) s'ouvrent sans la présence des sportifs de 28 nations africaines qui contestent la participation de la Nouvelle-Zélande pour avoir envoyé précédemment une équipe de rugby jouer en Afrique du Sud pratiquant l'*apartheid*. Des boycottages « alternatifs » interviennent au début des années 1980 entre les États-Unis et l'URSS dans un contexte de guerre froide encore particulièrement marquée : les Américains sont absents des JO de Moscou (1980), les Soviétiques boudent les JO de Los Angeles (1984). Dans tous les cas, on cherche à discréditer la manifestation sportive, sa représentativité mondiale. Il peut aussi exister un « boycottage-exclusion » qui consiste à refuser l'accès à la compétition de certaines nations. Pour raisons d'*apartheid*, l'Afrique du Sud a été suspendue des compétitions sportives internationales dans les années 1960 et la Rhodésie dans les années 1970.

B. Sport et politique nationale

Le sport peut être instrumentalisé par les dirigeants politiques pour soutenir leur politique intérieure, qu'ils cherchent à affermir leur légitimité ou à mieux intégrer les populations.

1. La légitimation par le sport

Les dirigeants politiques espèrent toujours bénéficier de la popularité de leurs sportifs. Le 12 juillet 1998 – en pleine cohabitation –, le président Jacques Chirac et le Premier ministre Lionel Jospin assistent ensemble à la finale de la Coupe du monde de football au Stade de France à Saint-Denis. La poignée de main avec les athlètes, retransmise par les médias, est aussi toujours très prisée. Il apparaîtrait incongru, voire préjudiciable de ne pas témoigner d'un intérêt marqué pour les sports les plus populaires – particulièrement le football – et de ne pas encourager leur développement. Le président Barack Obama a toujours affiché son goût pour le basket et le président Nicolas Sarkozy pour le jogging ; Nelson Mandela utilisa à plusieurs occasions le rugby pour accroître ses soutiens en Afrique du Sud. Après les résultats jugés insuffisants de l'équipe française au JO de Rome en 1960, le général de Gaulle demanda au conquérant de l'Annapurna, Maurice Herzog, de doter l'Hexagone de structures capables d'en faire une grande nation sportive. Les candidatures de la France à l'organisation des grandes compétitions sont également suivies de près par les gouvernants. Après les échecs répétés pour obtenir les JO d'été de 1992, puis de 2008, la France a été de nouveau candidate pour les Jeux de 2012 dans un contexte bien particulier. Le président J. Chirac voyait dans cette candidature le moyen de retourner la déception et l'inquiétude des votants du « non » au référendum du 29 mai 2005 sur le Traité constitutionnel européen, et espérait tirer profit d'une initiative autour de laquelle s'étaient réunis rapidement la plupart des parlementaires, des partis politiques, des syndicats, des associations et des Français. Après beaucoup d'espoirs, probablement inconsidérés, Londres l'a finalement emporté en ayant réussi à nouer au moment adéquat les contacts avec les bons interlocuteurs. Il n'est pas toujours sans dangers pour le pouvoir politique d'essayer de se légitimer par le sport. La France s'est à nouveau lancé dans une candidature pour les JO d'été de 2024.

Le déroulement des manifestations sportives internationales peut quelquefois porter ombrage à des États. Aux JO de Mexico (1968), les sprinters noirs américains Tommie Smith et John Carlos – respectivement 1er et 3e du 200 mètres – créèrent l'événement médiatique : sur le podium olympique, ils présentèrent un poing levé ganté de noir au-dessus de leur tête baissée, alors que le drapeau des États-Unis était hissé et retentissait l'hymne national. Il fallait y voir une protestation contre la politique de discrimination raciale des États-Unis, l'assassinat quelques mois auparavant du pasteur Martin Luther King et un soutien au Black Power. Le destinataire du message politique n'était pas seulement leur pays : tous les régimes politiques et tous les spectateurs étaient pris à témoin de l'indignité faite aux Noirs dans le monde. On cherchait à discréditer des gouvernements, mais aussi les engager à modifier leurs engagements politiques. Des attitudes moins tapageuses ont conduit des athlètes d'Afrique du Sud à s'exiler de leur pays dans les années 1970, voire à demander la naturalisation dans un autre État afin de pouvoir concourir au niveau international tout en dénonçant le régime d'*apartheid*.

2. L'intégration par le sport

La politique française d'intégration témoigne des liens qui peuvent exister entre le sport et telle ou telle politique gouvernementale dont il n'est pas directement l'objet. Lorsque la France gagne le Mondial de football face au Brésil, le 12 juillet 1998, le sélectionneur Aimé Jacquet insiste aussitôt sur « l'équipe multiethnique », que l'on appellera rapidement « black-blanc-beur ». Un grand nombre d'observateurs se rallient à cette présentation du sport comme manifestation d'une mixité sociale harmonieuse, partie intégrante du modèle français d'intégration. Mais trois ans plus tard, le 6 octobre 2001, des jeunes gens envahissent la pelouse du Stade de France lors d'un match de football amical France-Algérie, puis au lendemain de l'élection présidentielle d'avril-mai 2002, une poignée de supporters bastiais exaltés sifflent la *Marseillaise* au Stade de France (11 mai). À l'évidence, la manière dont la politique s'invite de manière très médiatique dans les stades révèle la complexité des relations entre le sport et l'intégration.

Les dirigeants politiques français tentent régulièrement de résoudre les difficultés de la société en s'appuyant sur le sport. Ils pensent y trouver une consolidation de valeurs sociales, culturelles et politiques. Éduquer, intégrer, lutter contre les incivilités ou développer la citoyenneté par le sport est plus que jamais l'objet de débats, encore relancés lors des violences urbaines dans certains quartiers de banlieues en novembre 2005. On peut croire que l'activité sportive peut aider, voire suppléer la Famille, l'École, le Travail social, le Syndicat ou le Parti pour réussir la socialisation des jeunes en difficulté. Il y a pourtant lieu de s'interroger sur l'efficacité des politiques d'insertion par le sport, leur capacité à développer la sociabilité et le respect des valeurs républicaines, à permettre une véritable acculturation. Il existe un grand écart entre le respect des règles sportives et l'intériorisation des règles de la vie en société, les logiques ne sont pas les mêmes, ni les enjeux. Le sport professionnel renvoie à des images bien éloignées des valeurs sportives traditionnelles lorsque le *fair-play* et le contrôle de soi des athlètes sont remis en cause par le comportement de certains supporters ou concurrents. Au Mondial de football de juillet 2006, le coup de tête calculé et violent de Zinedine Zidane au thorax d'un adversaire fit le tour des médias de la planète. De surcroît, dans la pratique quotidienne, le football et le handball de rue sans encadrement sérieux restent très éloignés de la réalité des compétitions et peuvent entretenir des illusions auprès de certains jeunes sur la possibilité de bénéficier ainsi d'un effet d'ascenseur social.

L'éducation par le sport s'appuie généralement sur les mêmes valeurs que celles qui ont entraîné l'exclusion : la recherche de la performance, la hiérarchie défavorable aux plus faibles, les valeurs de virilité et les stéréotypes sexuels. Les dérives comportementales qui prennent parfois la forme de maltraitances sexistes, homophobes, voire sexuelles – aussi bien de la part de sportifs de haut niveau que de simples amateurs – montrent à quel point il faut se méfier de toute assimilation entre le sportif et l'être humain ; tout athlète d'exception n'est pas nécessairement un exemple social. En réalité, l'éducation par le sport ne peut se réaliser qu'autour de valeurs clairement définies, assimilées de manière volontaire et consciente. À défaut de s'inscrire dans un large processus de socialisation et d'identification des jeunes générations à la société toute entière, il y a peu de chances qu'elle fasse accepter des valeurs et des règles que la famille, les institutions et services publics de la République ne seraient pas parvenus à inculquer.

À l'aube du XXIe siècle, l'instrumentalisation politique du sport semble s'être atténuée avec le recul des oppositions idéologiques entre l'Est et l'Ouest. Le sport tend à se dégager de l'emprise des États pour participer à une logique de marché, s'inscrire dans la mondialisation. Les grandes manifestations sportives deviennent des enjeux économiques considérables. Les sociétés multinationales les utilisent pour faire triompher un capitalisme planétaire et une société du spectacle appuyée sur une marchandisation universelle. Des groupes puissants (entreprises, clubs sportifs, médias) sont susceptibles de peser efficacement sur les politiques publiques et les conditions dans lesquelles se déroulent les compétitions (adaptation des règles sportives, jours et horaires jugés « porteurs » sur le plan planétaire). L'image sportive se brouille aussi sous la démultiplication de ses formes, qu'il s'agisse de privilégier le spectacle, l'exploit ou l'épanouissement personnel. On peut désormais se demander si le sport ne valorise et ne pérennise pas aujourd'hui une nouvelle idéologie politique à partir de constructions symboliques favorables aux intérêts économiques et financiers dominants.

Bibliographie thématique

Arnaud P., Arnaud L., *Le Sport, jeu et enjeu de société*, La Documentation française, 1996.

Arnaud P., Attali M., Saint-Martin J. (sous la dir. de), *Le Sport en France. Une approche politique, économique et sociale*, La Documentation française, 2000 ; rééd. 2008.

Attali M. (sous la dir. de), *Le Sport et ses valeurs*, La Dispute, 2006.

Bégaudeau F., *La Politique par le sport*, Denoël, 2009.

Brohm J.-M., *Sociologie politique du sport*, Presses universitaires de Nancy, 1982.

Defrance J., *Sociologie du sport*, La Découverte, 1995 ; rééd. 2011.

Duret P., *Le Sport et ses affaires : une sociologie de la justice de l'épreuve sportive*, Metaillé, 2001.

Duret P., *Sociologie du sport*, PUF, 2008.

Elias N., Dunning E., *Sport et civilisation, la violence maîtrisée*, Fayard, 1994.

Falcoz M., Koebel M., *Intégration par le sport : représentations et réalités*, L'Harmattan, 2005.

Gasparini W., Vieille-Marchiset, G., *Le Sport dans les quartiers : Pratiques sociales et politiques publiques*, PUF, 2008.

Kerangal M. de, *La Politique par le sport*, Denoël, 2009.

Loew L. *Sport et idéologie dans la presse internationale*, EUE, 2010.

Meynaud J., *Sport et politique*, Payot, 1966.

Ordioni N., *Sport et société*, Ellipses, 2002.

Politix, « Sport et politique », vol. 13, n° 50, 2000.

Pouvoirs, « Le sport », n° 61, PUF, 1992.

Vassort P., *Football et politique : sociologie historique d'une domination*, L'Harmattan, 1999 ; rééd. 2005.

Chapitre 11

Le tourisme international

Le tourisme « à l'étranger » – qui implique le voyage – a toujours existé, qu'il s'agisse des périples d'Ulysse ou de Hérodote, de l'assistance aux Jeux olympiques antiques, des séjours de Marco Polo en Asie, des grandes découvertes maritimes, des pèlerinages à Saint-Jacques de Compostelle ou à La Mecque, de la fréquentation des villes d'eaux du Moyen Âge. L'expression *tourism* n'apparaît pourtant qu'à l'aube du XIXe siècle, en Angleterre. Elle est dérivée de *to tour*, qui signifie alors « excursionner » ; *tour* ayant été emprunté au vieux français, qui lui donnait avant la Révolution le sens de promenade ou de voyage. Les dérivés « touriste » et « touristique » s'imposeront quelques décennies plus tard. Au tourisme artisanal, largement aristocratique du XIXe siècle, succède un tourisme de masse dans la seconde moitié du XXe siècle, appuyé sur la démocratisation des moyens de transport et le désir grandissant des populations – essentiellement occidentales – de découvrir des destinations lointaines. Selon la distinction de Paul Bowles (1910-1999), les touristes supplantent les voyageurs (*Un thé au Sahara*, 1949) ; les seconds « partent » sans guère savoir quand ils reviendront, alors que les premiers planifient leurs vacances à l'aide d'organismes spécialisés.

Après avoir été une distraction élitiste, le tourisme international est devenu un phénomène de civilisation, un facteur essentiel de la vie économique et sociale. L'Organisation mondiale du tourisme (OMT) dénombre 1 184 millions arrivées de touristes étrangers aux frontières des États de la planète en 2015. Pour les occidentaux, c'est désormais l'expression d'un besoin fondamental. Au reste, le préambule de la Constitution française du 27 octobre

1946 précisait déjà que la nation devait garantir à tous « les loisirs » (al. 11), dont le tourisme fait partie intégrante. Les vacances vers les pays lointains deviennent un acte de consommation, se décident parfois dans les hypermarchés ou sur Internet. Le cyber-touriste est déjà là : il s'informe et choisit son voyage en ligne, emporte ordinateur, appareil photo numérique et téléphone portable, voire perche à selfie. L'errance chère à la *Beat generation* de Jack Kerouac (*On the road*, 1957) ou à Georges Perec (*Les choses, une histoire des années soixante*, 1965) est bien loin. Il s'agit surtout de consommer du rêve contractualisé, des espaces naturels ou culturels dans un cadre standardisé, tout en espérant des contacts plus ou moins proches, protégés et « authentiques » avec des populations et des cultures locales. L'activité touristique n'en continue pas moins d'être présentée comme un instrument privilégié de rencontres entre des groupes sociaux hétérogènes, d'apprentissage à vivre avec « l'autre », de compréhension et de paix.

Dans les pays occidentaux, le tourisme – auquel participent largement les visiteurs étrangers – contribue parfois à désenclaver des régions, à freiner l'exode rural et constitue un levier important du produit intérieur brut national. Pour les pays émergents ou en voie de développement, il présente aussi des opportunités de rentrée de devises, mais son impact en terme de développement durable est de plus en plus discuté. Un aphorisme de l'académicien Jean Mistler (1897-1988) le conduisait à regretter que « le tourisme [soit] l'industrie qui consiste à transporter des gens qui seraient mieux chez eux, dans des endroits qui seraient mieux sans eux ». Un tourisme mondial plus équitable envers les États du Sud est pourtant une nécessité, mais ne peut se développer que dans une société apaisée. Or, les menaces terroristes, l'instabilité politique, l'insécurité, la crainte des crises sanitaires et des catastrophes naturelles fragilisent immédiatement la fréquentation des États concernés, d'autant plus que les médias dramatisent la situation. S'il est possible de constater aujourd'hui la progression spectaculaire des touristes internationaux et la perspective d'un nouvel essor (I), il faut aussi prendre la mesure des enjeux économiques, sociaux et culturels planétaires (II).

I. Une activité en progression spectaculaire

Dans le cadre international, le tourisme de masse a pris le pas sur le tourisme individuel dès la seconde moitié du XXe siècle. Puis, un renouvellement des formes de l'activité touristique s'est dessiné dès les années 1980.

A. La suprématie du tourisme de masse

Le tourisme a d'abord été une activité artisanale valorisée par l'aristocratie européenne, avant de subir une industrialisation sans précédent, appuyée sur la standardisation des prestations offertes.

1. Du tourisme artisanal au tourisme industriel

Dès la fin du XVIIIe siècle, la multiplication des moyens de transport et l'amélioration des conditions d'hébergement favorisent un tourisme européen. Des stations thermales (Baden-Baden, Bagnères de Luchon) ou balnéaires (Nice, Hyères) accueillent une clientèle cosmopolite, particulièrement britannique. Sous l'influence de Rousseau et des préromantiques, on vante la beauté des lacs et des forêts, puis progressivement celle des paysages de montagne. Les Anglais Richard Pococke et William Windham découvrent les glaciers de Chamonix (1741), puis le guide Jacques Balmat atteint le sommet du mont Blanc accompagné par le docteur Michel Paccard (1786). Le tourisme montagnard international est désormais destiné à un brillant avenir. On admire également les richesses artistiques : le voyage en France, au Pays-Bas, en Allemagne, en Suisse, en Italie ou autour de la Méditerranée à la rencontre des vestiges du passé participe de l'éducation des jeunes bourgeois et aristocrates ; on parle alors du « Grand tour ». Au cours du XIXe siècle, les liaisons maritimes se diversifient, le chemin de fer connaît les wagons-restaurants et les wagons-lits. La clientèle aisée fait le succès de chaînes hôtelières au standard international (Ritz, Carlton).

Les premières formes de voyage organisé apparaissent après la création de l'agence Thomas Cook à Leicester (Angleterre) en 1841. Elles restent encore coûteuses et connaissent un succès mesuré. Le tourisme populaire n'émerge vraiment que dans les années 1930. Les régimes fascistes mussolinien et hitlérien favorisent les loisirs organisés, particulièrement dans le cadre d'une propagande et d'un embrigadement s'appuyant sur de grands regroupements – surtout les internationales fascistes et les compétitions sportives – qui nécessitent le déplacement et le séjour de populations nombreuses à des coûts modérés. En France, les premiers congés payés et la semaine de travail de 40 heures – mis en place par le gouvernement du Front populaire dès juin 1936 – encouragent la création de nombreuses structures touristiques d'accueil, mais rarement destinées aux visiteurs étrangers.

Dès les années 1960, les principaux facteurs du succès du tourisme de masse sont réunis dans les États occidentaux : l'allongement de la durée de vie, l'abaissement de l'âge de départ à la retraite, la réduction de la durée du travail, l'augmentation du temps libre et la hausse du niveau de vie. On constate progressivement la valorisation des loisirs, appuyée sur une publicité de plus en plus omniprésente et insistante. Le désir de dépaysement apparaît à beaucoup comme la juste et nécessaire compensation des contraintes professionnelles. Entre 1950 et 1980, le taux de départ en vacances des Français passe de 20 à 60 %. La triade *Sea, Sun, Sex* – qui regroupe les *pull factors* – est de plus en plus valorisée : la mer attire plus du tiers des vacanciers, bien davantage que la campagne ou la montagne d'été ou d'hiver ; les plages espagnoles et italiennes deviennent des destinations très prisées (Costa Brava, Costa del Sol ou Adriatique).

2. L'expansion et la standardisation de l'offre touristique

Le touriste est défini par l'Organisation mondiale du tourisme (OMT) – créée en 1974 – comme une personne en déplacement hors de son lieu de résidence habituel pour une durée de plus d'une nuitée, et un an au plus, pour des motifs qui ne sont pas liés à une activité rémunérée dans le lieu visité. Ainsi, un touriste américain se rendant en Europe est comptabilisé plusieurs fois s'il visite divers pays, alors que son *alter ego* français découvrant successivement New York, la Floride et le Colorado n'est recensé qu'une seule fois, lors de son entrée aux États-Unis. Dans son *Baromètre* 2009, l'OMT avait constaté un repli du tourisme international après la crise financière mondiale et la récession économique : 877 millions arrivées de visiteurs étrangers contre 913 en 2008. L'année 2010 – malgré la perturbation des liaisons aériennes par le volcan islandais Eyjafjallajökull – a néanmoins permis de comptabiliser 935 millions d'arrivées. En 2015, malgré la montée des menaces terroristes désormais planétaires, c'est près de 1,2 milliard d'arrivées de touristes internationaux qui sont désormais dénombrés aux frontières. Depuis les années 1950, le flot touristique entre les États a été multiplié par trente, et l'OMT pronostique plus de 1,8 milliard de visiteurs à l'horizon 2030. L'Europe a accueilli 609 millions de touristes en 2015, suivie par l'Asie et le Pacifique (277 millions), les Amériques (191), le Moyen-Orient (54) et l'Afrique (53). La France a été la première destination touristique mondiale, recevant plus de 83 millions de touristes, suivie par les États-Unis (70 millions), l'Espagne (65 millions), la Chine (55 millions) et l'Italie (48 millions). Les recettes mondiales sont évaluées aujourd'hui à 1 245 milliards de dollars américains. L'Europe en tire le principal profit (508 milliards), puis l'Asie et le Pacifique (263 milliards), les Amériques (181 milliards), l'Afrique (54 milliards) et le Moyen-Orient (50 milliards). Il convient d'y ajouter plus de 180 milliards de dollars relatifs aux transports internationaux de personnes. Ces résultats représentent plus de 12 % du PIB mondial. On assiste ces dernières années à une progression modérée du tourisme international, de l'ordre de 4 à 5 % par an en moyenne, mais les perspectives pour 2016 restent favorables selon l'OMT, laissant espérer une augmentation significative. On table sur un tourisme pouvant représenter jusqu'à 18 % du PIB mondial à l'horizon 2030.

Le tourisme de masse a profité de la restructuration du transport aérien, qui a multiplié les vols longs courriers, les charters et les compagnies *low cost* aux politiques tarifaires attractives. La prédilection des vacanciers pour la mer a encouragé une globalisation économique appuyée sur des entreprises – souvent multinationales – susceptibles de standardiser une offre de résidences hôtelières balnéaires à des prix modérés. Cette évolution a freiné l'essor d'autres formes de voyage. Le marché touristique est devenu un marché de l'offre, en raison de sa spécificité : sans caractère vital, il est particulièrement sensible aux stratégies marketing car le client potentiel n'est jamais confronté au produit réalisé lorsqu'il prend la décision d'achat. Les envies, les modes, la manière de présenter les voyages constituent de puissants leviers de persuasion. L'offre s'impose néanmoins souvent au consommateur par des *discounts* et des promotions. Cette réalité fait le succès des *packages :* le tour-opérateur propose un forfait pour des produits et des services dont il assure lui-même la gestion. Les formules « tout compris » (*all inclusive*) tentent de regrouper les prestations les plus attrayantes et les plus rémunératrices du marché. En France, l'entreprise Nouvelles Frontières – créée en 1967 – est devenue une filiale du premier groupe européen du secteur, le germano-britannique TUI travel dans les années 2000. Elle a multiplié la combinaison d'une série d'activités : elle peut vendre des voyages organisés, des billets de sa compagnie aérienne (Corsair Fly, devenue Corsair international), des séjours dans ses résidences (en voie de réduction depuis 2013), sans oublier qu'elle se réserve l'essentiel de la distribution de ses produits dans son propre réseau d'agences et par Internet. Cette intégration des activités stratégiques permet de s'approprier l'essentiel de la valeur de nombreux forfaits, et de maîtriser pleinement les voyages proposés. Il convient pourtant de faire apparaître ceux-ci comme « uniques » aux acheteurs potentiels pour s'attirer leurs faveurs. À cet effet, on développe des ventes « à la carte » ou « sur mesure », qui en réalité ne sont que la juxtaposition, au choix final du consommateur, de produits qui n'en sont généralement pas moins standardisés.

B. L'émergence de formes alternatives de tourisme

Malgré la progression spectaculaire du tourisme de masse dans le monde, l'activité touristique connaît de nouvelles modalités, même s'il convient d'être circonspect avant de pronostiquer qu'elles pourraient devenir majoritaires dans le futur.

1. La diversification des activités touristiques

Une bonne partie du tourisme international répond encore aujourd'hui à des principes issus des lendemains de la Seconde Guerre mondiale, entretenant le clivage entre le « tourisme individuel » en famille, en location, en camping, en hôtel ou chez des amis, et le « tourisme organisé » appuyé sur un contrat de voyage à forfait. Dans ce contexte, on peut cependant repérer un renforcement de préoccupations thématiques, qu'il s'agisse du tourisme culturel ouvert désormais à l'essentiel du patrimoine de l'humanité, du tourisme d'affaires alliant séminaires, colloques et loisirs dans des contrées plus ou moins lointaines, du tourisme religieux aux foules de pèlerins de plus en plus fournies, du tourisme social financé par les pouvoirs publics ou des institutions privées, voire du tourisme de shopping. Mais ces dernières années, l'innovation se manifeste surtout par l'essor de nouvelles justifications aux loisirs, telles que le tourisme de mémoire, le tourisme de découverte d'entreprises, l'écotourisme, le tourisme d'aventure, le tourisme médical, voire le « tourisme sexuel ».

Le tourisme de mémoire – ou tourisme mémoriel – s'appuie sur les lieux de commémoration de faits historiques, particulièrement les sites emblématiques de grands conflits. L'année 2014 a été déclarée en France « l'année du tourisme de mémoire », confortant l'enjeu économique, culturel, mais aussi civique qu'il constitue. Il concerne désormais plus de sept millions de visiteurs. Près de la moitié de ceux qui découvrent chaque année les champs de bataille, les monuments et les casemates qui subsistent des guerres entre la France et l'Allemagne, ou la réplique du wagon où furent signés à Rethondes les armistices de novembre 1918 et de juin 1940, sont des étrangers ;

en 2004, la célébration en Normandie du 6 juin 1944 a battu tous les records de fréquentation sur les plages du débarquement. Le Mémorial d'Auschwitz, le Yad Vashem à Jérusalem, le Mémorial de la Shoah à Paris, le Mémorial du génocide à Phnom Penh et le Mémorial de Caen ne cessent de voir se multiplier les visiteurs internationaux.

Le tourisme de découverte d'entreprises – à ne pas confondre avec le tourisme d'affaires qui s'inscrit dans le cadre d'une activité professionnelle – est en pleine expansion, y compris auprès des étrangers. Il attire une majorité de visiteurs qui souhaite s'informer sur les traditions industrielles et artisanales ou prendre la mesure du dynamisme actuel de certaines sociétés françaises, particulièrement l'usine marémotrice de la Rance, Airbus à Saint-Nazaire ou Toulon, La Bénédictine à Fécamp, La Chartreuse à Voiron ou les parfums Molinard à Grasse.

L'écotourisme s'est d'abord développé aux États-Unis avec la création des parcs nationaux dès la fin du XIXe siècle – Yellowstone fut le premier (1872) –, et du *National Park Service* en 1916. Les américains s'efforcent plus que jamais d'alerter la population sur les dégâts causés par la fréquentation excessive de leurs espaces naturels. Dans la même perspective, les parcs naturels nationaux ou régionaux français – créés dès les années 1960 –, les gîtes, les vacances « à la ferme » ou les refuges de montagne permettent de concilier la protection de l'environnement et le maintien d'une activité agricole à la périphérie des zones réservées aux visiteurs. Des pays africains (Kenya, Tanzanie, Afrique du Sud, Botswana, Zimbabwe) ont également multiplié les cadres préservés permettant de découvrir la nature, les paysages et les espèces rares dans le respect des éco-systèmes ; ces structures bénéficient désormais d'une clientèle internationale aisée en forte progression.

Les amateurs d'immersion dans les déserts du monde ou d'ascensions vers les hauts sommets de la planète ont longtemps été peu nombreux. Ils privilégiaient le tourisme de type individuel, même s'ils s'adressaient quelquefois ponctuellement à des structures locales. Depuis les années 1980, les choses ont considérablement changé. Le marché du tourisme d'aventure est en plein essor sous l'influence d'entreprises occidentales de taille moyenne, telles que Terres d'aventure, Allibert, Tirawa ou Aventures et volcans en France. Elles proposent à de petits groupes de randonneurs ou d'alpinistes expérimentés des voyages à forfait, qui reposent sur une solide logistique destinée à faciliter et sécuriser une activité sportive dans le respect de la nature et des traditions locales. Le Népal, le Pérou ou les déserts d'Afrique du Nord (jusqu'au début des années 2010) sont devenus leurs destinations phares.

Le tourisme médical international s'assimile à un tourisme de santé, de remise en forme ou de bien-être. Il implique un déplacement dans un autre pays que celui du patient pour recevoir des soins, voire subir une intervention chirurgicale. Des millions d'individus dans le monde s'adressent désormais directement à des structures médicales à l'étranger ou à des agences spécialisées qui combinent dans le cadre d'un voyage des prestations de santé et des services touristiques. Tous les champs médicaux sont couverts, qu'il s'agisse de pathologies lourdes (cardiologie, cancérologie, orthopédie), d'interventions plus ou moins bénignes (dentaires, esthétiques), de cures thermales ou d'amincissement. Les patients peuvent être attirés par des coûts réels moins élevés que dans le pays d'origine, mais aussi une compétence technique particulière. Cette activité constitue un apport de devises pour les pays qui accueillent les patients, mais pose des problèmes de suivi post-opératoire, de garantie et de recours juridique en cas de contestation.

En 2001, *Plate-Forme* de Michel Houellebecq a relancé les débats sur le « tourisme sexuel ». Selon l'OMT, cette pratique s'inscrit dans un voyage « qui utilise des infrastructures et des réseaux touristiques, et dont l'objectif principal est d'avoir des relations sexuelles rémunérées avec les résidents de la destination ». La prostitution est en forte progression dans les États du Sud sous l'influence de l'augmentation de la fréquentation touristique internationale ; femmes et hommes proposent des services à des prix dérisoires sans se cacher des autorités. Des « voyages sexuels » sont même commercialisés depuis quelques pays occidentaux. Des « copinages » se multiplient, particulièrement en Asie du Sud-Est ou à Cuba, où jeunes femmes et jeunes hommes deviennent les amis intimes privilégiés de certains touristes le temps de leur séjour contre des avantages financiers. Ces activités, même si elles ne concernent que des adultes « consentants » sont fortement déstructurantes pour la société concernée, et témoignent de toutes les ambiguïtés des relations entre quelques ressortissants des riches États du Nord et des populations déshéritées du Sud.

Le 1er congrès sur l'exploitation sexuelle des enfants à des fins commerciales s'est tenu à Stockholm (Suède) en août 1996 ; 122 États étaient représentés. Il a alerté l'opinion internationale sur la contribution d'un nombre grandissant de touristes étrangers à cette situation. Les pouvoirs publics locaux sont souvent tolérants car ce tourisme apporte des devises étrangères, et favorise toutes les corruptions car il reste largement clandestin. Depuis les années 1990, la France a pris quelques mesures pour tenter d'enrayer les comportements déviants de ses nationaux. La loi du 17 juin 1998 – qui modifie la loi du 4 février 1994 – permet des poursuites pour crimes ou délits sexuels commis contre des mineurs par des Français à l'étranger, même si les faits ne sont pas punis par la législation du pays où les faits se sont déroulés. La responsabilité pénale des personnes morales, comme les agences de voyage ou les tour-opérateurs, est également prévue. En raison de la difficulté à rassembler et présenter des preuves, très peu d'affaires accèdent encore au prétoire et font l'objet de condamnations pénales.

2. Les perspectives d'avenir

La première préoccupation des occidentaux pendant les vacances reste largement de « ne rien faire ». Cette réalité encourage des vacances traditionnelles fondées sur le soleil et la plage. Principale justification du tourisme mondial, elles ne sont pas destinées à disparaître, ni à régresser selon l'OMT. Bien au contraire, elles doivent quantitativement s'étendre dans les années à venir grâce aux touristes les plus fortunés des pays émergents ou en voie de développement, et de l'Europe de l'Est. On pronostique déjà une progression massive des touristes provenant du Brésil, de la Russie, de l'Inde, de la Chine et de l'Afrique du Sud (le groupe BRICS). En 2030, plus de 100 millions de Chinois devraient voyager hors de leurs frontières. Le progrès technologique – particulièrement les avions à grande capacité (Airbus A380, Boeing 747) – s'inscrit désormais dans cette logique. Le voyage d'agrément semble destiné à l'emporter sur le voyage d'affaires comme facteur déterminant de l'équilibre financier des compagnies aériennes. On ne cesse également de développer l'offre de destinations. Dubaï (Émirats arabes unis) a construit sur la mer 300 îles artificielles, avec 25 centres commerciaux et un hôtel 7 étoiles (*The World*). Les formes alternatives de tourisme ne peuvent donc qu'espérer s'approprier des parts de marché selon des « effets de niche ». On s'accorde généralement sur « la règle 80-20 ». À l'horizon 2030, elle suppose que les formes actuelles des industries du voyage se modifieront peu pour 80 % de la clientèle, autrement dit pour le tourisme de masse. Sur 1,8 milliard de touristes attendus, 20 % pourraient néanmoins relever de segments économiques appuyés sur de nouvelles conceptions touristiques. Ils s'adresseraient à des groupes restreints à haut niveau de vie, mais aussi à des jeunes gens et de jeunes retraités devenus plus exigeants sur la qualité et l'éthique dans les échanges économiques.

Les perspectives d'avenir du tourisme sont liées à une série de facteurs largement imprévisibles. La détérioration de la situation politique, militaire, économique ou sociale a toujours freiné les voyages à l'étranger. Les bouleversements politiques dans le Maghreb (Tunisie, Maroc, Égypte...), mais aussi les conflits en Libye, Syrie, Mali et Yémen depuis la fin 2010, ou la violence permanente au Proche-Orient, en Afghanistan ou en Irak ont eu un effet immédiat sur la fréquentation touristique. Les voyageurs et les vacanciers constituent une cible politique facile pour les adeptes du terrorisme moderne. Les attentats à Louxor (1997), aux États-Unis (11 septembre 2001), à Madrid (2004), Londres (2005), Bombay (2008), Paris (2015) ou Bruxelles (2016), mais aussi la multiplication des prises d'otage dans les régions sub-sahariennes ces dernières années ont eu un effet négatif sur la fréquentation de ces destinations. Ce contexte international particulièrement perturbé n'a cependant pas fait reculer durablement la fréquentation touristique internationale. Selon un système de vase communiquant, le tourisme s'est déporté vers les pays européens, la Chine, le Vietnam, la Thaïlande ou l'Amérique. Il n'empêche que les informations véhiculées par les médias, les experts et les pouvoirs publics (site Internet du ministère des Affaires étrangères) dissuadent régulièrement d'aller en certains lieux, créent un sentiment d'insécurité à l'égard de quelques destinations. À l'inverse, on valorise parfois la beauté d'espaces de villégiature ou de randonnée où les agressions sont assez fréquentes. La guerre civile larvée au Népal entre 1996 et 2007, n'a jamais dissuadé durablement les randonneurs et les alpinistes, alors que les menaces terroristes diffuses en Ouzbékistan ont longtemps quasiment fermé ce pays au tourisme. La fréquentation touristique est également sensible à la couverture médiatique des risques sanitaires. Les épidémies de SRAS (syndrome respiratoire aigu sévère) dans le monde à partir de 1997, de chikungunya dans l'île de la Réunion dès 2005, de grippe A (H1N1) en 2009-2010 ou du virus Zika en Amérique latine (depuis 2015) ont eu des effets désastreux sur de nombreuses intentions de voyage. Depuis les ravages du tsunami dans l'océan Indien (2004), du séisme à Haïti (2010), du séisme suivi d'un tsunami et d'un accident nucléaire grave au Japon (2011), du séisme au Népal (2015), il est accordé une attention de plus en plus soutenue aux menaces de catastrophes naturelles.

Bien que le tourisme international soit en progression spectaculaire et commence à se diversifier, il est confronté à des tentations contradictoires d'évolution car il s'inscrit désormais au centre de défis devenus mondiaux.

II. Des enjeux économiques, sociaux et culturels planétaires

Le tourisme international est porteur d'opportunités, mais aussi de risques tant pour les pays occidentaux que pour les pays émergents ou en voie de développement. Déterminer les conditions d'un tourisme raisonnable et équitable, respectueux de l'avenir de tous les pays de la planète, est devenu l'objet de débats récurrents.

A. Le développement durable des sociétés

L'Organisation mondiale du tourisme a adopté le 1er octobre 1999 – par consensus entre ses membres – un Code mondial d'éthique du tourisme à Santiago du Chili. Il a bénéficié l'année suivante du soutien de l'Assemblée générale des Nations unies. Destiné à servir de cadre de référence pour les acteurs du tourisme mondial « à l'aube des prochains siècles du millénaire », il a contribué à faire prendre conscience de l'ampleur des problèmes.

1. Le Code mondial d'éthique du tourisme

Bref et concis, le Code mondial de l'OMT comporte dix articles relatifs aux règles de conduite à respecter par les États, les compagnies aériennes, les tour-opérateurs, les chaînes d'hôtels, les prestataires locaux, mais aussi les touristes. Il insiste sur la protection de l'environnement, l'économie des ressources naturelles et le respect de l'héritage culturel des peuples. Dans ce cadre, il prône un développement raisonnable et durable du tourisme afin de créer des liens interculturels responsables entre visiteurs, professionnels et populations locales. Il rappelle que le tourisme doit être « une force vive au service de la paix ainsi qu'un facteur d'amitié et de compréhension entre les peuples ». On a pu lui reprocher de privilégier les intérêts de l'industrie touristique actuelle par rapport au développement durable, de ne pas suffisamment envisager les impacts négatifs de certaines formes de tourisme ni la nécessité de les remettre en cause.

Il n'en constitue pas moins une avancée indéniable dans la mesure où il a déjà permis de multiplier les débats de sensibilisation à ces réalités et de justifier quelques mesures prises par les États.

Afin de concilier l'économie et l'écologie, l'environnement et le développement, le Code mondial défend l'écotourisme. La sauvegarde des milieux naturels nécessite de ne pas gaspiller l'eau et l'énergie, de limiter la production de déchets, d'assurer la protection des écosystèmes et la biodiversité. Une partie conséquente des recettes du tourisme doit être affectée à l'entretien des sites, à la survie et l'épanouissement des cultures traditionnelles. Il faut répartir équitablement les bénéfices du tourisme entre les populations locales, limiter les rapatriements injustifiés de fonds vers les pays occidentaux. Le Code accorde une large place aux droits et libertés. Il réclame le respect de l'égalité entre les femmes et les hommes, la promotion des droits des enfants et des minorités ethniques. Il insiste sur la liberté de circulation des visiteurs à l'intérieur de leur pays et entre les États, ainsi que sur la liberté d'accès aux cultes religieux pendant les déplacements. Si la liberté de la presse et des médias est rappelée, il est aussi souhaité que ces institutions participent par leur attitude responsable au soutien des principes définis par l'OMT.

Il n'a pas été donné une force obligatoire au Code mondial afin de ne pas remettre en cause la souveraineté des États. Ardente série de recommandations, le Code se limite à appeler les États à s'en inspirer dans leurs législations et les professionnels à le respecter. Le Comité mondial d'éthique qui a été institué est néanmoins chargé de veiller à l'application des principes du Code sur la base d'une procédure de conciliation entre les participants à l'OMT. On regrette d'autant plus que les États-Unis n'aient toujours pas rejoint cette organisation internationale qui regroupe aujourd'hui 156 membres (et 6 associés).

2. *Les contraintes du tourisme international*

La massification du tourisme prend souvent une forme monopolistique, particulièrement sur la rive sud de la Méditerranée (Espagne, Italie, Grèce, Croatie, et Tunisie et Maroc avant 2010), où l'on constate une forte concentration spatiale et temporelle de vacanciers internationaux durant les saisons jugées favorables. Il en résulte des constructions immobilières désordonnées, une pollution industrielle importante, une agriculture intensive et une consommation effrénée d'eau douce. Même le tourisme d'aventure crée ses propres pollutions : l'association Agir pour un tourisme responsable (ATR), créée en 2004 par quelques agences de trekking françaises pour minimiser l'impact de leurs activités sur l'environnement, demande désormais de ne plus utiliser le bois afin de ne pas encourager la déforestation, et d'organiser avec efficacité l'ensevelissement ou le rapatriement des déchets. Il faut aussi tenir compte des effets polluants du tourisme, particulièrement liés au transport qui représente, selon l'OMT, plus de 5 % des émissions de carbone sur la planète. Le morcellement des loisirs et les courts séjours ont sensiblement augmenté ces nuisances, au point de saturer des infrastructures aéroportuaires et des canaux aériens à certaines périodes. Cette pollution a des effets néfastes en termes de pluies acides, de pollution photochimique et de réchauffement planétaire, encore rappelés lors de la Conférence de Paris sur le climat (COP 21) des 30 novembre-11 décembre 2015.

L'essor des voyages organisés contribue également à l'hyper fréquentation de nombreux sites naturels ou artistiques. Bien que le Code mondial d'éthique du tourisme affirme « la possibilité d'accéder, directement et personnellement, à la découverte des richesses de la planète [pour] tous les habitants du monde », il est devenu évident qu'une régulation est inévitable. Les grands parcs nationaux des États-Unis sont strictement réglementés depuis la fin du XIXe siècle, l'ascension du Kilimandjaro (Kenya-Tanzanie) est soumise au respect de quotas d'ascensionnistes et au versement de droits financiers élevés, l'accès aux régions du Mustang ou du Haut Dolpo (Népal) est de plus en plus encadré.

B. Les besoins des pays en voie de développement

Le rythme de croissance des touristes internationaux dans les pays en voie développement est désormais supérieur à la moyenne mondiale. Les États du Sud attirent déjà plus du tiers des visiteurs. Les avantages financiers qu'ils en tirent ont doublé depuis les années 1990. Ils représentent aujourd'hui le triple de l'ensemble de l'aide versée par l'Organisation de coopération et de développement économique (OCDE) : c'est devenu la principale source de devises de nombreux États, mis à part quelquefois l'industrie pétrolière. Le tourisme se révèle néanmoins porteur de menaces économiques, sociales et culturelles de plus en plus évidentes.

1. L'encouragement aux relations économiques équitables

Les États du Nord sont les principaux bénéficiaires de l'activité touristique dans les pays du Sud. Selon l'OMT, si l'on comptabilise les recettes des compagnies aériennes, des tour-opérateurs, des agences de voyages, des chaînes hôtelières et des entreprises de restauration, on peut estimer que moins de la moitié des revenus du tourisme générée dans les pays du Sud leur bénéficient directement. Pour un voyage « tout compris », les billets d'avion représentent généralement plus du tiers du prix global, et les prestations locales parfois moins de 15 %. Dès lors, des mécanismes d'asservissement économique ne peuvent qu'apparaître : si les tour-opérateurs subissent les contraintes des compagnies aériennes, les prestataires locaux sont soumis à celles des tour-opérateurs et les sous-traitants en supportent *in fine* les conséquences. La concurrence entre les destinations oblige de plus en plus de professionnels locaux à consentir des rabais importants aux sociétés occidentales, puis à faire des choix touristiques à court terme pour préserver des bénéfices momentanés, au détriment d'une perspective de développement durable. Les dirigeants politiques du Sud encouragent la création d'aéroports, de ports, de réseaux de communication, d'équipements sanitaires, de systèmes d'adduction d'eau parfois disproportionnés par rapport aux besoins des populations locales, justifiés seulement par le pari, nécessairement risqué, d'une progression infinie des touristes étrangers. Des aéroports sont construits à grands frais pour permettre l'arrivée de vols directs d'avions à grande capacité depuis les grandes villes occidentales ; dans les hôtels-séjours, les matériaux des infrastructures, la nourriture et la main-d'œuvre qualifiée proviennent parfois majoritairement de l'extérieur ; la climatisation participe à une forme d'extraterritorialité appréciée par les vacanciers. Pour financer ces investissements, les États du Sud doivent attirer des fonds occidentaux par des avantages fiscaux ou emprunter à des banques étrangères, ce qui accroît encore leur endettement global.

Les États du Sud s'interrogent de plus en plus sur l'apport effectif du tourisme à des projets de développement raisonnable et durable. Ils tentent de mettre en place une défense efficace de leurs intérêts, avec des succès divers. Le Mexique assure le maintien sur place de près des trois quarts du produit financier de la consommation touristique locale des touristes internationaux grâce à une politique originale d'investissements. Les Émirats arabes unis profitent des revenus du pétrole pour développer une offre touristique impressionnante, assise sur des structures destinées à une clientèle plus ou moins fortunée qui devrait assurer durablement des rentrées de devises (Dubaï, Abou Dhabi). Le Pérou et le Népal maintiennent dans certaines parties de leur territoire un mode de vie traditionnel grâce aux revenus du tourisme d'aventure, en s'appuyant sur des communautés locales conscientes des enjeux et désireuses de préserver leur identité (îles péruviennes du lac Titicaca, région népalaise de l'Everest). C'est l'occasion de soutenir une politique de prêts solidaires fondée sur des micro-crédits destinés à des individus prêts à s'investir dans le commerce et les services. Il convient aussi de veiller à la juste rémunération des services rendus par les intermédiaires locaux des agences occidentales. La réussite de toutes ces initiatives dépend largement de l'information préalable des touristes étrangers afin qu'ils les favorisent, mais aussi de la multiplication des partenariats Nord-Sud et d'une volonté publique de protéger les petites et moyennes entreprises éthiques de la concurrence des sociétés multinationales.

On commence de plus en plus à considérer que le tourisme n'est pas nécessairement le secteur le plus porteur pour les résultats économiques des pays en voie de développement, qu'il s'agit souvent d'une facilité choisie en raison de la difficulté à élaborer un autre modèle de croissance. Dès lors que toute politique fondée sur une seule activité économique, et tout particulièrement sur le tourisme, soumet inéluctablement à une dépendance considérable envers les aléas de la situation mondiale, il apparaît indispensable de s'engager systématiquement dans des politiques diversifiées de croissance. Depuis les bouleversements politiques qui ont suivi les « printemps arabes » (à partir de 2010), la Tunisie, le Maroc ou l'Égypte en mesurent encore davantage l'urgence.

2. Le respect des spécificités socioculturelles

Eugène Labiche écrivait dans *Le Voyage de Monsieur Perrichon* (1860) : « Je me suis toujours demandé pourquoi les Français, si intelligents chez eux, sont si bêtes en voyage ». Au-delà de la provocation, c'était mettre l'accent sur le comportement des touristes. Les raisons qui poussent les occidentaux à voyager à l'étranger sont complexes. Charles Baudelaire s'interrogeait dans « Le Voyage » (*Les fleurs du mal*, 1857) : « Faut-il partir ? Rester ? Si tu peux, reste ! Pars, s'il le faut… ». Le tourisme peut correspondre à un besoin saisonnier d'évasion ou être l'occasion de traîner son ennui ailleurs ; on peut aussi aller sur place conforter des idées reçues, pratiquer un tourisme de vérification et de validation. Il n'empêche que le désir de découvrir des cultures lointaines est souvent présent, comme le besoin de prendre de la distance, même momentanément, avec le mode de vie des pays socialement avancés auxquels il est reproché de sacrifier les relations humaines et de mettre en péril l'environnement. Ces préoccupations diverses, largement antagonistes, expliquent que le contact des touristes avec les populations du Sud ne soit pas toujours facteur d'harmonie et de compréhension réciproques.

De nombreux visiteurs témoignent de peu d'intérêt pour l'environnement local de leurs vacances. Les hôtels-clubs – tourisme enclavé en terre étrangère – ne facilitent guère les contacts à l'extérieur et perpétuent les modes de vie occidentaux. Le manque d'égard envers les cultures locales n'est pas rare non plus. Les professionnels du tourisme et les commerçants s'y adaptent : l'exposition de simulacres de vie typique est de plus en plus courante. Au Chiapas, les Indiens Tzotzils, en rupture avec le gouvernement mexicain, acceptent parfois de porter la cagoule des partisans du commandant Marcos pour des photos rémunérées. Des manifestations culturelles sont mises en conformité avec le goût des touristes, des rites ancestraux transformés pour permettre les spectacles promis sur catalogue. L'artisanat cherche à se rapprocher des goûts occidentaux. Le pillage des objets d'art et des biens culturels est loin d'avoir disparu, qu'il s'agisse d'objets d'art amérindiens, de statuettes Nok du Nigeria, Dogon du Mali ou Toraja d'Indonésie. Dans ce contexte, un ressentiment des populations autochtones peut se manifester, notamment dans les pays où les normes sociales sont en net décalage avec le comportement des touristes occidentaux sur le plan de l'habillement, de la relation au corps ou de la consommation d'alcool. De nombreuses visites désinvoltes ou maladroites de mosquées musulmanes, de temples hindouistes ou bouddhistes peuvent heurter. L'affichage outrancier du pouvoir d'achat crée aussi des troubles, des conflits individuels ou collectifs, des tensions sociales en exacerbant le regard porté sur les écarts de développement économique de la planète. C'est ainsi que des confrontations peuvent devenir hasardeuses, voire dangereuses.

Lorsque les contacts entre les touristes et les populations locales se passent plutôt bien, ils ne sont pourtant pas dénués d'ambiguïtés. Les autochtones, confrontés à des modes de vie, des rapports entre les sexes ou les générations largement liés au seul contexte vacancier, peuvent se construire une vision faussée de la réalité de la société occidentale. Pour tenter d'accéder « à la modernité », ils sont souvent tentés de remettre en cause des représentations ancestrales de la nature, et valoriser des emplois saisonniers – par nature précaires –, au détriment d'une activité agricole vivrière. Les formes de tourisme éthique ou responsable, même avec les meilleures intentions, ont parfois aussi des conséquences non souhaitées. Au Népal, le développement du trekking apporte aux porteurs, cuisiniers et guides un revenu complémentaire indispensable en raison d'une agriculture qui ne subvient pas à leurs besoins, mais ces emplois fortement masculins renforcent les inégalités traditionnelles entre les sexes. Il n'est pas si rare non plus que la fréquentation touristique entraîne des restrictions ou des interdictions d'accès à certaines ressources – notamment l'eau – pour les autochtones, développe le recours à la mendicité, voire justifie des déplacements de populations.

Le tourisme international a plus que jamais des potentialités de croissance considérable, mais il a participé à l'aggravation des inégalités entre les pays de la planète, à un clivage prononcé entre ceux qui en bénéficient et ceux qui en sont plus ou moins exclus. Le développement équitable et durable implique qu'il contribue à l'avenir à une véritable redistribution des richesses. Dans cette perspective, une taxe de solidarité sur les billets d'avion a été proposée, dès 2003, par la France et le Brésil, à laquelle l'Organisation des Nations unies s'est ralliée. Elle a été mise en place sur le sol français dès le 1er juillet 2006, à un taux encore relativement modeste. Une trentaine d'États participent désormais au fonds Unitaid qui finance certaines initiatives dans les pays en voie de développement (principalement la lutte contre le SIDA, le paludisme ou la tuberculose). Le tourisme du Sud a également du mal à s'affranchir de la domination de multinationales du Nord qui s'appuient sur les nouvelles techniques de l'information et de la communication pour développer un tourisme de masse exotique qui leur profite pour l'essentiel. Modifier cette situation nécessite de responsabiliser les touristes internationaux, les encourager à accepter les aléas et les opportunités offertes par le voyage individuel de plus en plus facilité par Internet, les convaincre de s'adresser directement à des professionnels des pays qu'ils désirent découvrir ou à devenir très exigeants sur les conditions faites par les tour-opérateurs occidentaux aux prestataires locaux. C'est à ce prix qu'ils peuvent s'enrichir personnellement et contribuer effectivement au développement économique et au progrès de la démocratie politique et sociale dans les États du Sud.

Bibliographie thématique

Boyer M., *Histoire générale du tourisme du XVIe siècle au XXIe siècle*, L'Harmattan, 2005.

Boyer M., *Le Tourisme de masse*, L'Harmattan, 2007.

Cazes G., *Tourisme et tiers-monde : un bilan controversé*, L'Harmattan, 1992.

Girod A., *Le Tourisme de destruction massive*, L'Harmattan, 2011.

Hillali M., *Le Tourisme international vu du Sud*, Presses de l'Université du Québec, 2003.

Hoerner J.-M., *Le Tourisme dans la mondialisation : les mutations de l'industrie touristique*, L'Harmattan, 2010.

Loubes J.-P., *Tourisme, arme de destruction massive*, Éd. du Sextant, 2015.

Lozato-Giotard J.-P., *Le Chemin vers l'écotourisme. Impacts et enjeux environnementaux du tourisme aujourd'hui*, Delachaux et Niestlé, 2006.

Mesplier A., Bloc-Duraffour P., *Le Tourisme dans le monde*, Real, 2002 ; rééd. 2009.

Michel F. (sous la dir. de), *Tourisme et identités*, L'Harmattan, 2006.

Ministère du Tourisme, *Chiffres clés du tourisme*, éd. annuelle, http ://www.tourisme.gouv.fr/

Nkoghe S., *La Psychologie du tourisme*, L'Harmattan, 2008.

Organisation mondiale du tourisme, *Baromètre du tourisme mondial*, éd. annuelle, http ://www.unwto.org/

Roberge J., *La Répression du tourisme sexuel*, EUE, 2010.

Tourbier J., *Tourisme en péril*, J.-C. Lattès, 2016.

Urbain J.-D., *L'Idiot du voyage*, Payot, 2002.

Vellas F., *Économie et politique du tourisme international*, Economica, 2002 ; rééd. 2006.

Wackermann G., *Le Tourisme international*, A. Colin, 1998.

Chapitre 12

L’action humanitaire

Au début du XIXe siècle, l’adjectif « humanitaire » s’applique à une attention particulière au bien-être de l’humanité ou à l’amélioration de la condition humaine, mais c’est seulement depuis quelques décennies que le nominatif est d’usage courant, avec ou sans majuscule. Il renvoie à des traditions religieuses : le *Talmud* du judaïsme fait de l’attention à l’individu une obligation morale et légale, la *Somme théologique* chrétienne de Thomas d’Aquin défend l’assistance aux victimes de la guerre, le *Coran* musulman impose l’aumône (zakât), le bouddhisme et l’hindouisme s’appuient sur la bienveillance et la compassion. En Europe, les congrégations religieuses et quelques institutions de secours social ont longtemps assuré la charité ou l’assistance aux pauvres, aux malades et aux orphelins. Dès les XVIIe siècle, Hugo Grotius (1583-1645) et Samuel de Pufendorf (1632-1694) élaborent un droit de la guerre et de la paix, puis la philosophie des Lumières du XVIIIe siècle défend la bienfaisance et la philanthropie (J.-J. Rousseau, Voltaire). Un siècle plus tard, deux courants vont se développer, l’un qui justifie le recours à des actes humanitaires dans le cadre des États, l’autre qui encourage l’intervention d’organismes privés à l’exemple de la Croix-Rouge créée après la bataille de Solferino (1859).

L’action humanitaire privée a bénéficié de l’officialisation des organisations non gouvernementales (ONG) par la Charte des Nations unies (art. 71) signée à San Francisco le 26 juin 1945. Il s’agit d’institutions sans but lucratif qui regroupent hors de tout accord intergouvernemental des personnes privées ou publiques, physiques ou morales, de nationalités diverses, sous une forme juridique associative. Elles poursuivent des actions humanitaires distinctes de celles des États, des organisations intergouvernementales (OIG), des congrégations religieuses, des organismes mutualistes ou d'économie sociale, voire des entreprises. Le Conseil économique et social des Nations unies dénombrait 5 000 ONG en 1972, il y en aurait aujourd'hui plus de 35 000, de tailles les plus diverses. Leurs dirigeants, voire leurs membres sont parfois très populaires en France, tels que l'abbé Pierre, mère Teresa, sœur Emmanuelle, Michel Colluci (dit Coluche) ou Bernard Kouchner.

Depuis le conflit du Biafra (1967-1970), les *boat people* du Sud-Est asiatique (1976-1979) et la guerre civile du Rwanda (1993-1994), l'activité des ONG humanitaires est devenue la source de nombreuses interrogations. Ces organisations n'en bénéficient pas moins d'une « rente symbolique » qui permet aux dons d'affluer. Après le tsunami dans l'océan Indien du 26 décembre 2004, entraînant des pertes humaines (plus de 220 000 morts) et des dégâts matériels très importants au Sri Lanka, en Indonésie, en Inde et en Thaïlande, un élan de générosité sans précédent s'est même manifesté, au point que Médecins sans frontières (MSF) annonçait, dès le 3 janvier 2005, qu'elle cessait toute collecte de dons pour cette catastrophe. Les agissements de l'Arche de Zoé au Tchad qui essayait d'embarquer dans un avion une centaine d'enfants à destination de la France dans des conditions peu respectueuses du droit (25 octobre 2007), la difficulté des secouristes internationaux d'obtenir des autorités du Myanmar l'accès aux victimes du cyclone Nargis (2 mai 2008), le manque d'organisation des secours apportés par les ONG humanitaires après un séisme à Haïti (12 janvier 2010), les hésitations sur les solutions à apporter aux conséquences d'un tsunami au Japon (11 mars 2011), l'extrême difficulté à secourir les victimes du séisme ayant atteint de nombreux villages très reculés des montagnes du Népal (25 avril 2015) ont pourtant contribué à faire prendre conscience à l'opinion publique de toute la complexité de l'action humanitaire contemporaine et de ses contradictions.

L'hésitation entre des logiques de neutralité politique, d'ingérence humanitaire ou de responsabilité de protéger les populations en danger qui traverse aujourd'hui à la fois l'humanitaire des organisations non gouvernementales et l'humanitaire des États et des Nations unies ne réduit pas les difficultés. L'instrumentalisation politique des ONG, l'insuffisance de leur transparence – notamment quant à la définition, au déroulement et à l'évaluation des résultats de leurs interventions – et un certain nombre de scandales financiers sur l'utilisation des fonds mis à disposition sont de plus en plus soulevés par les observateurs. Ces organismes privés sont également de plus en plus confrontés à des initiatives concurrentes, au risque de ne pas s'en distinguer aisément : les guerres dans l'ex-Yougoslavie, en Afghanistan ou en Irak ont révélé les dangers des coalitions militaro-humanitaires lorsqu'il s'agit d'identifier les buts poursuivis par les ONG, l'Organisation des Nations unies (ONU), l'Organisation du traité de l'Atlantique nord (OTAN), les États ou les coalitions *ad hoc* constituées pour répondre à telle ou telle urgence. Si l'action humanitaire est parvenue progressivement à élargir son champ traditionnel pour secourir les victimes (I), elle est désormais confrontée à des ambiguïtés qu'elle doit surmonter pour être à la hauteur des espérances qu'elle suscite (II).

I. La transformation de l'action l'humanitaire

L'humanitaire s'inscrit dès la fin du XIXe siècle dans le cadre de neutralité et d'impartialité défendu par la Croix-Rouge et de nombreuses organisations caritatives soucieuses de se conformer aux conventions internationales. Puis, à partir du conflit du Biafra (1967-1970), cette conception traditionnelle subit la concurrence d'un mouvement « sans frontiériste » défendant un devoir d'ingérence dans les affaires intérieures des États en cas d'atteintes graves aux droits des populations ou de catastrophes naturelles. Dès lors, droit d'ingérence, devoir d'ingérence et responsabilité de protéger sont au centre des préoccupations des ONG humanitaires et des Nations unies.

A. Le succès de la conception traditionnelle

Après la première croisade lancée par le pape Urbain II (1095-1099), l'Ordre de Saint Jean de Jérusalem (Les Hospitaliers) se développe sous une forme militaire pour assurer aux pèlerins chrétiens l'accès aux lieux saints du Proche Orient. Il s'installe ensuite rapidement autour de la Méditerranée grâce à des dispensaires destinés aux malades, notamment ceux atteints de la lèpre. Il est progressivement appelé « Ordre souverain hospitalier de Saint Jean de Jérusalem, de Rhodes et de Malte », ou Ordre de Malte. On peut voir dans cette première organisation privée l'ancêtre des ONG qui ne se développeront qu'après la naissance de la Croix-Rouge dans les années 1860. Dès lors, l'humanitaire privé prend son essor, sans se démarquer des conventions de Genève du 12 août 1949 fixant les premiers grands principes du droit international humanitaire.

1. De la Croix-Rouge aux ONG caritatives

La guerre d'Italie de 1859, appelée aussi campagne d'Italie, oppose l'armée franco-piémontaise à l'Empire d'Autriche. Lors de la bataille de Solferino (24 juin) on constate l'incapacité des belligérants à soigner leurs malades ou blessés. Le Genevois Henri Dunant (1828-1910), alors sur place, envisage alors la création d'une organisation neutre d'assistance aux soldats en temps de guerre (*Un souvenir de Solferino,* 1862). Un Comité international de secours aux blessés militaires est constitué en Suisse dès 1863, qui devient le Comité international de la Croix-Rouge (CICR) en 1875. Cette institution privée – indépendante des nations – prône la neutralité politique et fonde son action sur les conventions internationales. Elle se refuse à distinguer entre les victimes et veille à respecter la souveraineté des États. En récompense, Henri Dunant partagera le premier prix Nobel de la Paix avec le pacifiste Frédéric Passy en 1901. Très rapidement, des sociétés nationales de Croix-Rouge se constituent, notamment en France (1864). En 1919, la Ligue des sociétés de la Croix-Rouge commence à les fédérer autour de son emblème (une croix rouge sur un drapeau blanc). Il s'agit désormais de porter secours en cas de conflit, mais aussi en temps de paix ou lors de catastrophes naturelles. Le Mouvement international de la Croix-Rouge et du Croissant-Rouge – afin de prendre en compte le désir des musulmans de se référer à un emblème spécifique – se compose désormais de trois institutions : la Fédération internationale des sociétés nationales de la Croix-Rouge et du Croissant-Rouge (FICR), le Comité international de la Croix-Rouge (CICR) et les 190 sociétés nationales de la Croix-Rouge. Depuis 2005, le Cristal-Rouge, encore peu utilisé, est également reconnu comme emblème.

Les organisations privées caritatives créées dans la perspective d'apporter une aide matérielle ou morale aux plus démunis se sont multipliées. Il peut s'agir d'institutions d'obédience religieuse catholique, tels que Caritas (1890) – dont le Secours catholique français fait partie –, Emmaüs (1954) de l'abbé Pierre, ATD Quart-Monde (1957) du père Wresinski ou le Comité catholique contre la faim et pour le développement (1961) ; ou des organisations d'obédience protestante évangélique, notamment World Vision (1950) ou Samaritan's Purse for Humanities (1970). Des ONG d'obédience musulmane, hindoue ou bouddhiste sont également présentes. Une bonne partie des organisations humanitaires se définissent néanmoins comme strictement laïques, tels que l'Armée du Salut (1865), Save the Children (1919), Oxfam (1942), le Secours populaire français (1945) ou Care (1945). Les Restos du cœur (1985), lancés en France par Coluche, relèvent aussi de cette démarche.

2. *Le soutien des conventions internationales*

Sous l'influence de la Croix-Rouge, l'humanitaire traditionnel a encouragé le développement d'un droit international humanitaire, sur lequel il s'est largement appuyé. La convention de Genève du 22 août 1864, qui avait déjà pour objectif de maintenir « un espace humanitaire neutre sur les champs de bataille », a été renforcée par les quatre conventions de Genève du 12 août 1949 portant sur la protection des militaires blessés, les prisonniers de guerre et les personnes civiles en temps de guerre, puis deux protocoles additionnels du 8 juin 1977 relatifs aux victimes respectivement des conflits internationaux et des guerres civiles.

Les Nations unies ont encouragé l'essor du droit humanitaire et d'institutions spécialisées. Il a été créé la Commission des droits de l'homme et du Fonds des Nations unies pour l'enfance (UNICEF) en 1946, l'Organisation mondiale de la santé (OMS) en 1948, le Haut-commissariat aux réfugiés pour les Nations unies (HCR) en 1950. La Déclaration universelle des droits de l'homme du 10 décembre 1948, qui défend un droit international en faveur des individus, et non seulement des États, s'inscrit également dans cette perspective. Les possibilités d'intervention de l'ONU ou des gouvernements hors de leur territoire au nom de principes humanitaires sont pourtant strictement limitées. La Charte des Nations unies ne les autorise pas à « intervenir dans les affaires qui relèvent essentiellement de la compétence des États » (art. 2-7). Ce principe ne se limite pas à l'intervention armée, il s'étend à « toute autre forme d'ingérence ou de menace dirigée contre la personnalité d'un État ou contre ses éléments politiques, économiques ou culturels » (résolution des Nations unies du 24 octobre 1970). C'est l'affirmation de l'intangibilité des frontières, largement défendue par les jeunes nations issues de la décolonisation soucieuses de leur souveraineté. Cette conception traditionnelle a encore été revendiquée dès le début des années 1990 par les États issus de l'ex-URSS ou de l'ex-Yougoslavie s'appuyant sur l'idée de l'État-nation pour refuser des interventions extérieures.

B. L'essor de nouvelles conceptions

À partir de la fin des années 1960, l'action humanitaire change de signification et d'ampleur : elle remet progressivement en cause une conception étroite de la neutralité politique avec la formulation du principe d'« ingérence humanitaire », puis de « responsabilité de protéger ».

1. *Du mouvement « sans frontiériste » à la diversification des actions*

Au Nigeria, le colonel Ojukwu proclame, le 30 mai 1967, l'indépendance de la riche province du Biafra. Un conflit particulièrement sanglant s'ensuit avec le gouvernement central (1967-1970), qui fera près d'un million de morts par les armes, l'insalubrité ou la faim. Médiatisé quotidiennement par les télévisions occidentales en plein essor – qui soulignent la catastrophe humanitaire à laquelle les États, l'ONU et les ONG ne parviennent pas à apporter de réponses satisfaisantes –, il suscite l'émoi et l'indignation de l'opinion publique. Lorsque les troupes nigérianes sont presque venues à bout de la rébellion, le Comité international de la Croix-Rouge décide de se retirer. Certains de ses membres, dont Bernard Kouchner, Xavier Emmanuelli et Max Récamier regrettent alors que les coupables des exactions n'aient pas été désignés. Dès 1971, ils créent Médecins sans frontières (MSF), qui inaugure la période des *french doctors* : un humanitaire « sans frontiériste » résolument critique envers les États violant les droits fondamentaux des populations.

À la fin de la guerre du Vietnam (30 avril 1975), des milliers de réfugiés fuient le pays ; dès 1978, les *boat people* sont de plus en plus nombreux à s'entasser sur des navires de fortune en mer de Chine, promis aux attaques meurtrières de pilleurs. Bernard Kouchner et quelques intellectuels (dont André Glucksman) lancent alors la campagne « Un bateau pour le Vietnam ». L'opération est soutenue par Jean-Paul Sartre et Raymond Aron, qui s'accordent pour reconnaître qu'il faut à tout prix « sauver les corps » (juin 1979). L'Île de lumière – navire-hôpital dont l'équipage est composé de médecins et de journalistes – est chargé de récupérer les survivants ou de leur porter secours. La direction de MSF juge cette action – réalisée sous l'œil attentif des caméras – beaucoup trop médiatique. Regrettant ce qu'elle considère être une dérive éthique vers la quête à tout prix du don humanitaire, elle souhaite se recentrer sur la médecine professionnelle d'urgence. Déçus d'être critiqués pour une initiative qui avait incontestablement sauvé des vies, apporté de l'aide aux populations et incité le gouvernement français à accueillir largement des réfugiés vietnamiens, B. Kouchner et ses défenseurs quittent MSF et créent Médecins du monde (MDM) en 1980. Dès lors, les ONG « sans frontiéristes » – particulièrement MSF, MDM et Aide médicale internationale (AMI) créée en 1979 – s'appuient sur le témoignage et la dénonciation, accordent la priorité aux initiatives urgentistes, prônent la rupture avec l'humanitaire préoccupé de neutralisme. Pour lutter contre toute discrimination politique, idéologique, religieuse ou raciste, elles apportent de l'aide aux hommes en état de grande souffrance, quelles que soient les frontières à franchir, légalement ou illégalement. Elles développent des interventions dans la clandestinité au Nicaragua, en Éthiopie, au Cambodge, au Vietnam ou dans l'Afghanistan des Talibans (corridor Wakhan). En 1999, MSF obtiendra le prix Nobel de la Paix.

Si certaines ONG privilégient aujourd'hui les interventions humanitaires strictement d'urgence, les aides aux populations en situation précaire à la suite de catastrophes naturelles ou de crises provoquées par l'homme (MSF), d'autres dirigent leurs efforts vers le soutien aux projets de développement, l'alerte aux populations en danger politique, social ou écologique (Action contre la faim – ACF – apparue en 1979). Il existe aussi des organisations exclusivement tournées vers le respect des droits fondamentaux. La Ligue française pour la défense des droits de l'homme et du citoyen (LDH) avait été créée dès 1898, puis la Fédération internationale des ligues des droits de l'homme (FIDH) en 1922, mais c'est à la suite d'un mouvement en faveur des prisonniers d'opinion, et sous l'influence de la décolonisation, qu'Amnesty international est apparue en 1961. Dans la même lignée, on peut citer Human Rights Watch (1988) ou Avocats sans frontières (1992). Ces ONG dénoncent désormais les violations des droits des individus dans tous les pays, sans exclusive, y compris dans les démocraties occidentales, et revendiquent le « tapage médiatique » sur les dérives intolérables.

La chute du mur de Berlin a favorisé de nouvelles préoccupations humanitaires. Dès les années 1990, l'aide internationale publique au développement s'est réduite ; les pays du Sud ont beaucoup moins bénéficié de la compétition politico-économique en ce domaine entre les États-Unis et l'Union soviétique (devenue Russie) ; la baisse des matières premières a accru leur endettement. En réaction, des ONG se sont constituées pour s'opposer à la mondialisation et défendre l'idée d'une taxe sur les transactions financières, notamment Attac (1998) ou International Forum on Globalization (1994). Elles ont parfois des objectifs communs avec les organisations de défense de l'environnement désormais en plein essor, comme WWF (1961), Friends of the Earth (1969) ou Greenpeace (1971).

2. De l'« ingérence humanitaire » à la « responsabilité de protéger »

L'ONU défend le principe d'intangibilité des frontières énoncé par la Charte de Sans Francisco du 26 juin 1945, mais elle y a apporté progressivement un certain nombre d'exceptions : le libre accès aux victimes ne doit être entravé ni par l'État d'accueil, ni par les États voisins (résolution 43-131 des Nations unies du 8 décembre 1988), des « couloirs humanitaires » peuvent être créés en se fondant sur le chapitre VII de la Charte qui donne compétence au Conseil de sécurité pour maintenir ou rétablir la paix et la sécurité internationales (résolution 45-100 du 14 décembre 1990). Dès lors, on a pu relever un certain nombre d'interventions dans les affaires intérieures des États à l'occasion d'opérations de maintien de la paix décidée par les Nations unies qui ont souvent été assimilées à une « ingérence *a minima* ». On peut mentionner quelques actions aujourd'hui terminées : Kurdistan irakien (1991), Somalie (1992-1993), Rwanda (1993-1996), Soudan (2005-2011), Tchad (2007-2010) ou Syrie (avril-août 2012). Une série d'opérations se poursuivent début 2016 : Kosovo (depuis 1999), Côte d'Ivoire (depuis 2004), Darfour (depuis 2007), République démocratique du Congo (depuis 2010), Sud-Soudan (depuis 2011), Mali (depuis 2013), République centrafricaine (depuis 2014) Toutes ces interventions sont pourtant conditionnées par l'intérêt à agir des grandes puissances qui peuvent bloquer toute initiative au Conseil de sécurité par leur droit de veto. L'ONU n'a jamais pu empêcher la « sinisation » du Tibet, ni la répression en Tchétchénie.

De nombreux observateurs ont également stigmatisé de « fausses ingérences » masquant des conflits entre puissances. La guerre du Golfe déclenchée en Irak, le 8 août 1991, par une coalition menée par les États-Unis après que l'ONU ait accepté l'emploi de la force pour faire respecter l'embargo décidé deux jours auparavant, les interventions en Afghanistan en décembre 2001 de la Force internationale d'assistance à la sécurité (FIAS) ou en Irak par une coalition essentiellement américano-britannique en mars 2003 – moins respectueuses des pouvoirs de l'ONU – constituent des actes d'une guerre non déclarée, en réaction à l'occupation du Koweït, à des attentats terroristes sur le sol américain ou à une supposée menace de « nucléarisation » de l'Irak.

Le « devoir d'ingérence humanitaire » est revendiqué par un certain nombre d'ONG depuis une trentaine d'années. L'expression a été utilisée pour la première fois par Jean-François Revel en 1979 – dans *L'Express* – à propos des dictatures ougandaise d'Idi Amin Dada et centrafricaine de Jean-Bedel Bokassa, puis par le juriste Mario Bettati en 1988. Cette ingérence a été vulgarisée ensuite par Bernard Kouchner, qui y voit d'abord « le regard », ensuite « le geste d'expert immédiat ». Historiquement, c'est apparu comme une réaction du monde humanitaire privé à une timidité des Nations unies ne parvenant pas à définir un véritable droit d'ingérence. Avant de se décider à intervenir, les ONG ont pourtant à résoudre un conflit entre des exigences morales, des préoccupations de légalité internationale et de respect des souverainetés nationales. Cas par cas, il convient de justifier les raisons qui poussent à intervenir – et la manière de le faire – lorsque les opérations envisagées sont contraires à la volonté des gouvernements ou des guérillas.

Le génocide rwandais après le départ des forces de l'ONU (1994), et les difficultés d'intervention au Kosovo (1999) aboutissant d'abord à une action sous l'égide de l'OTAN sans autorisation du Conseil de sécurité des Nations unies ont contribué à convaincre les membres de l'ONU de se rallier – lors du Sommet mondial des 14-16 septembre 2005 – au principe d'une « responsabilité de protéger » (principe dit R2P). On affirme la priorité accordée aux États dans cette mission, mais il est prévu une intervention subsidiaire de la communauté internationale – en s'appuyant sur le chapitre VII de la Charte de 1945 – après un vote explicite du Conseil de sécurité (tout vote négatif de l'un des membres de cette instance empêche la mise en œuvre). Seuls le génocide, les crimes contre l'humanité et les crimes de guerre peuvent justifier l'exercice de ce droit ; les catastrophes naturelles ne sont pas visées. Il peut être recouru au gel des avoirs financiers et à l'embargo sur les armes, et seulement en dernière extrémité à l'action armée. Cette responsabilité sera mentionnée pour la première fois dans la résolution 1674 du 28 avril 2006, puis précisée dans la résolution 63/308 du 14 septembre 2009. Elle ne pourra pas être mise en place lors du conflit du Darfour (apparu dès 2003), ni à la suite de la décision du gouvernement du Myanmar de restreindre l'accès aux secours internationaux après le typhon Nargis (mai 2008). Mais, la révolte d'une partie du peuple libyen contre Mouammar Kadhafi, et la réponse armée jugée disproportionnée de celui-ci, a conduit les Nations unies à réagir après quelques hésitations.

La résolution 1970 de l'ONU du 26 février 2011 a décidé à l'encontre du régime libyen de M. Kadhafi l'embargo sur les armes, le gel des avoirs financiers et la saisine de la Cour pénale internationale, puis la résolution 1973 du 17 mars 2011 a autorisé non seulement d'imposer une zone d'exclusion aérienne, mais aussi l'intervention armée pour « violation grave et systématique des droits de l'homme » afin de protéger les populations civiles, les zones d'habitation et permettre l'acheminement rapide de l'assistance humanitaire. Cette dernière résolution a été adoptée par le Conseil de sécurité malgré l'abstention de la Russie et de la Chine. Avec l'assentiment de la Ligue arabe, une coalition s'est constituée autour de la France, du Royaume Uni et des États-Unis qui a décidé rapidement de recourir à des frappes aériennes (28 mars). Puis, l'OTAN a pris la direction des opérations (31 mars). Des débats sont apparus ensuite sur l'ampleur de l'intervention aérienne, la nécessité ou non de se limiter à protéger les populations, l'objet du soutien militaire, surtout s'il pouvait aller jusqu'à aider à renverser le président libyen et son régime.

Les Nations unies ont renoncé à ce jour à appliquer le principe dit R2P à la Syrie du président Bachar-el-Assad malgré l'extension du conflit depuis 2011 et la multiplication des victimes civiles. Des responsables de nombreuses ONG ont souligné que l'exercice de la « responsabilité de protéger » crée beaucoup d'ambiguïtés sur l'action humanitaire : au-delà de la volonté de sauver des vies, elle risque d'être officialisée comme un moyen pour la communauté internationale de faire la guerre aux dictateurs, après avoir sélectionné lesquels. En effet, une coalition d'États, même investie du soutien des Nations unies, a nécessairement des préoccupations multiples, à la fois humanitaires et de défense d'intérêts propres ; il peut s'agir notamment d'éviter la pression migratoire, d'enrayer la menace terroriste ou d'assurer l'approvisionnement en pétrole et en gaz. À l'évidence, les missions humanitaires sont de plus en plus difficiles à mettre en œuvre et à réaliser sans susciter beaucoup de questionnements.

II. Les ambiguïtés de l'action humanitaire

Les ONG peuvent entrer en conflit avec les pouvoirs constitués qui tentent de s'opposer à leurs initiatives ou d'en tirer profit, voire manquer de transparence et entretenir le flou sur leurs objectifs, rendant difficile le contrôle et l'évaluation des activités poursuivies.

A. Le risque d'instrumentalisation

Les manipulations autour de l'aide humanitaire apportée aux victimes de conflits internationaux, de guerres civiles ou de catastrophes naturelles sont de plus en plus nombreuses, et parfois délicates à apprécier.

1. *Les diverses formes d'instrumentalisation*

Entre 1970 et 1975, les humanitaires ont nourri et renforcé les futurs Khmers rouges cambodgiens en lutte contre le gouvernement du général Lon Nol en apportant un soutien aux camps de réfugiés en Thaïlande qui étaient devenus leur base arrière. Les camps du Pakistan, qui soignaient les moudjahiddins afghans en lutte contre l'occupation soviétique (1979-1989) ont joué le même rôle. En réalité, aucune action humanitaire n'est à l'abri d'une instrumentalisation militaire, politique, économique, voire religieuse.

L'action des ONG peut être détournée par un dictateur, un clan ou un dirigeant populiste. Lors de la guerre civile au Biafra (1967-1970), la famine (dès 1968) fut largement entretenue par le chef de la rébellion – le colonel Ojukwu – pour attirer la sympathie internationale sur sa cause. Pendant la guerre afghane contre l'occupant soviétique, la légitimité et l'autorité des chefs de la résistance dépendaient largement de leur capacité à faire bénéficier les régions qu'ils contrôlaient du soutien économique international. L'aide peut aussi être accaparée au profit d'armées, de gouvernements dictatoriaux ou de guérillas, qui y trouvent parfois une rente qui s'ajoute au narcotrafic et au pillage des populations civiles. Des entreprise de pays occidentaux financent parfois par le biais de fondations des organisations humanitaires qui renoncent à critiquer ouvertement des régimes corrompus dans des pays où elles ont des intérêts, se limitant à atténuer les rigueurs économiques et sociales subies par les populations. Si ces entreprises n'hésitent pas à recourir à des mercenaires pour sécuriser des territoires afin de permettre les activités commerciales (Angola, Sierra Leone, Soudan), elles peuvent aussi parfois négocier leurs concours à la protection de la distribution de l'aide humanitaire. Des mouvements religieux ou des sectes sont largement investis dans des actions humanitaires, notamment les églises évangéliques (World Vision, Samaritan's Purse for Humanities). La volonté d'atténuer les souffrances ou de lutter contre le désespoir social n'empêche pas de proposer des soutiens spirituels, pas toujours désintéressés. Le prosélytisme religieux et la distribution de l'aide selon des critères confessionnels sont quelquefois plus ou moins présents.

Afin de se protéger de l'instrumentalisation, les ONG essaient de s'appuyer sur l'opinion publique. En octobre 1985, MSF qui procure une aide à la population éthiopienne estime qu'elle devient involontairement complice d'une politique gouvernementale de déplacements forcés de populations du Nord vers le Sud du pays afin de mieux les contrôler. Elle décide alors d'interpeller les responsables politiques, mais elle est rapidement obligée de quitter le pays. La plupart des autres organisations décident néanmoins de rester. C'est dire que tout choix humanitaire est toujours délicat à assumer, même lorsqu'il apparaît fondé. Il est aussi possible de se démarquer des politiques gouvernementales des États occidentaux en lançant des campagnes de sensibilisation sur les conflits en cours (MSF, MDM), le développement durable et la misère (ACF), la défense des droits de l'homme (Amnesty International) ou de l'environnement (Greenpeace). L'humanitaire non gouvernemental s'affiche désormais dans les sommets mondiaux altermondialistes (Porto Alegre).

2. Les opérations militaro-humanitaires

Ces dernières années, des collaborations – souvent ambiguës – se multiplient dans le cadre de coalitions militaro-humanitaires associant humanitaire d'État et humanitaire ONG. Elles peuvent s'expliquer par le caractère de plus en plus dangereux des missions pour les membres des organisations qui sont quelquefois menacés, pris en otage, voire blessés ou tués. En 2013, on a relevé 155 attaques mortelles contre des personnels humanitaires, 171 blessés et 134 enlèvements (*Humanitarian Outcomes*). Face à cette « année record », l'assemblée générale de l'ONU a adopté la résolution 2175 du 29 août 2014 pour renforcer la « sûreté et la sécurité des personnels humanitaires et la protection du personnel des Nations unies ». En tout cas, les actions humanitaires privées en Somalie, Bosnie, Kosovo, Afghanistan ou Irak ont montré la difficulté d'agir efficacement sans la protection de forces armées internationales ou nationales, voire de milices privées. Mais, il faut surtout remarquer que certaines décisions purement politiques ou stratégiques des États sont habillées de quelques mesures humanitaires pour mieux se justifier. L'opération militaro-humanitaire *Turquoise* au Rwanda a permis à la France en juin 1994 – avec l'assentiment de l'ONU qui s'était retiré du pays avant le génocide perpétré par le gouvernement central à l'égard des Tutsi et d'une partie des Hutu – de s'éloigner d'un régime qu'elle avait d'abord soutenu. De nombreuses interventions relèvent de cette confusion des genres : les militaires participent à l'humanitaire et les humanitaires recourent à la diplomatie pour accéder plus facilement aux victimes (Kosovo), financent des protections privées (Somalie), appellent à l'aide militaire pour faire cesser les exactions (Côte d'Ivoire). Les États peuvent même parfois considérer les ONG comme leurs représentants à l'étranger, en obtenir des renseignements. Des organisations américaines sont apparues comme des outils de la politique étrangère des États-Unis, particulièrement lorsqu'elles agissaient dans le sillage des forces armées de Washington, et protégées par elles (World Vision en Irak). Cette situation conduit fréquemment à un rejet par les populations locales aussi bien des militaires que des humanitaires, et peut même faire des expatriés des boucs émissaires particulièrement exposés.

La confusion entre humanitaire d'État et humanitaire privé est d'autant plus forte lorsque les États concernés sont les principaux financiers des organisations impliquées. On est alors confronté à des ONG qui servent – plus ou moins consciemment – les intérêts des États et des lobbies économiques. Au lendemain de l'intervention en Irak en mars 2003, les pays de la coalition menée par les États-Unis se sont appuyés sur de telles organisations pour préparer les futurs contrats de reconstruction, et tirer bénéfice des conséquences économiques du conflit.

B. L'exigence de transparence

Les sociétés démocratiques imposent de plus en plus aux dirigeants politiques, aux services publics, aux entreprises et aux associations des obligations de transparence. Il n'y a pas lieu d'en dispenser le mouvement associatif humanitaire, qui n'évite pas toujours l'opacité des règles de fonctionnement, l'incertitude sur les missions poursuivies et les résultats obtenus, voire les détournements de fonds des donateurs.

1. Le fonctionnement interne des organisations

Les ONG humanitaires françaises sont généralement régies par la loi du 1er juillet 1901 sur les associations qui accorde des avantages fiscaux et financiers importants – notamment la déductibilité fiscale des dons – et permet d'associer des individus aux statuts très divers, surtout depuis que la professionnalisation de l'humanitaire est devenue une réalité. Les ONG peuvent revendiquer des sympathisants, des adhérents, des bénévoles, des volontaires et des salariés. Les sympathisants – pas encore engagés dans l'organisation – apparaissent susceptibles de la rejoindre ; l'association organise à leur intention des manifestations, les sollicite dans l'espace public urbain (*street fundraising*), leur destine un important *mailing* généralement non réclamé. Les adhérents – modestement impliqués – versent une cotisation, apportent une aide ponctuelle et peuvent participer aux comités locaux et à l'élection de délégués. Les bénévoles assument des responsabilités au sein de l'organisation et contribuent à sa gestion. Enfin, les volontaires et les salariés travaillent, selon le cas, au siège, au sein d'une délégation locale ou dans le cadre de missions à l'étranger (expatriés).

La transparence des conditions de recrutement des personnels et la démocratisation du choix des responsables sont de plus en plus réclamées. Les comportements des humanitaires sont désormais l'objet de l'attention soutenue des médias. En 2002, un rapport conjoint du HCR des Nations unies et de Save the Children a mis en évidence les abus sexuels perpétrés par du personnel humanitaire à l'encontre de dizaines d'enfants dans des camps de réfugiés de l'Afrique de l'Ouest, surtout en Côte d'Ivoire. En 2006, il a été signalé des cas d'exploitation sexuelle de réfugiés au Liberia. L'humanitaire d'État n'évite pas non plus les dérives : après des allégations d'abus sexuels impliquant des Casques bleu en République Centrafricaine et en République démocratique du Congo (2014-2015), l'ONU a annoncé des propositions pour lutter contre ce type de dérives. Il est également nécessaire de se préoccuper des avantages irréguliers que pourraient tirer des personnels humanitaires – statutaires ou locaux – de contrats de fournitures ou de marchandises, mais aussi du détournement de médicaments ou d'aides alimentaires. Afin d'éviter de tels comportements, de nombreuses organisations se sont engagées à prendre de sérieuses mesures d'évaluation de leur personnel, aussi bien expatrié que local. En France, le scandale de l'ARC (association de lutte contre le cancer) a bouleversé le secteur associatif dans les années 1980. Les ONG présentes sur le sol national ont décidé de participer à un Comité de la charte de déontologie des organisations sociales et humanitaires faisant appel à la générosité publique (1989) – devenu le Comité de la Charte du don en confiance (2005). Il octroie des labels et tente de développer une autodiscipline librement consentie, avec des résultats néanmoins encore bien modestes.

La professionnalisation de l'humanitaire n'est pas toujours clairement présentée aux donateurs. Sylvie Brunel a démissionné de la direction française d'ACF en 2002 en regrettant que les niveaux de rémunérations ne soient pas affichés. Ils atteignent aujourd'hui parfois plus de 4 000 euros par mois pour quelques responsables d'organisations, même si en général ils sont de 30 à 50 % moins élevés que dans le secteur concurrentiel. Si les grandes ONG contemporaines font appel aux compétences en matière de santé, elles ont de plus en plus besoin de qualifications en agronomie, finances, informatique ou logistique. La technicité des tâches à réaliser et la nécessité de disposer d'une main-d'œuvre compétente disponible en permanence – notamment pour les organisations urgentistes – ne peuvent que favoriser le recours au salariat. Les ONG, comme toute organisation de taille mondiale, sont largement « autocentrées » : cette prééminence du siège peut nuire à l'efficacité et à la rapidité du processus décisionnel, mais elle constitue le meilleur moyen d'assurer une large visibilité auprès de l'opinion publique et la rentrée des dons. On se retrouve néanmoins quelquefois face à des organisations où 20 % du budget, voire plus, ne se retrouve pas « sur le terrain ».

2. La définition, le déroulement et l'évaluation des missions

Dès lors que l'humanitaire ne se réduit plus à l'initiative de quelques « aventuriers des temps modernes », mais repose sur de véritables « multinationales du cœur » aux budgets conséquents et à la professionnalisation affirmée, les pouvoirs publics et les donateurs ne peuvent qu'être de plus en plus vigilants sur les buts poursuivis et l'intégrité financière.

Lors du tsunami du 26 décembre 2004 dans l'Océan Indien, l'urgence vitale avait rapidement disparu car le raz-de-marée avait beaucoup tué (plus de 220 000 personnes), mais peu blessé. L'aide des premiers jours avait été bien davantage le fait des autorités locales et des solidarités de voisinage que des organisations humanitaires, surtout lorsqu'elles n'étaient pas déjà sérieusement implantées localement. En quelques jours, les urgentistes avaient fait l'essentiel de leur travail. Une partie du monde humanitaire considérait que c'était désormais aux États de proposer et conduire un programme de reconstruction dans les régions et municipalités dévastées dès lors que l'urgence avait disparu (MCF, MDM), mais d'autres humanitaires estimaient qu'il fallait également s'investir dans une logique de reconstruction et de développement à long terme (Croix-Rouge, ACF). Cette dernière préoccupation nécessite pourtant de prendre en compte beaucoup de paramètres qui échappent largement aux compétences des ONG : retrouver et valider cadastres et titres de propriété, répondre aux demandes d'aménagement des plans d'urbanisme, apprécier la capacité du tissu social et économique à gérer et assimiler des décalages ultérieurs de développement entre des portions de territoire national secourues par l'aide internationale et d'autres ignorées par elle.

Les ONG ont une obligation de transparence envers leurs donateurs sur les critères d'ouverture et de fermeture des missions. Il importe de définir avec précision le positionnement de telle ou telle intervention dans la politique humanitaire de l'organisation, de situer le contexte politique, militaire et social, de faire état des impératifs financiers, plutôt que de simplement poursuivre sans guère d'explications une logique consistant à dégager « de la marge » par l'appel au don. Il est néanmoins nécessaire de tenir compte des réalités financières : le fonds d'urgence d'une organisation est toujours limité, il faut donc faire rentrer régulièrement de l'argent pour répondre aux nécessités du moment, d'autant plus que lors de tout appel à la générosité, un délai de réaction des donateurs de 2 à 3 semaines est fréquent. Aussi, dès qu'une catastrophe surgit, ou qu'un conflit éclate, l'organisation utilise les fonds disponibles et essaie de « planter le drapeau » sur place au plus vite pour obtenir de nombreux dons. Ils ne seront pas nécessairement utilisés à cette fin, du moins si on ne s'y est pas engagé expressément ou que les donateurs ne l'ont pas imposé. Il est également indispensable de pouvoir évaluer l'impact réel des programmes menés, sur le moment, puis avec le recul, de savoir s'ils permettent vraiment l'amélioration des conditions de vie de leurs bénéficiaires. Pour atteindre ces objectifs, toute organisation humanitaire a la charge de construire un projet mobilisateur, d'être attentive aux remarques de ses participants, de rationaliser l'évaluation et la circulation de l'information. Il convient de ne pas hésiter à reconnaître ses erreurs afin de les corriger, même si l'on craint d'obscurcir la lisibilité du programme que l'on s'est fixé.

L'action humanitaire privée n'a pas à craindre une crise quantitative car les organisations et les volontaires n'ont jamais été aussi nombreux. Des militants politiques ou sociaux des années 1970-1980 sont devenus les défenseurs des causes humanitaires, les jeunes générations trouvent dans les ONG l'occasion d'une première implication dans un projet collectif. Au nom de principes éthiques, l'humanitaire favorise les contacts entre des individus venus d'horizons les plus éloignés ; ce n'est pas le moindre de ses mérites pour des sociétés où la stratification sociale reste solidement installée. L'action humanitaire se trouve pourtant confrontée à un défi d'ordre qualitatif qui est lié à la nature même de sa mission, sa capacité à la mener à bien. Il importe, d'abord, de ne pas nier une réalité – dont rien ne laisse présager le déclin – qui veut que le développement des sociétés reste le domaine privilégié du pouvoir politique, seul à même d'assurer les engagements à long terme et de disposer des moyens à la hauteur des ambitions. Il faut, ensuite, prendre garde à ce que les organisations ne soient pas suspectes de participer à une occidentalisation des pays secourus par la référence trop appuyée aux droits de l'homme définis par les pays les plus développés. Le champ d'action ouvert à l'humanitaire n'en est pas pour autant secondaire pour la quête de l'harmonie sur la planète, du moins si les ONG parviennent à dépasser les ambiguïtés et les obstacles qui les handicapent, à se recentrer sur leur seule justification depuis les origines, qui est de contribuer efficacement à humaniser le monde.

Bibliographie thématique

Benhasel-Perrin L., Fontanel S., Corvaisier-Drouart, *Les Organisations non gouvernementales ou l'Homme au cœur d'une mondialisation solidaire*, L'Harmattan, 2009.

Bettati M., *Le Droit d'ingérence, mutation de l'ordre international*, Odile Jacob, 1996.

Bettati M., Kouchner B., *Le Devoir d'ingérence : peut-on les laisser mourir ?*, Denoël, 1997.

Biad A., *Droit international humanitaire*, Ellipses, 1999 ; rééd. 2006.

Brauman R., *L'Action humanitaire*, Flammarion, 1995 ; rééd. 2000.

Brauman R., *Penser dans l'urgence : Parcours critique humanitaire*, Seuil, 2008.

Collovald A. (sous la dir. de), *L'Humanitaire ou le Management des dévouements*, Presses universitaires de Rennes, 2002.

Fassin D., *La Raison humanitaire : une histoire morale du temps présent*, Seuil, 2010.

Gachet R., *Organisations humanitaires et ONG*, Benevent, 2010.

Le Coconnier M.-L., Pommier B., *L'Action humanitaire*, PUF, 2009 ; rééd. 2012.

Lefèvre S., *ONG & Cie, Mobiliser les gens, mobiliser l'argent*, PUF, 2011.

Martin B., *Les ONG au défi de l'offensive néolibérale*, Charles Léopold Meyer, 2015.

Mattei J.-F., *L'Humanitaire ou l'épreuve de l'éthique*, Les Liens qui libèrent, 2014.

Pech T., Padis M.-O., *Les Multinationales du cœur. La politique des ONG*, Seuil, 2004.

Problèmes politiques et sociaux, « L'action humanitaire », n° 758-759, 2001.

Troubé C., *L'humanitaire, un business comme les autres ?*, Larousse, 2009.

Ryfman P., *La Question humanitaire : histoire, problématique, acteurs et enjeux de l'aide humanitaire internationale*, Ellipses, 1999.

Table des matières

Imprimé en France par CPI en juin 2016
N° d'impression : 135946
Dépôt légal : juillet 2016